老警官幸福生活指南丛书

老有所学——
多才多艺好心情

公安部离退休干部局 编

群众出版社
·北京·

图书在版编目（CIP）数据

老有所学：多才多艺好心情／公安部离退休干部局编.
—北京：群众出版社，2013.1

（老警官幸福生活指南丛书）

ISBN 978-7-5014-5096-1

Ⅰ.①老… Ⅱ.①公… Ⅲ.①老年人—修养—通俗读物 Ⅳ.①C913.6-49

中国版本图书馆CIP数据核字（2012）第310187号

老有所学
——多才多艺好心情
公安部离退休干部局 编

出版发行：	群众出版社
地　　址：	北京市西城区木樨地南里
邮政编码：	100038
经　　销：	新华书店
印　　刷：	北京通天印刷有限责任公司
版　　次：	2013年1月第1版
印　　次：	2013年1月第1次
印　　张：	18
开　　本：	787毫米×1092毫米　1/16
字　　数：	240千字
书　　号：	ISBN 978-7-5014-5096-1
定　　价：	55.00元
网　　址：	www.qzcbs.com
电子信箱：	qzcbs@sohu.com

营销中心电话：010-83903254
读者服务部电话（门市）：010-83903257
警官读者俱乐部（网购、邮购）：010-83903253
公安综合分社电话：010-83901670

本社图书出现印装质量问题，由本社负责退换
版权所有　侵权必究

出版说明

公安机关广大离退休干部是党和国家的宝贵财富。他们为中国革命、建设、改革事业，为人民公安的建设和发展，建立了不朽的功勋。历届公安部党委始终高度重视离退休干部工作，始终坚持把离退休干部工作置于公安工作大局的战略高度来研究，摆到公安队伍建设健康发展的长远角度来推进，始终对老同志政治上尊重、思想上关心、生活上照顾、精神上关怀，不断为老同志老有所养、老有所医、老有所教、老有所学、老有所为、老有所乐创造良好条件，使他们身心安康、神情愉悦地享受幸福的晚年。

截至2012年年底，公安部机关离退休干部有近1200人，加上部属教育、科研、文化等直属单位的离退休人员，总数已达数千人，而且以后逐年都将有一批干部职工从工作岗位退休。为了满足公安部机关广大离退休干部日益增长的精神文化需求，引导大家以积极、健康的心态安排好退休后的晚年生活，达到老有所学、老有所乐，陶冶情操、颐养天年的目的，公安部离退休干部局与群众出版社共同策划、组织编写了这套"老警官幸福生活指南丛书"，包括：《老有所养——养老生活新理念》、《老有所医——安全健康度晚年》、《老有所学——多才多艺好心情》、《老有所乐——老警官爱唱的歌》，共四册。为使这套丛书贴近生活、贴近实际，真正为老警官所喜欢，我们先后两次召开有离退休干部代表参加的座谈会，对策划方案和编写大纲进行反复研究修改。除了聘请相关领域的专家学者撰稿外,还邀请学有专长的老警官亲自担任部分篇章的作者。初稿形成后,我们又在一定范围征求了老干部和老干部工作者的意见、建议,对书稿进行了认真审校,最终将这套丛书呈送到您面前。

这套丛书以体现生活理念,激发生活情趣,教会生活技巧,提供生活指南为原则,力求对老警官们的退休生活有所教益。《老有所养》主要介绍了老年人养老生活的新理念、新方式;《老有所医》介绍的是看病就医、科学养生方面的常识;《老有所学》介绍了书法绘画、吹拉弹唱、运动健身等方面的知识与技巧;《老有所乐》则收录了100首适合老警官合唱或独唱的红色歌曲、中外民歌等经典曲目。

这套丛书自2012年3月正式启动编写工作,能够在较短时间内顺利出版,中国人民公安出版社的领导和编辑人员付出了辛勤的努力,也得到公安部第一研究所、中国人民公安大学等单位老干部工作部门及部机关许多离退休老警官的大力支持和帮助,在此表示诚挚的感谢。由于经验不足、水平有限,书中某些缺欠在所难免,敬请读者批评、指正并予谅解。

编者
2013年1月

致老警官

朋友,你好!当你翻开这套《老警官幸福生活指南丛书》时,衷心祝你老有所养、老有所医、老有所学、老有所乐!

人生如日,有起有落。面对夕阳晚景,人们的心境各有不同。从"夕阳无限好,只是近黄昏",我们看出了李商隐的惆怅、无奈;从"莫道桑榆晚,为霞尚满天",我们看到了刘禹锡的豁然、从容;而通过《夕阳红》的词与曲,我们则真切感受到了当代老年人无限美好、令人沉醉的不了情。或许你已两鬓斑白,或许你已步履蹒跚,虽老,你也是老当益壮!七十岁的你,就是"七零后";八十岁的你,就是"八零后";九十岁的你,就是"九零后"。

在你们中间,不管是老张老王或是李老赵老,不论是退而不休还在发挥余热抑或是在含饴弄孙颐养天年,你们的人生路上一定还会有灿烂的春光,你们的心中都还有挥之不去的公安情怀。你们时时惦记着公安工作继往开来的新航程;你们时时期待着公安队伍气象万千的新面貌,你们也时时关注着公安事业与时俱进的新发展,因为你们是老公安!而"革命人永远是年轻"!正如一首诗写的那样:

年轻的战友们啊,
你们年轻,
我们也年轻。
你们年轻总是写在脸上,
我们年轻总是藏在心房。

你们做梦,

我们也做梦。

你们做梦充满了奇思妙想,

我们做梦常常是豪情万丈。

你们有爱情,

我们也有爱情。

你们的爱情讲究的是热情奔放,

我们的爱情讲究的是地久天长。

你们是财富,

我们也是财富。

你们的财富在于青春作伴前途无量,

我们的财富在于历尽苦难饱经沧桑。

你们是太阳,

我们也是太阳。

你们是一轮火红的朝阳,光芒万丈,

我们是一抹绚丽的夕阳,同样灿烂辉煌。

朝阳和夕阳,都是红太阳!

朋友,当你走进夕阳、步入人生的黄昏时,别忘记,你们也曾意气风发、也曾辉煌豪迈,你们把秀发和青春献给了共和国每一天的晨钟暮鼓。你们经历过枪林弹雨,身经百战。社会治安,有你们辛勤的汗水;刑事破案,有你们脚步的奔忙;公安科技,有你们增添的含金量;队伍建设,有你们的语重心长。你们"干了一辈子革命工作,也该歇歇了"。从今天起,卸下工作的行囊,安度晚年,做一个"老有所养,老有所乐,老有所学,老有所为"的幸福的"闲"人!

"但得夕阳无限好,何须惆怅近黄昏。"请从捧起这本书开始,细细品味你温馨从容、丰富多彩、绚烂多姿的离退休生活。

祝你健康、长寿!

目 录

书法 绘画/1

学习书法的好处/3

学习书法的方法/5

如何欣赏书法/12

书法创作/16

题款与钤印/19

水墨丹青，意趣悠长/26

国画欣赏/33

摄影 网络/41

摄影的基本要领/43

得心应手的摄影器材/55

常见题材的摄影技巧/66

收发电子邮件/76

学会QQ聊天/79

开微博：面向世界，敞开心扉/85

网购：足不出户，优惠多多/90

银行卡：实用方便，用途广泛/95

写作　外语/101

"回忆"让我更潇洒/103

掌握基本外语对话/108

音乐　舞蹈/119

音乐欣赏/121

歌唱的方法和技巧/134

歌唱的养生之路/141

古琴：七弦为益友，两耳是知音/149

古筝：十指生秋水，数声弹夕阳/153

二胡：一根琴杆顶天立地，两根琴弦连接东西/156

笛子：谁家玉笛暗飞声，散入春风满洛城/162

葫芦丝：亲切婉转，音色醉人/165

钢琴：黑白琴键上的芭蕾舞/171

小提琴：乐器皇后，华贵雍容/176

萨克斯：无与伦比的"风流乐器"/182

手风琴：乐从风中来/187

交谊舞：舞动世界，焕发青春/191

广场健身舞：简单易学，老少皆宜/193

运动　健身/197

乒乓球：小小乒乓球，健身作用大/199

羽毛球：柔美与力量的化身/204

门球：三门一柱设战场，红白二队争雌雄/208

太极：太极生两仪，两仪生四象/214

五禽戏：外动内静，蓄力其中/217

抖空竹：抖一抖转一转，开心每一天/220

游泳：智者乐水，乐在其中/222

登山：登高望远，一览众山小/227

钓鱼：悠然自得，垂钓山水间/229

风筝：鸢飞蝶舞，心牵一线/233

修心　养性/237

收藏：警察收藏，别具特色/239

集邮：方寸世界，包罗万象/246

布艺：扮靓生活，增添情趣/253

养花：花香袭人，气爽神清/256

围棋：宝鼎茶闲烟尚绿，幽窗棋罢指犹凉/261

象棋：楚河汉界相隔，万马千军纷争/264

国际象棋：高贵的游戏，智慧的体操/272

后记/277

书法 绘画

学习书法的好处

什么是书法？杨雄说：书，心画也。刘熙载说：书，如也，如其志，如其学，如其才，总之曰如其人也。韩国人说：称其法太浅显，称其道又太高深，故称其书艺。日本人说：书法奥妙在于道，故称书道。通俗地说，书法就是书写之法则。写字与书法是一回事，但又不是一回事，它们之间有着本质的区别，又有着内在的紧密联系。写字的主要功能在于交流和认知，而书法的主要功能在于唯美和欣赏。前者只要求把字写正确、写清楚，能够表达意思就可以了，而书法不仅要讲究结字用笔，而且还要讲究章法、讲究意境、讲究气势、讲究审美情趣，不仅知道其字表达什么内容，更在意追求境界与趣味。沈尹默先生说：中国书法无声而有音乐一般的和谐，无色而有图画一般的绚丽。

书法乃人生一大享受。老年朋友有很多是书法爱好者，从岗位上退下来之前，只是苦于平时工作压力大、时间紧张，根本没有时间顾及书法学习，也有些同志曾经学习过，也曾下过决心，但最终因为心态、时间等诸多因素而没有坚持下来，现在每谈到书法学习，总是觉得遗憾。

有位朋友对我说，每当看到别人挥毫时心里总有一种冲动，很想学习书法。这是多么好的心态啊！我对他说，你有了这种爱好，就成功一半了。爱好就是动力。孔子说："知之者不如好之者，好之者不如乐之者。"学习书法亦然。有了爱好的情感前提，自然就有时间来学习书法，而不会三天打鱼两天晒网了。你有了这种爱好，你就多了一份牵挂，多了一份动力，不管多忙多累，总是要写上几笔，即使无法写字，也要看一眼字帖。我相信每一个人都会有这种经历，你心里喜欢做什么事情，总会有时间的。

当然，爱好仅仅是前提，还必须要有个正确的学习方法，必须要遵循书法艺术学习的规律，坚持练习，亦步亦趋，步步深入。爱好、勤奋、方法、刻苦缺一不可。不少朋友对我说，真的喜欢书法，自己也写了不少年，报纸也练习了若干，但就是没有写好，每天写很多，每天看还是老样子、老面孔，因此得出的结论：我不是写字的料。我告诉他这是个方法问题，按照我说的方法坚持练习，后来果然很快就颇见成效。

对老同志而言，家庭、经济、身体、精力、时间等方面都具备了学习书法的条件，具有学习书法的一定的优势和益处：

1. 老同志经过几十年工作实践的磨炼，学识积淀厚重，文化艺术修养层次很高，虽然目前写得还不算好，但他们对书法艺术欣赏的水平很高，字外功夫很深，只不过是我们常说的眼高手低罢了，他们一旦学习，只要方法正确，很快就会进入角色并取得成绩。

2. 有稳定的经济基础做保证。绝大多数老同志奋斗一生功名成就，孩子们都已经成家立业了，没有经济负担。孩子们最大的心愿就是他们心情愉快、健康长寿。学习书法花费不大，特别是初学者，无须花大钱，一般的笔墨纸费用，都是可以接受的。况且这种低投资，会给你带来无与伦比的精神享受。

3. 书法可以调息养心，愉悦精神，健康长寿。正确的书写方法可以调养气息。在写字这个持续动态过程中，要使身体的各部位协调用力，眼到心到手到，静心调息，全神贯注，"下笔点画波撇屈曲，皆须尽一身之力而送之"。如站立写大字一竖，须"力送笔尖"，如果你在运笔过程中，不屏住一口气那是写不好的。我们在实际书写大字时，都会微微出汗，这就是运气的结果。书法学习确有炼气化神之妙用，与修道、练武有异曲同工之处。古今书法长寿者不少，就现代来说，中国书坛的南仙（南方的苏局仙）、北佛（北京的孙墨佛）都超过百岁。

4. 丰富精神生活，陶冶情操。老同志的时间充裕，甚至有时会感到无所事事，无聊寂寞，有时为每天打发时间而苦恼。当你有了书法学习的爱好，你的精神世界就会多了一份内容、一份追求、一份欣喜和一份满足。你的时间就会紧凑，生活就更充实了。当你的一幅书法作品挂在家里的客厅时，将会给全家人带来莫大的快乐！如果将作品送给朋友，或参加社会上的各种书法活动，融入社会文化的大舞台，以墨会友，这又是多么高雅的情调！这一切都将会使你的精神面貌焕然一新，老人高兴了，全家人也就高兴了，家庭和睦，其乐融融，多好啊！何乐而不为！

学习书法的方法

什么是临？临就是照着字帖写。什么是摹？摹就是过去的描红，把范字放在底下，映照着范字写，也称仿影。学书之法，大多从临摹入手，从古到今，大凡研究学习书法的人，包括名家在内，处理好继承与创新的关系，最好的方法就是临摹。临与摹是两种不同的方法，其效果也不同。古人云，临书易失古人位置，而多得古人笔意，摹书易得古人位置，而失古人笔意，临书易进，摹书易忘。临摹的目的是为了掌握字形的基本结构和字之内在的一种韵律。鉴此，二者不可偏废，以临为主，临摹结合。

朱履真在《书学捷要》中说："学书未有不从规矩入，亦未有不从规矩出。"继承是创新的基础和前提，创新是传统的继续和升华，一架马车两个轮子，二者缺一不可。纵观书法历史，大凡有成就的书法家，没有人能跨越书法临摹这个阶段的，都在临摹上下过很大的工夫。

如晋朝羊欣的字与王献之的字非常像，有"买王得羊，不失所望"之说，现在流传下来的王献之书法作品，有专家认为部分出自羊欣之手。唐朝薛稷擅长临摹褚遂良的字，当时有"买褚得薛不拓其节"的说法。

唐朝的高正臣与张绍先是好朋友，别人请高正臣写字，高正臣有时请张绍先代笔。有一次，高正臣写了15张字，张绍先和他开玩笑，从中抽出5张。别人跟高正臣说，你的字别人给你换了，高正臣说那肯定是张绍先所为，仔细检查，发现了3张，人家告诉他还有，但就是找不出来了，可见二人的字之相同。清朝的陈随贞善于模仿董思翁的字，常署款董思翁的名字。有一次，他到城里去，看到了一本董思翁的字帖，很欣赏，花了五百钱买回来仔细品味，没想到原来是自己写的。唐朝有个宰相李德裕，别人送他一本王献之字帖，他爱不释手，把当时有名的书法名家卢弘宣找来，和他共同欣赏。卢弘宣拿到后半天说不出话来，李德裕问他怎么了，卢弘宣很害怕地说，这是我不久前临写的小王的字。

宋朝的米芾常从别人那里借来字帖，临写完了把自己写的一同送给人家，一般都分不出来，米芾用这种方法得到不少古帖的真品。唐代颜真卿，上承二王之传统，兼收初唐各书家之长，独创颜体新面貌。智永和尚四十年不下楼，用芭蕉叶当纸，用笔成冢。唐太宗推崇王羲之的兰亭序，要当代的大书法家冯承素、褚遂良、虞世南临摹精品给大臣作为赏赐。其中，赵孟頫临摹达到了惟妙惟肖、真假难辨的境界。

学书要临摹学习，科学、文化艺术亦皆如此。就拿人来说吧，刚出生，会爬是本性，走路说话那都是后天学习得来的，常报道的狼娃、猴娃都说明了这一点。孩子走路像父亲、母亲，那是耳濡目染的结果，吃饭用筷子、西方用刀子，都是小孩从小模仿学习大人的，薪火代代相传啊，模仿是传承，是创新进步的基础，是事物发展的延续。

一、临帖的方法

制订一个可行的阶段性的学习计划，循序渐进，由初级到高级，攻其一点，再及其余，不能一口吃成胖子。也不要朝三暮四，样样都喜欢，都要学，没有重点，眉毛胡子一把抓，只想一蹴而就，恨不得明天就成书法家。学习是一个渐进的过程，是一个积累提高的过程，是一个由量变到质变的过程，要经过持久的努力，才能不断完善与提高。

初学者首先遇到的问题是选帖，选什么帖作为范本呢？这个没有统一标准，中国书法艺术浩如烟海，流派纷呈，市场上出售的字帖数不胜数，我曾带一个学生去书店买帖，转一会就受不了了，说直犯晕，看不过来。

一个人一生也不可能把什么都学到,根据个人的爱好有重点地选择很重要。书法流派如同一桌丰盛的筵席,品种丰富、口味各异,你说哪个好,哪个不好,很难取舍,这要认同大多数人的意见。各种书体都有被公认的好的范本,大家公认的是临本水平要高,取其上,得其中;取其中,斯为下矣。名师出高徒,学艺从师要取法高为佳。当然还必须考虑到从自己的爱好出发来决定取舍。爱好就是兴趣,爱好才有动力。这里推荐一些常用的碑帖供初学者参考,主要包括:

甲骨文

金文

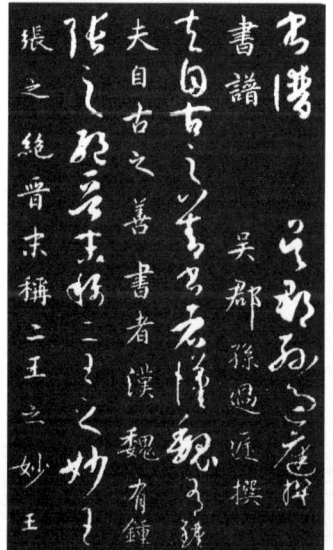
草书·孙过庭《书谱》

隶书·《曹全碑》

隶书·《乙瑛碑》

行书·王羲之《兰亭序》　　　　　　　　　　　章草

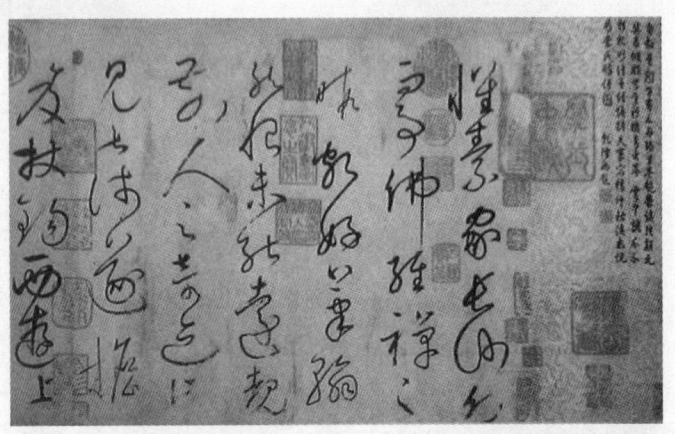
草书·怀素《自叙帖》

楷书·欧阳询《九成宫》　　楷书·颜真卿《多宝塔》　　楷书·柳公权

楷书·赵孟頫《胆巴碑》　　　　　篆书·邓石如

篆书：《毛公鼎》，隶书：《曹全碑》、《张迁碑》、《乙瑛碑》，楷书：《九成宫》、《多宝塔》、《神策军》、《倪宽赞》，行书：《圣教序》、《兰亭序》，草书：《书谱》、《草诀百韵歌》。

那么先学哪个好呢？笔者认为，如有兴趣、身体条件等诸多因素允许的情况下，建议练习一点楷书。这是中国汉字的基础，是汉字的基本框架，从楷书可上溯隶书、篆书，下至行书、草书。如果汉字的基本笔画都搞不清楚，你虽然也可以写行书，也可以写草书，但不知道所以然，那是一种被动的书匠。

二、临摹程序

1. 对临。对临就是看着帖，模仿着帖写字。按照帖的一点一画如实地临写下来。孙过庭在《书谱》中说："至如初学分布，但求平正；既得平正，务追险绝；既得险绝，复归平正。"这是孙过庭学书的经典三段论，这是所有学书人的必由之路，便捷之路。每一个成功的书家只有老老实实地按照《书谱》所说的三段论式去学习，才能步入书法殿堂。

汉字由点、画组织而成，点、画如书之栋梁椽柱，故学书者首先要学习研究汉字的基本构件，即点与线，汉字的用笔与结体，汉字的篇章与布局。要反复临写，心追手摹，力求点线准确，结构平正。发笔要饱含墨汁，行笔要稳重连贯，收笔要沉着到位，导之如泉注，顿之则山安，重若崩云，轻如蝉翼，心手双畅，下必有由，时刻强调书写时的情感投入，要用心，要认真，要忠实于原作原貌，不厌其烦地探求精微，得其要领，契合神悟，方得其味。待结构平正之后，进入第二阶段，追求气势险绝，最后复归平正，使平正、险绝融为一体，志气平和，不偏不激，风规自远。达到通会之际，人书俱老之最高艺术境界。不倾注情感到学书全过程，心浮气躁，朝秦暮楚，浅尝辄止，那只能学之皮毛，一知半解，难成大器矣。

学书有序，循环渐进，不可操之过急。引录王逸少一段话："始书之时，不可尽其形势，一遍正脚手（注：基本笔画、写字基本方法、执笔方法），二遍少得形势，三遍微微似本，四遍加其遒润，五遍兼加抽拔（指字态之险劲）。如其生涩，不可便休，不得计其遍数也。"要防止两种倾向：一是操之过急，急于求成，二是漫不经心，二者都不可取。社会上所谓两周内学会书法，那只不过是为了骗钱而已。

手心并用，手摹其形，心究其理；主之以心，导之以目，行之以手；三分手艺，七分眼力。临字时，不要急于下笔，而要静下心来观察，做到心中有数：（1）范字的整体形态；（2）局部状貌和偏旁比例；（3）笔画的部位和对应点（垂直、水平）；（4）空白大小的比例；（5）笔画的书写节奏、形状特点，轻、重、快、慢、长短、粗细、曲直；（6）书写时一气呵成，忌看一笔写一笔；（7）挂起对帖，找出差距。

对帖临写前，先要认真地读一读要临写的范本，称之为读帖。要对临摹的范本认真研读，静观字面，谙熟于心。对临写字的笔画形状、结构特点、运笔方法先从感性上有个大概了解后再动笔。有了读帖的过程，可以减少盲目性，可以起到事半功倍之效应。对临写的字，尽可能临写得像一些，为以后深造打下坚实的基础，这个过程称之为入帖。

传说欧阳询一次出行时看到索靖所写的碑帖，观之，去数里复返，及疲，至宿其旁，三日乃得去。其精如此，书乃大进。

临帖不是抄书，泛泛而过，雨过地皮湿，甚至还未湿。临帖时要心静，察之精，临之象。观察点画的起止、提按、顿挫、转折、长短、变化等细微之处，要观察范字的线条运动走势、中锋与侧锋的转换变化、点画之间的主次关系和组合的规律等，提高线条的质量。刚开始临帖忌贪多，不要一遍一遍地从头至尾去临，可以选一些有代表性的字反复临写，掌握基本要点精髓后，再通临全面，以更进一步索取神韵，达到神形兼备的最高境界。如果能够按照这样的方法学习书法，很快就可以进入书法殿堂。

2. 背临。背帖也是入帖的头道门槛，这是临帖成功的要诀。临帖只是照葫芦画瓢的阶段，就像读书，光读不背诵，不通过背诵阶段，就不可能达到运用自如的地步。要在细玩熟观基础上，背帖而索之。"闭目而思，追记字形。"一般地说，如果能够做到边读边临，边闭目追忆，反复几次，就可以掌握所临范本字体的形态，即使离开范本也同样可以使范字再现。

孙过庭在《书谱》上说："心不厌精，手不忘熟，若运用于精熟，规矩谙于胸襟，自然容与徘徊，意先笔后。"（元代，赵孟頫背临13帖，故宫藏有祝先明《六体诗赋卷》拟钟繇、苏轼、黄峪等人书体而成）其意即要把帖上临写过的字记在脑海里并且能够背写出来。没有长期对临的功夫是做不到的。背临一般不仅形象，而且还会有较高的神意追求。清代宋曹说："初学字，不必多费楮墨，取古拓善本细玩而熟观之，既高，背帖而索之。学而思，思而学，心中若有成局，然后举笔而运之。似乎了了于心，不能了了于手（注：好像心里很清楚了，但手还不能很好地再现出来）。再学再思，再思再校，始得其二三，既得其四五。"这就是背帖。

3. 意临。这是一种富有创新性的，加上自己主观艺术追求想象的临写法。借用临帖范本的意趣糅进自己的内容，书写出临帖范本风格的新面貌。

如何欣赏书法

汉字是点画和线条的方块组合体。一幅优秀的书法作品，首先给人带来的是直接的视觉冲击，线条姿态，字形结构，黑白对比，款式用印，使欣赏者产生一种愉悦的心理，浮想联翩，回味无穷。如果不能带来心灵上的震撼与美的享受，那就不能称之为欣赏书法了。

我们学习书法的顺序是先学笔画，再学结构，最后学章法。可我们在欣赏书法作品时却是按相反的方向进行，顺序是章法、结构和笔画。

一、章法

章法又称布局，也叫布白。章法的狭义仅指正文的分行布白和谋篇布局。从广义章法来讲，则包括分行布白和款式印章。欣赏一幅好的作品，首先要看它的章法，字与字之间、行与行之间的组合比例是否恰当，是否有特点，是否有新的创意。字写好了，这只是条件，关键还要把好字精心组合到一起，着眼全局，变化有致，运筹于全局，谋划于细微。好的章法使人赏心悦目，否则，字写得再好也只是平淡无味，唤不起欣赏者的共鸣。孙过庭说：违而不犯，和而不同。通篇基调要前后一致，但不是克隆模仿。书法如同唱歌、绘画，一首歌曲要有一个基调，一幅画也有一种基本色调。在基调上求变求新，形成别致、新颖的章法，才能有精神，才能有灵性，才能有生命。

书法作品须具有整体和谐美，和谐美是中国传统文化儒家中庸之道的精髓。故宫里的三大殿：太和殿、中和殿、宝和殿，都有一个和字，这跟易经有关。太和，就是说天地协调、天地祥和，这是易经两九相重、重合之气，是富强的意思，表明天地协调、天地和谐，是说人与自然的和谐；中和是指人和事的和谐，是人事处理的中庸之道；宝和是指人的自身和谐,人的身体心情健康的和谐。三大殿蕴涵着人与自然、人与事物、人的内心的和谐。

对书法和谐美来说就是"形神兼备","形"是指可视的点画、线条、章法、墨色;"神"是指书法中的气度、性格、风韵、神采。通过书法作品透露出来的个人气质、文学修养,体会到的文化传承、精神承载和历史渊源。一幅优秀的书法作品,在视觉上具有一种美的享受。作品给人以震撼,或刚劲,或温柔,或飘逸,通篇的布局合理,章法巧妙,书体统一,墨色变化,首尾相顾,题款印章装裱完整协调的整体和谐美。首先讲究每个字的自身和谐美,然后再看字与字之间的和谐美,最后再看一幅完整作品的和谐美。如同画好一幅画,首先是画好个件,山、石、水、树、屋等,然后再看组合。唱好一首歌,首先要唱好、唱准每一个音符、每一个乐句,然后才是组合整体效果。

我们去游览长城,首先第一印象是整体轮廓巍峨雄姿,然后才是拾级而上,细微处品味、感受其内涵之壮观雄伟。又好比看一个人也是如此,是美还是丑,第一眼看到的是这个人的整体,个头适中,五官端正,肢体比例合适,很精神;接触交流后,发现双眼皮、大眼睛,皮肤白皙细嫩,谈吐高雅,从对方的言谈举止更进一步认识帅与美。

作书贵在连贯。字与字之间,上下有承接,左右有呼应,数字、数行、数十行字写下来,不管是有行有列的平正分布,还是无行无列的散乱排序,总是首尾相顾、精神不散。一行字写下来,像一首音乐作品的气口一样,顿挫分明,快慢有序,一气呵成,要在视觉上给人以美的感受。在这里还要强调"计黑当白"的运用。正确处理好"疏密虚实"这四个字。从某种意义上说,不懂得"疏密虚实"就不懂得布白,不懂得布白就不懂得章法,不懂得章法就不可能创作出精品。在书法中,黑白是相对的。以单字为例,笔画是黑,笔画之间的空隙处就是白,从通篇来说,每个字是黑,字与字之间的空隙处就是白,一幅书法作品,除去文字印章以外的上下左右空隙处都是白。书法艺术趣味的体现,在很大的程度上是靠"白"的妙用而生的。在那些虚处、空白处，显示了书法特有的意趣和韵味。林散之说："守黑当白方知贵，繁能始悟简可真"，"疏能走马，密不透风"，这符合人们视觉的审美需要，能够得到美的享受。

章法中不可忽视的一个重要环节，即款式与印章。总的原则是，落款的字要小于正文的字，书体以今不欺古为好，章不大于题款字。

二、结构

一幅作品是靠个字线条伸缩曲直的变化结构形态来完成的。人们在欣赏作品时，自然要顺着书家流动的墨迹来进一步品味字的结构美。历代对字的结构有很多的法则，如欧阳询的《结字三十六法》，明人李淳有《大字结构八十四法》，还有隋僧智果《心成颂》等。方法很多，意思大同小异，天覆地载，让左让右，避让穿插，向背偏侧等。各种书体都有自己的结构规律，如篆书要求平正对称，体型修长；隶书要求字形扁方，左右分展；楷书要求点画均匀，疏密相宜；行书要求楷法为主；草书要求流动奔放，互相映带。在实际书法创作过程中，每一个书家都会有自己的结字特点。在欣赏中要因体而异，但总的法则是：稳中求险，平中见奇，平正不呆板，奇险不狂怪。法度之中有变化，变化之中自有法。

中国汉字的特点是方块字，包括下列几种结构类型：（1）独体字。由几个基本笔画组成，找不出结构单位来，如大、小、人、日、月等。（2）两部结构。两部结构的字有两种排法，一种是横排，又称为左右结构，如好、加、明、孙、朋、到、河、海等；一种是竖排，又称为上下结构，如吕、昌等，各占上下比例1/2。（3）三部结构。有三种排法，一是横排，二是竖排，三是品字形，所占空间比例三等份平均。（4）全包结构。要包得住又不要包死，如国、回等。（5）半包结构。种类很多，包二面或包三面。简言之，传统与创新相结合，时代与个性相结合。

三、用笔

什么是用笔？运用毛笔在纸上书写点画的方法称之用笔，也称做笔法、运笔。历来书家笔法非常重视。

相传三国时代魏国的大书家钟繇，兼擅各体，尤精隶楷，形成了由隶入楷的新貌。钟繇年轻时，跟随刘胜到抱犊山学了三年书法，回来后与曹操、韦诞等人在一起论笔法。一次，钟繇意外地在韦诞座位上看见一本蔡邕论笔法的书，钟繇向韦诞苦苦索求，韦诞硬是不同意。钟繇连续三天对着自己的胸脯猛击，胸脯都打得发青而吐血，魏太祖用五灵丹给他医治，才得以治愈免于一死。等到韦诞一死，钟繇暗中派人盗墓，终于如愿以偿，书法大进。到临死时，乃从囊中取出，以授其子，说："吾精思学书三十年，读他法未终尽，后学其用笔。若与人居，画地广数步，卧画被穿过表，如厕终日忘归，每见万类，皆画象之。"可见笔法对书法学习的重要。

有人说中国书法艺术就是线条艺术。字的结构是由线条组合而成的。欣赏者最终还是要落到笔画线条这个最基本的问题上来。用笔也是最能显示书家功底的一种外在表现形式。由于中国笔、墨、纸的特色，使得汉字的线条多姿多彩，有方有圆，有正有奇，有粗有细，有直有曲，有轻有重，有浓有淡，有虚有实，真是变化多端，神鬼莫测。一幅好的书法作品，必定在用笔上有独到之处。孙过庭在《书谱》上有过精彩的表述："纤纤乎似初月之出天涯，落落乎犹众星之列河汉。"欣赏者所看到的不是呆板的墨线，而是极具生命力的灵动的线条，启示引导你步入广阔的艺术空间去飞翔，和你心灵深处的情感碰撞而产生出一种难以言表的一种精神愉悦和享受，让你热血沸腾，流连忘返。

这里介绍常用的几种基本笔法，在实际运用时要留意把这些互相矛盾的因素巧妙地结合起来，创作出和谐好看的优秀作品。

1. 方与圆。"折以成方，转以成圆。"起笔和收笔处笔画带有方形的棱即称之为方笔，方笔是折笔运笔的结果，给人以刚劲挺拔的印象。

圆笔是指起笔收笔时呈现出圆形或弧形的形状，给人以含蓄、温柔、内敛的感受。

2. 藏与露。藏锋是指起笔用逆势，收笔用回锋。写横时"欲左先右"，写竖时"欲下先上"。把笔尖藏于笔画之内，使笔画显得刚劲。露锋则要求笔锋的方向与行笔的方向相同。前人说："无锋（藏锋）以含其气势，有锋（露锋）以跃升其精神。"在实际运用中多交叉使用。

3. 提与按。这是纵向运笔的不同处。将笔从纸面上微微提起，使笔锋着纸较少就称之为提笔，将笔从纸面上微微按下，笔锋着纸较多就是按笔。每一笔画的运行（起笔、运笔、收笔）都是在提与按的运动过程中进行的。因此，掌握好提按，对于写好点画是至关重要。需要强调的是，提按一定要掌握好度，提得过高，写出的点画就轻飘；按得过重，写出的点画就会死板；如果在运笔过程中提或按得太突然，笔画则会出现"蜂腰"的毛病。

4. 转与折。笔锋运行中改变方向为转笔，笔锋的转向过程中写出带棱角的笔画为折笔。转笔在运笔时，笔锋因势转而线条不断，一般也不停顿，折笔须提笔后重新落笔，或略提后转向再按笔。

书法创作

什么是书法创作？以自己独特的书体写出来的作品就叫书法创作。严格地讲，不论哪种艺术都要有自己的创作，创作就是自我精神的技法表现。创作必须要具备两个条件：一是要掌握扎实的书写技法，二是要有生活的积累以及创作激情和欲望。创作是书写技巧的展示，是书写者精神追求的表现，是书法活动的最高表现形式。

一、书法创作方法

书法创作是我们每一个学书法人的追求与向往。当学到一定水平的时候，自然就会有一种创作的欲望，通过创作来检验我们的学习成果，提高你的兴趣。当你自己创作的第一幅作品挂出来的时候，那份喜悦是别人无法体会到的。这里介绍两种书法创作方法供初学者参考。

开始创作时，可以用集字的方法来辅助你创作，这也是一种行之有效的初级创作方法，几乎每一个书家都走过的必经之路。具体方法是，用你学写过的字，来表现你所需要写的内容。字数可多可少，由少到多。如遇有个别字帖上没有的字，你可以根据所学过的偏旁部首来组合你所需要写的字。这样做，实际上是帮助你复习学过的知识，同时也是对照检查你所学习的成果。这是一个复习的过程，很容易发现问题，找出不足，既提高了学习兴趣，又明确了今后的努力方向。

第二种方法是在集字创作的基础上，按照临习范本的笔意进行创作。把自己从范本中学到的知识，经过自己的消化、理解后再进行创作，这是一个质的提高过程。这时候创作出来的作品就不仅是字的形状像临本，而更主要的是，在原有范本韵味的基础上有了自己的意趣和追求。

书法作品是以汉字为基础的，离开了汉字，也就没有了书法艺术。写字和书法艺术，是一回事又不是一回事。说是一回事，是因为都是写汉字，说不是一回事，书法艺术是写字，但不等于写字就是书法艺术。写字的主要功能是实用，无须更多地去修饰或美化，只要字写得规范、清楚，能够表达意思就行了，而书法却是更多地追求美，追求情感，追求艺术欣赏价值。

二、书法创作的条件

孙过庭《书谱》中的五合五乖，揭示了书法创作时的主观条件和客观条件，强调了书家的主观情绪对书法创作的影响。书法创作的客观条件重要，但更重要的还是精神情绪。首先要思想高度集中，心情愉快，特别是创作行草书时必须情绪处于兴奋激动的状态。这里突出了书写的情感因素。书写时要心旷神怡，悠然自在，偶有兴致，信手拈之。要有一个好的创作心情和强烈的创作欲望，有感惠徇知，酬答朋友知己的书写激情，而不是违背意愿出于应酬，精神倦怠，手腕疲乏。

有了主观上的前提,再加上时和气润的创作环境,纸墨相发的客观条件,才能够使创作进入笔调顺畅的抒情性创作阶段,"如果心神不定而作书,若迫于事,虽中山毫不能佳。"就精神状态又可以分为两大类,一种是安静型的。蔡邕在《笔论》中说:"书者,散也。欲书先散怀抱,任情恣性,然后书之;若迫于事,虽中山兔毫不能佳也。夫书,先默坐静思,随意所适,言不出口,气不息,沉密神采,如对至尊,则无不善矣。"王羲之在《题笔阵图后》中说:"夫欲书者,先乾研墨,凝神静思,预想字形大小、偃仰、平直、震动,令筋脉相连,意在笔先,然后作字。"这种情绪进行创作,一般都是闭门作书,从容安详,不激不厉,意在笔先。第二种是激动型的。其中,以张旭、怀素为典型代表。作行草书,特别是作大草、狂草时一定要有激情,有时甚至还会得意忘形。《书林记事》云,张旭嗜酒,每大醉,狂呼大叫乃下笔,或以头濡墨而书,既醒自视为神,不可复得也。世呼张颠。诗人李颀在《赠张旭》中称,露顶据胡床,长叫三五声。兴来洒素笔,挥笔如流星。怀素自己说:"醉来信手两三行,醒后却书书不得。""粉壁长廊数十间,兴来小豁胸中气。忽然绝叫三五声,满壁纵横千万字。"其狂放之态不减张旭,故世人称"颠张醉素",狂草二绝。

除了以上两种外,还有些文人墨客喜欢环境幽静,或皓月当空,或窗明几净,或山光云涛,或漫天大雪,或雅贤圣士,焚香抚琴,凡此种种,追求的是一种情调、一种意境、一种品位。

三、书法创作的相关问题

1.书写内容。这里仅指文字内容。现在常见到的大多是唐诗宋词,这无可非议,但我们还是提倡书写自己创作的诗词,更加贴近时代,更加贴近生活。一幅书法作品挂在厅室里,绝不是无意义的汉字组合,而总是兼有一定的文字内容或观念意义。人们观其字,更是观其文。不同的对象、不同的层次、不同的用途要选用恰如其分的内容。健康向上、激励斗志格言警句要写,温柔传情、小桥流水也不可缺。一定要因人、因时、因地而定。"怒发冲冠"、"寻寻觅觅,冷冷清清,凄凄惨惨戚戚"、"断肠人在天涯"总不能随便送人,也不能到处乱挂!

2. 明确用途,是送人,那就要看受书人的要求、受书人的文化修养,以及受书人的用途。

3. 纸张的选择,祝寿、挽联、参赛,可选择不同的纸张和款式。

4. 笔墨纸砚。(1)笔。毛笔按软硬程度分硬毫、软毫、兼毫三种。用较硬的动物毛制作的笔称硬毫,如狼毫(一般指黄鼠狼毛)、兔毫(又称紫毫);用较软的动物毛制作的笔称软毫,如羊毫、鸡毫;用软毫、硬毫混合制作的称为兼毫。初学写字,大字宜用羊毫,行书宜用长锋羊毫,小楷宜用小羊毫或者小兼毫。挑选毛笔,前人总结以"尖、圆、齐、健"为标准。要学会使用各种毛笔。(2)墨。现在写字多用墨汁,选购一般的普通墨汁即可。墨汁过稠时,不要往瓶里加水,将墨汁倒入砚台里后再加水稀释调适。少倒勤添,加水后如果用不完,容易变质发臭。(3)纸。练字多用毛边纸、元书纸,既廉价又接近于宣纸。市场有各种格字纸可供选择,如米字格、田字格、九成宫等。我们一般采用米字格,特点是对格临帖写,容易掌握字之结构。创作书法作品时要用宣纸,以生宣、单宣为好。生宣比较容易吃墨,渗墨效果好,容易显墨气。单宣薄,较夹宣容易书写。(4)砚。也称砚台、墨池,用来磨墨、储墨汁、舐笔以供书写之用。现代人多用墨汁,不需要自己在砚台上磨墨,在书写时,可使用其他物品代替砚台使用。

5. 写多大字。以楷书为例,1.5~2寸大小为宜。

6. 每天写多少。不要作硬性规定,因人而异,当做一种娱乐就好。

题款与钤印

所谓题款,是指书法作品上署名和需要说明问题的一些正文内容之外的内容。钤印就是在作品完成后盖上自己的印章。题款与钤印是一幅作品不可缺少的组成部分，是对正文的补充与完善。它既有传统美德标准，又有时代风尚的需求，也是提升作品内涵、美化书法作品的重要表现形式。评价一幅书法作品的优劣，题款与钤印往往占有一定比重。

一、题款的内容

1. 作品内容的出处。说明作品内容是谁写的，内容可为诗、词、散文、摘抄文章、警句、书怀、寄志等。

2. 为何而作。说明作书的原因，如赠人、自勉、酬道、应嘱等。

3. 书写的时间、地点。

它的要求是，简练、通顺、大小适中（指书体）、文款和谐、浑然一体。

二、款式种类

所谓款式，是指一幅作品的格式。根据纸张的大小、宽窄不同，可采用不同的书写款式。

1. 条幅。也叫立轴，是独立的长条形作品，一般的高宽比例是4：1或是4：2，以长短来划分为四尺六尺八尺。在宋代以前流传的书法作品多为信札，很少看到条幅。传世最早的条幅是南宋吴琚写的一首诗，形式比较小，到了明清的时候，为了装点居室的需要，才有了王铎、傅山开始创作大幅悬挂作品，并流传至今。

2. 对联。也称楹联，俗称对子。据《宋史·蜀世家》记载：后蜀二十七年春节，后主孟春昶在寝室门口的符板上题写："新年纳余岁，佳节号长春。"这就是对子的来由。对联的字数没有统一规定限制，但必须上下的字数相等。四字称四言联，五字称五言联，七字称七言联，还有长联上下各90字，可分寿联、喜联、贺联、挽联等，其中右为上联，左为下联。

3. 中堂。最早出现于宋、元，多为挂旧式堂屋正中，因此得名中堂。如挂堂屋，还需要两边配上对联为好。篇幅较大宜四尺整张宣纸为好。

可以书写多字，也可书写少字，可以画格书写，也可信笔而就，应在计白当黑上下工夫。

4. 横披。横披呈长方形，高与宽的比例约为2∶5或1∶3。现代居室空间较矮，写几个大字的横披比较实用。从总体看，天地宜窄，左右宜宽，大多从右向左书写，也有写多字的，需要注意每行字之间的呼应与连贯，要有参差错落的视觉美感。

5. 匾额。歌功颂德的长方形横式大字，多用于庙堂殿宇等高大建筑物。

6. 斗方。正方形的书法作品都称之为斗方。因其形式较小，符合现代人卧室规模的使用，还有把多个斗方组合在一起的形式，可以内容相同或不同，只要一致，美观大方即可。

7. 扇式。包括团扇、折扇、异形（半圆、椭圆、长圆等）。

8. 长卷。一般都采用横式，长达几米、数十米、百米不等。一卷只写一个内容，也可以把十首唐诗写在一起，风格要一致，浑然一体。但现在也不尽然，经常搞些大的纪念活动，百米长卷。其内容不同，书体随之各异。

9. 册页。宣纸装裱成册后书写的，也有写成后再装裱成册的。

三、题款款式

题款的分类是相当复杂的，有上款、下款、单款、双款、长款、短款等。各种款式的书写都有约定俗成的规则，不能违背常理随意为之。一般常见的题款款式包括以下几种：

1. 单款（穷款）。除正文外，只写自己的名字。

2. 双款。指正文的开头和结尾都题字，既署上款，又署下款称为双款。若是条幅、中堂中横披，上款署于正文的右上方，下款署在正文的左下方。根据需要，视作品的大小、内容而定，应用很广泛。

3. 平款、条幅、横幅。题下不题上。如长卷，则上下款均署在正文之后，顺序是先题上款，接着题下款。

4. 印款。以印代款。宋代人书名不用印，用印不书名。现代人书家到最后空白地方不够了，不得已只盖个章也是可以的。

自己留用的作品，一般落款写上内容的出处，书写的目的、时间、地点均可。

四、称谓

称谓是指对受书人的称呼。既要谦虚，也要得体，称呼搞错会贻笑大方。称呼过低了，贬低了对方的人格，过高抬举了对方，又失去了自己的尊严。对受书人可以不写姓，也可以冠以姓。对方的名字有两个字，就可以不用写姓，如果对方是单名那就必须要冠以姓。根据和受书人的关系、感情程度，也可以直呼其名。

1. 对长辈。如称令尊、令堂、叔父大人、伯父大人、岳父大人、岳丈、泰山、先生、老师等。对长辈称号最为尊重，称字亦可，不可呼其名，常在姓氏后冠以"老"、"翁"等。

2. 谦词。多称方家、法家（行家、书家称）、诗家、书家、画家，正之、雅正、嘱正（嘱咐、保存），正字、正疵、正谬、正句（指自己诗句），哂（笑）正、笑正、削正、吟正、大雅正之。

3. 称官。如称王右军、颜鲁公;杜甫（检校工部员外郎）称杜工部。

4. 称号。如称苏轼为东坡居士，白居易为青山居士，李白为青莲居士等，古时称信佛不出家者、有德才而隐居不仕或未仕者为居士。

5. 对平辈。如称同志、同学、同行、愚兄（弟）、乡兄（弟）、年兄（弟）、学兄（弟）。对平辈可以写名字。

6. 对学生。多称学棣、贤棣、贤契等。

7. 对小辈。多称贤侄、爱子、爱孙等。甲乙两方好友，甲为乙的儿子写，可称世兄，也可写名字。

五、姓、名、字、号

姓即姓氏，姓是一种族号，出生3个月后由父亲命名，封建社会随父姓。字是成年时长辈代起的，是人的正式称谓。男20岁成人举行冠礼（结发加冠）时取字；女15岁许嫁举行笄礼（结发加笄）时取字。号是有一定名望和文化的人，为了表示自己生活的态度或思想志趣而自取的，如姓诸葛，名亮，字孔明，号卧龙先生。

在地处太平洋中部的密克罗尼西亚群岛，至今还沿用男女老幼直呼其名的独特习俗，男女老幼之间不冠以称谓。家庭里，父母与子女之间、兄弟姐妹之间一律称呼其名。社会上人与人交往，也没有先生、太太、叔叔、阿姨之称，任何场合，对任何人都平等相处，不必为称呼伤脑筋。世俗的"重男轻女"在密克罗尼西亚是绝对没有市场的。相反，当地人把妇女视为本民族的母亲，虔诚地崇拜女性祖先。氏族的最高权力，掌握在一位称做"大妇人"的人手里，她有权代表全氏族说话。氏族的男性首领做任何事情都要事先请示她。"大妇人"的职位是由她的妹妹或妹妹的女儿来继承，而不是由自己的女儿来继承。

六、时间写法

时间写法常包括年、岁、天干、地支、月份等内容。

1. 年岁。年和岁是不同的两个概念。公元纪年法俗称阳历年，如2012年；天文学所谓的回归年，又称岁，俗称阴历或农历年，如甲子（鼠年）、乙丑（牛年）、丙寅（虎年）等。

2. 天干地支。干：天干，地：地支。干支，即天干地支的简称，取意于树木的干与枝。天干包括甲、乙、丙、丁、戊、己、庚、辛、壬、癸；地支包括子、丑、寅、卯、辰、巳、午、未、申、酉、戌、亥。十天干表示古代通常用的顺序符号，十二地支表示古代计时。六十年循环一次称"六十花甲子"。

3. 一年中的各个月份又有许多别称。每月初一日叫朔；每月最后一日叫晦；每月十五日叫望；每月初七或初八为上弦；每月二十二或二十三为下弦；十天为一旬。

（1）春季。一月：(孟春) 正月、初月、嘉月、开岁、岁首、献岁、肇岁、芳岁、华岁、早春、春至、孟阳；二月：(仲春) 令月、杏月、花月、酣春、仲阳、竹秋、清明时节；三月：（季春）蚕月、桃月、桐月、末春、季春、暮春、晚春、莺时、桃浪、烟花时节。

（2）夏季。四月：（孟夏）乏月、麦月、阴月、夏月、梅月、仲月、夏秋月、清和月、初夏、维夏、槐月、槐麦；五月：（仲夏）恶月、榴月、蒲月、鸣蜩（蜩：音读条，古书上指蝉）、鸣蛙；六月：（季夏）荷月、焦月、季月、前月、暑月、精阳、溽暑、征暑、萌发、季麦。

（3）秋季。七月：（孟秋）冬月、凉月、瓜月、巧月、兰月、兰秋、首秋、初秋、上秋、早秋、新秋；八月：（仲秋）桂月、中秋、正秋、桂秋；九月：（季秋）菊月、三秋、穷秋、凉秋、深秋、暮秋。

（4）冬季。十月：（孟冬）霜月、正阳月、小春月、上冬、开冬、初冬、小阳春时；十一月：（仲冬）畅月、冬月、龙潜月、雪月；十二月：（季冬）冰月、腊月、阴月、季冬、杪冬、暮冬、残冬、末冬、严冬、岁尾。

七、题款的三原则

题款有三个原则，一是题款的字体应以篆、隶、楷、行、草顺延；二是题款的字之大小应比正文略小；三是题款字之多少应视正文留空白而定。

八、印章

相传战国至汉时期，传递公文、私人信件均写于竹木简。简要用绳子捆住，为防他人私看，捆时加一有槽的木块，用绳子扎好，外加软泥一丸，放在槽内，用印章一压，泥土打出印文，就是封泥，也是今天印章的由来。战国时印已广泛应用，到汉代印章大盛，数量、质量都超过周、秦。为此，刻印金石者莫不以汉印为入门途径。

汉印以印材分为：金、银、铜、玉、琥珀、玛瑙、木、砖、石等；以内容分为：官印、私印、烙马印、吉语印、肖形印等；以文字分为：小篆、鸟虫书等。印章采用朱红色印泥，对书法作品有提神和平衡重心等作用，所以确定盖章的位置必须谨慎从事。

通过闲章的内容，可以看出作者的志向和抱负，襟怀和精神。比如，石涛的两方闲章"搜尽奇峰打草稿"、"法自我立",其锋芒直指那脱离生活,一味仿古的陈规旧习;郑板桥的"心血为炉熔铸今古",则攫历代名家之秀,创自家之新;李可染的"可贵者胆"、"所要者魂",显示了敢于创新,敢于突破的奇伟魄力;潘天寿的"强其骨"、"不入晴",意在常自警,不媚俗;近几年启功常用一方"小乘客"做压脚章,这里除去自谦以外,大概还包含对社会生活的情感和乘四化东风之意。

1. 闲章(引首印)。因钤于正文的起首处而得名,盖在右上角,正文起首处。也有在正文空白处加盖闲章,用以点缀、调节、装饰作用。内容大多是斋馆名,籍贯地名或字数不多的格言。形状多用长形,多阳文。

2. 名章。款的下面或正文的左面。姓名、号一般有用对印(上阳、下阴),有用一枚的。要根据空白大小而定。

3. 压角印。多因钤于正式成文的一角而得名,位置多在右下角略高处,忌与名章盖在同一水平线上,以免呆板。内容比较广泛,常多是诗句或简练格言、斋号、籍贯等。

九、印泥(八宝印泥)

书法作品盖章用的印泥不是普通用的印泥,而是一种特制的书画专用印油。印油渗透宣纸里面,干了以后,遇水不变化,可以永久保存。而普通的印泥,遇水就变形了。八宝印泥的基本原料包括朱砂、蓖麻油(百年以上)、艾叶绒、明矾、珍珠、红珊瑚、金粉、云母等。决定一幅作品用什么章,用几方,用在何处,用章的大小,都要根据章法的需要,一般规律是:

1. 用在首行起头处的闲章,又叫引首章,多取长方形,椭圆形或圆形;印文多用诗词短句、成语警句等。

2. 姓名章盖在自己姓名的下方或后方适当的位置。

3. 姓名章应与署款的字大小相等,略小于款字也可,如果大于款字则显得呆板。

水墨丹青，意趣悠长

绘画种类很多，总体说分两大类，即中国画、西画。中国画按题材分成山水、花鸟、人物画，按画法分为比较工细费时的工笔画和相对宽松随意的写意画。西画分为素描、油画、水彩画、版画。素描，即用单色描绘对象，如用铅笔画石膏模型、人像、风景等；油画、水彩，分别用油、水调制颜色作画，讲究用色彩来描绘塑造对象；版画，用木、铜、石膏、麻胶等版材，画家先在版材上起稿，然后用刀雕刻，接着进行单色、多色套印。它的特点是有一种不同于手绘的版味、刀口味，而且可以有多幅原作。西画是外来画种，清朝由外国传教士传入。主要在宫廷、大城市传播，经过200年现在比较普遍了。但由于欣赏习惯、工具材料的限制，远不如中国画流行，所以在离退休老干部中学的人很少。老同志中有的原来喜欢西画，也画过素描、水彩画、油画，在岗位时因忙画得少，现在退下来有时间正是继续研究学习的好时机。对于初学或打算自学的老同志，我们建议还是以中国画为主。

中国画是中国传统绘画，在世界绘画艺术中独树一帜。中国画在民众中的影响、普及率也是世界其他民族少有的。这得益于中国的汉字书写；数千年来，中国人从小就要学写汉字，用毛笔、水墨书写。而中国画也用毛笔、水墨书写，因此有一种天然的联系。同时在立意、布局、勾线等方面中国画受书法影响甚多，历来有"书画同源"一说。提起现当代大画家，如齐白石、张大千、徐悲鸿、李可染、李苦禅、黄胄等几乎家喻户晓，藏有这些画家作品的人也不少。有点研究的人，对历朝历代画家、著名作品，也并不陌生。比如唐代周昉的《簪花仕女图》，唐代张萱的《虢国夫人游春图》，五代南唐顾闳中作的《韩熙载夜宴图》，北宋张择端作的《清明上河图》以及明代唐寅（唐伯虎）的仕女、山水画，徐渭的花鸟画，陈洪绶的人物画，清代朱耷（八大山人）的花鸟画，石涛的山水画，郑燮（郑板桥）的水墨兰竹画，任伯年的花鸟、人物等。

一、学习中国画好处多

学习中国画，一是能够得到美的享受；二是学会中国画颇有成就感，是老有所为的好选项；三是画中国画既动脑又练身、手，类似气功对身体健康大有益处；四是绘画投入不大、简便易行。原先就喜欢，有一定基础的老同志，继续学习，不断提高，多出成果。过去没学过的老同志，可参加部离退休干部局组织的绘画班，按部就班学，只要坚持，定能出成绩。群众出版社退休干部赵德珍，没退休前就喜欢中国画，退休后常年坚持在老年书画班学习，如今牡丹画得很好。每年部里组织的画展都有作品参加，很自豪、很满足、很有成就感。有的同志因种种原因不便参加绘画班，想在家自学，应该怎样着手？现在我们就说说这种情况。

首先按自己的兴趣在中国画山水、花鸟、人物三大题材中选定一项作为学习的主攻方向。方向定了，就可着手准备学画的工具、材料。首要的是学习范本，古代叫画谱，现在叫绘画教材。书店和大多数书画店都有出售。你可以根据自己选定的题材选择诸如《怎样画山水》《山水初步》《怎样画牡丹》《梅花技法》《学画人物》《怎样画仕女》等普及性教材，选取一种。

接下来购买纸、笔、墨、颜色，调色用的盘碟，洗笔用的笔洗，盖章用的图章料、印泥及镇尺等。学画写意画，主要用生宣纸。宣纸原产于唐宣州泾县在宣城集散，故名。以檀树皮、稻草为原料，经手工抄制而成。未经胶、矾加工能吸收水分的叫生宣纸（加过工的称熟宣纸不吸水，主要用来画工笔画，便于多次渲染）。简单检验方法就是用舌头舔，有湿印即是，现在宣纸的主产地仍在泾县，以"红星牌"最著名，其他如四川夹江、河北迁安也产。福建生产的皮纸也可用。尺寸大小、厚薄分多种规格，厚的叫夹宣，薄的叫单宣，写意画多用单宣。一般用"四尺"（137cm×68cm）、"六尺"（200cm×100cm）两种尺寸，可自行裁剪。笔，分硬毫、软毫。硬毫，笔毛有弹性，便于勾勒、题字，多用狼毫、獾毫制成；软毫主要用羊毛制成，易含水分，多用于渲染；硬软毫组合的称兼毫，软硬适度，运用起来比较自如。以上三种，大、中、小各买一两支。浙江湖州、吴兴所产湖笔最著名，其中"双羊牌"是老字号。北京市笔厂生产的笔要属"福寿牌为好，湖州善琏、江西进贤、山东莱州都有很好的笔生产。硬毫小号中名"叶筋笔"的很好用，中号可选"山水画"笔或"兰竹"，兼毫选大、中、小"白云"笔，大、中、小提笔。软毫选直接标有羊毫字样的笔即可。好笔，毛整齐匀称，沾水后笔尖能收拢。墨、颜色，在古代都是画家自己用砚台研墨，颜色也自己调制，现在因工业发达，有专门生产墨汁、颜色的工厂，很方便。墨汁选北京"一得阁"生产的，颜色选上海实业马利画材有限公司生产的中国画颜料。图章初学有大小两方名章、一两方闲章即可（闲章指章的文字是根据画的内容，以富有诗意、哲理的词语如"寄情"、"满园春色"、"天道酬勤"等组成）。图章料最著名的有福建寿山石，浙江青田石、昌化石，内蒙古巴林石等。选外观温润、颜色花纹好看的石料。印泥有朱砂、朱磦两种颜色，根据自己的喜好选。不要用普通办公盖章的印油，此类印油未加艾绒，盖在宣纸上油会浸出，效果不好。以上笔、墨、纸、颜色等专门的书画店、文具店均有销售。刻制图章可请会篆刻的朋友帮忙刻，也可到专业篆刻店定制。

范本、工具材料都备齐了就可以开始学习了。中国画学习方法同学书法一样，先从临摹开始，书法叫临帖，中国画临范本（画谱）。目的是学习前人的绘画方法。中国画技法经过前人长期探索、提炼总结出一套相对固定的程式。比如勾线，根据勾时用笔的轻重、精细，勾出的形状，归纳成各种描法；细线如丝称铁线描，起首重末尾细称钉头鼠尾描，两头细中间稍粗称兰叶描等，有"十八描"一说。大体上述三种都能概括。又如画竹叶，一笔称片羽（像一片羽毛），两笔称燕尾，三笔称个字，四笔称落雁（似飞雁展翅），五笔破分字（组成像分字稍变化）。再如画山石，根据用笔勾出的形状，似荷叶纹路叫荷叶皴（皴即用笔在纸上勾、点、擦），似绳索叫解索皴，似刀斧砍出形状叫斧劈皴等，初学照着画谱上各种描法、皴法，反复临摹，从生涩到熟练再到与临摹对象基本相似，甚至能不照画谱背着画出来，达到这个程度，就算有一定基础了。这个基础还只是一些局部的画法，进一步继续临摹范本中比较完整的画面，由简单到复杂，由易到难，学习体会构成一幅完整画面必须掌握的构图方法。所谓构图，简言之，就是将所画形象在画面上安排好，使之好看。上下左右基本平衡，但又不能呆板，有些变化。主次要分明，突出什么，减什么都要想好。构图在中国古代画论里，称经营位置，亦叫布局，其中的心得、经验靠慢慢学习积累。临摹是学习中国画的第一个阶段。

  第二个阶段，观察写生。艺术的源泉是生活，我们学习的范本是前人从生活中观察、写生提炼总结出来的成果。为了进一步巩固印证我们从临摹中学到的方法，并牢牢掌握这些方法，最好的办法就是观察实物进行写生。写生就是照着眼前的实物画。从中领略从自然真实形象转变成绘画形象的方法、技巧，是提高自己的绘画能力和鉴赏能力的重要手段。写生可买专门的写生本，用毛笔写生最好，不方便亦可用签字笔、铅笔。写生较之临摹难度大得多，但只要认真练习，认真勾描，这一步还是可以跨越过去的。一旦能比较准确地画出写生对象，你的绘画能力、技巧就长进了一大步。写生是通过自己的脑、眼、手把对象描绘下来，是真本事。写生不仅提高了绘画技巧，同时锻炼了观察美、发现美的能力，并不断在脑海中积累绘画形象，活跃了形象思维，为下一步进行创作奠定了基础。

  第三个阶段，创作。通过临摹，我们掌握了一定的绘画技法。

经过写生积累了创作素材。有了这两个基础就可以进行创作了。创作就是根据从自然界、现实生活中观察写生得来的绘画素材，运用我们学到的方法，按照一定的主题或立意，画出一幅全新完整的画。比如，我学的是花鸟，喜欢牡丹，想画一幅牡丹图。整个创作过程应该是这样的：首先想好画多大尺寸，大约画多少朵花；花的聚散、向背、花蕾、初放、盛开、叶茎等怎么安排，花的颜色怎么搭配，都要反复在脑海中酝酿思考。如果确定主题是春艳，那么花和叶子应该丰满一些，颜色应艳一些，并努力把春天里盛开的牡丹那种富丽华贵、欣欣向荣的感觉表现出来。这个酝酿思考的过程就是通常说的构思，构思基本成熟了，就可以正式画了。为了有把握，先在写生本上或其他白纸上勾一个小草图，将花、叶、茎的位置，基本色调（色调，通俗地讲就是每幅画以一种颜色为主，其他色配合主色形成一种主色调。另一种解释就是几种色彩组合形成一种色彩倾向，如偏暖，即倾向于红、黄、橙这些热烈的色彩，或偏冷，即倾向于蓝、绿、紫这些沉静较易联想到冷天或凉爽感觉的色彩）。笔墨的深浅变化等安排好、调整好，满意了再放大移植到宣纸上。第一张可能有不足或缺陷，再画第二张、第三张，不断改进，直到基本满意，然后在画上题字盖章，创作就算完成了。

二、自学绘画的要点

1. 多看原作。原作幅面大、有气势，整体、细部都很清楚，便于观摩学习。有机会看老师作画更好，因现场看印象深刻，不仅看到结果，更难得的是看到具体作画过程，看老师怎样用笔、调色，怎样题字盖章，怎样修正画面，怎样"大胆落笔，细心收拾"。现在书画店、画廊、展览馆很多，都是看原作的好去处。

2. 多画、多练习。前辈大师徐悲鸿曾说过，他平生喜欢荷花，很想画好。他坦言，不画满一千刀纸恐怕难以满意。这说明两点，一是荷花确实难画，特别是难出新意；二是写意画要画好，不千锤百炼，要想成功不易。

3. 积极参加各种层次画展。如同演员要多登台演出，多实践一样。每次为画展准备作品就是一次练习提高的好机会。在展览会看到自己作品的那种自豪感、满足感对激励自己继续努力，保持学习绘画的激情有重要意义。同时展览会也为我们提供了学习别人长处、发现自己不足、继续学习改进的好机会。

4. 适当购买一些参考资料。多看各种美术参考书籍对我们增长知识，开阔眼界，提高鉴赏水平、品位、修养都有积极的作用。从清朝至当代，一部《芥子园画传》不知滋养了多少热爱学习中国画的学子，大画家齐白石幼年就曾用旧账本反复临摹过《芥子园画传》。现在各种画谱，历代名家的画册很多，都是学习的好范本。国外的画册就更多了，不时翻翻看看也是大有好处的。

5. 多请教。虚心使人进步是老生常谈，却是真理。自己的不足自己不敏感，别人容易看出来。多请人提意见、多请教，虚心的态度在整个学习过程中都要提倡。

以上几点做到了，我相信经过一段时间努力，所有对中国画感兴趣的老同志都会取得丰硕成果，并从中享受快乐、幸福、自豪。

三、绘画落款的学问

西画讲签名，中国画称落款。签名是作者对自己作品的确认。落款除具有签名的意义外，对点题，增加绘画作品内涵，补构图之不足，显示书法家篆刻之美都有重要作用。一幅作品完成后，如果比较饱满，就不宜题款过多。只需在适当位置或稍有空缺部位，题写作者名、年款即可，谓之穷款。如果留白较多，可在空白处题长款：除作者名、创作年月外，画的题目，作者寄托之情思、寓意以及有助于此画意境表达的词语等均可列上。这里应注意的是，字的大小要与画幅尺寸搭配，不能过大过小。字体一般用行书较多（工笔画多用楷书），收放可视该画风格酌定。有的作者题款中画的题目喜欢用篆书或隶书,其他字用行书,动静、精细相互搭配也很别致。字题好后须盖章,章的大小要与所题字相适应,一般名章(即作者姓名章)紧随名字,或后或侧。闲章(配合画面意境的吉语、俚语、寓言、哲理词句等),视构图需要盖在画面空白处。左右下角谓之压角章,左上角或题字的引首处,称引首章。题款注意三点:一,字要写好,字不好反有损画面;二,内容切题有意义;三,图章要讲究一点,即篆刻水平不能太差。

四、老警官画家

在提倡公安文化大发展,大力开展老警官的文艺活动中,公安部和各地公安系统退休干部中活跃着一批老警官画家。他们有的当年就是服务公安文化的美术专业干部,有的是热爱绘画过去因工作繁忙只能在早晚、节假日抽出时间勤学苦练在绘画上做出成绩的同志,有的是退休后拿起画笔努力学习描绘祖国壮丽山河、大自然花鸟美景、和谐社会美好人生的老同志。如公安部退休干部杨艾路擅画山水,张骏擅画人物。离退休老同志中还有擅画山水的张振华、王明书(女),擅画花卉的冀冰、孟秀林(女)、赵德珍(女)、于丽树(女),擅画人物的刘辉煌。北京市公安局退休干部张国图擅画人物,河北省霸州市公安局退休干部刘文梁擅画人物,山西省临汾市公安局退休干部商振明擅画山水,浙江省绍兴市公安局退休干部王振堂擅画人物、马,广东省深圳市公安局退休干部袁明江擅画人物等。全国各地公安系统喜欢绘画的老同志还有很多,因篇幅关系这里就不一一列举了。

祝老警官画家们越画越好,越活越年轻,健康、快乐、长寿。

国画欣赏

清明上河图

张择端，北宋画家。徽宗朝供职翰林图画院。专工界画宫室，尤擅绘舟车，市肆、桥梁、街道、城郭。存世作品有《清明上河图》长卷，描写当年汴京近郊清明时节社会各阶层的生活景象，反映了奢华逸乐和贫困辛劳对比鲜明的情状，是一件具有重要历史价值的优秀风俗画。

虢国夫人游春图

张萱，唐画家。工人物，以擅绘贵族妇女、婴儿、鞍马，名冠当时。曾作《长门怨词》、《宫中七夕七巧》、《望月》等图，绘写宫女们迫处深宫的幽怨。存世《唐后行从图》是其作品；又有《捣练图》、《虢国夫人游春图》，为宋徽宗摹本。

簪花仕女图

周昉，唐画家。工仕女，初学张萱，后则小异。多写贵族妇女优游闲逸的生活情景。画中仕女衣褶劲简，容貌丰肥，色彩柔丽，颇为当时宫廷和士大夫欣赏；亦擅作佛道宗教画，创制有民族风格的"水月观音"，雕塑者亦仿效，称"周家样"。

竹鹤图

　　边景昭，明代宫廷花鸟画家。曾任任武英殿待诏、翰林待诏，常陪宣宗朱瞻基作画。为人旷达洒落，且博学能诗，继承南宋"院体"工笔重彩的传统。其作品工整清丽，笔法细谨，赋色浓艳，高雅富贵，有"花之妖笑，鸟之飞鸣，叶之蕴藉，不但勾勒有笔，其用笔墨无不合宜"之说。边景昭的墨线气力十足，变化丰富，精谨细微，柔韧相宜。

写生珍禽图

黄筌，五代后蜀画家。擅画鸟，多描写宫廷中异卉珍禽，其画勾勒精细，几乎不见笔迹，以轻色染成谓之"写生"，后人把他与江南徐熙并称"黄徐"，有"黄筌富贵、徐熙野逸"之评。存世《写生珍禽图》为其示范画稿。

赵佶，即宋徽宗，北宋皇帝，书画家。其政治上昏庸腐败，治国无力，而于书画下工夫不少。在位时广收古物、书画，扩充并亲自掌管翰林书画院；使文臣编辑《宣和书谱》、《宣和画谱》、《宣和博古图》等。擅书法，字体细瘦、劲挺，自称"瘦金书"。其绘画重视写生，以精工逼真著称；工花鸟，相传以生漆点鸟睛，尤为生动。存世作品有《芙蓉锦鸡图》、《池塘秋晚》、《四禽》、《雪江归棹》等。

芙蓉锦鸡图

小龙湫下一角

潘天寿（1897～1971），现代画家、美术教育家。曾任国立艺专校长，浙江美术学院院长，中国美术家协会副主席。绘画风格雄健峻拔、豪劲奔放、沉着老练以及奇崛冷逸。所作山水布景造势气壮力强，并善于把平常难以入画的山间小景，通过剪裁摄入画中，从立意、取材、笔墨、设色均给人耳目一新的感觉。

黄胄（1925～1997），中国画艺术大师，社会活动家，收藏家。中国第一座大型民办艺术馆——炎黄艺术馆缔造者；中国画研究院、中国工艺美术馆筹建者；黄胄美术基金会设立者。带头捐赠的自己书画作品与古代文物、书画收藏。主持具有深远影响的"93科学与艺术研讨会"、"95经济与文化研讨会"等若干重要展览及学术活动。黄胄独创性地将速写融入中国画，开启了全新的人物画笔墨范式，拓展了中国画艺术语言。有大量艺术作品及《黄胄作品集》、《黄胄谈艺术》等30余部著作传世。

牧归

虾戏

　　齐白石（1864～1957），现代书画家、篆刻家。早年曾为雕花木工，后结交当地文人，学习绘画、诗文、篆刻、书法，靠为人写照、卖画、刻印为生。中年多次出游南北，57岁定居北京。60岁后，画风遽变，重视创造，融合了传统写意画和民间绘画的表现技法。形成独特的艺术风格。擅画花鸟虫鱼，笔墨纵横雄健，造型简练质朴，色彩鲜明热烈；并善于把阔笔写意花卉与微毫毕现的草虫巧妙地结合在一起；亦画山水、人物。论画有"妙在似与不似之间，太似以媚俗，不似为欺世"的见解。曾任中国美术家协会主席。

芭蕉仕女

张大千（1899～1983），现代画家。早年博学杂取，致力于石涛、八大、青藤、白阳诸家，继而上溯宋元。并曾临摹敦煌壁画，开阔了对中国画的理解和认识，所作山水、人物、花卉无不精妙。后于国外写生，胸襟益广。晚年用泼彩法画青山绿水，工写兼施，墨彩交融，在绘画创作上又有新的突破。

老有所学

万山红遍

李可染（1907~1989），现代画家，美术教育家。曾任中央美院教授，中国画研究院院长，中国美术家协会副主席。擅画山水，对传统主张"用最大的功力打进去，用最大的勇气打出来。"曾拜齐白石为师。提倡师法自然以写实手法认真描绘山川风貌并以"对景写生"发展到"对景创作"，画风质朴深邃、意境开阔、气势雄伟，开一代山水画新风。对当代山水画的发展影响深远。

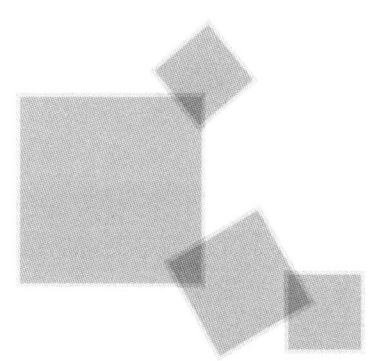

摄影 网络

拍摄于宁夏中卫沙坡头。

摄影的基本要领

过去您也许和摄影一点边儿都不沾，这不是障碍。摄影的门槛一点儿都不高，只要您肯踏进来，就会感受到摄影的乐趣和美妙。

摄影是一项可以给人带来愉悦的文化活动，塑造和丰富着人的心灵与情感。摄影爱好者总是特别关注时代和社会的发展，与自然万物心有灵犀。一个阳光灿烂的日子，就足以给他一个格外美好的心情。纤尘不染的芙蓉、飘零而落的红叶、一抹璀璨的晚霞、闪耀着金色光芒的蜻蜓……都会令他陶醉不已。当举起相机聚焦时，心地是那么安然纯净、忘乎所以。随着兴趣的浓厚，对于美的感受也会越加敏感。天光倒映的梯田、江河撒网的渔船，以至于随处一瞥的景色，都会引起他的关注和向往。

摄影还是一项有氧运动。当生活与摄影联系在一起，就会自然而然地关注着日月星辰和季候交替的变化。流云雾霭、雨雪冰霜，召唤着他背起相机，兴致勃勃地去远足、去登临。徜徉于山林水畔，呼吸着大自然的清新空气，体魄自然而然地变得强健起来。

子在川上曰："逝者如斯夫。"时光虽然不会倒流，但摄影者却以摄影的方式感受着生命的存在，记录着多彩的生活，将瞬间细节固化为一种永恒，使得青山不老、绿水长流、鲜花盛开！

无论是拍摄人物、山水花鸟，抑或社会人文，一幅作品总要有一个引人注目的视点，通过这个视点传达一种思想和情感。成功的摄影作品之所以感染人，无非两个方面：一方面是令人感慨的内容，另一方面就是形式美感。

什么是令人感慨的摄影内容？凡是能够引起关注的一种价值观念就包含着一定的内容，也许这个内容很宏大、很震惊，也许这个内容平凡却又微不足道。无论是大还是小，对于摄影来说，同样都有价值。重大内容引人关注是不言而喻的，但可遇而不可求，记录下来就是功劳，因此不太在乎技巧。让微不足道的事情引人注目、令人感动，就不那么容易了。小事情比比皆是，却又转瞬即逝，要从中提炼出感动，这就需要摄影者具有一定的思想和艺术眼光。

尽管我们不过分强调摄影的技巧，但一些必要的知识和手段，还是不可或缺的。无论是偏重作品内涵的，还是强调形式美感的，只要一幅作品主题突出、构图合理、曝光准确、结像清晰、色调和谐，就具备了一幅合格的摄影作品的组成要素。

一、主题

摄影的风格流派异彩纷呈，尽管如此，还是有许多共同遵循的原则。这就是，摄影作品一定要有个主题和主体，然后便是简洁再简洁的画面表现形式。

主题，就是摄影者要表达的内容，包括摄影者的思想和情感，以及他的趣味。题材有大小之分，主题却在于它的深度、广度和角度。主题内容越明确，越有利于取舍物象。纯粹单一的主题容易表达，比较复杂或寓意深刻的，就不太容易表达了。在拍摄之前，一定要琢磨好了再动手。

摄影的思维和情感活动，总要投注在一个实体物象上才可以表达出来。这种承载着主题思想或情感趣味的实体物象就是主体。主体是主题的承载体，它可以是一座山、一条河、一枝花、一只狗，也可以是人的动作、表情、目光。大千世界，任何一物都可以是主体，只要它寄予了人的思想和情感，便有了主题。当然，主题有时表述得鲜明，也有时表现得隐晦。

简洁再简洁的画面表现形式，就是除却一切与主题无关的形态，越是干净利落，越能突出主体，彰显主题。从经典作品中可以得出一个结论：简洁是作品成熟的标志，是艺术炉火纯青和登峰造极的征兆。主题是摄影的思想，主体是摄影思想的承载体，简洁便是形式的表达方式。三者兼备，就构成了内容和形式完整的摄影作品。

单个的点是注意的中心，散落的点是活跃的元素，点的聚散与分布，改变着画幅的格局，所以，点是精灵。

二、构图

构图就是对纳入取景框中的物象进行合乎逻辑和美感的布局安排。涉及的要素包括物象的视点、角度、比例、方向、距离、范围。因此，摄影构图是摄影过程中，运用艺术语汇表现艺术构思的形式法则。

摄影作品在构图形式上是通过点线面，以及它们相互之间的关系，谋求一种有序合理的构成关系，从而产生出和谐的视觉艺术效果。平衡、对比、节奏、韵律、视觉的导向的综合运用，就是艺术效果的来源途径。点线面的构成既是摄影艺术的语言，也是所有平面艺术的表达语汇，合理地运用构成法则，实质上就是摄影美感的体现过程。

摄影对线条的表现力是格外重视的，画面的延续性和节奏感主要来自画面的直线、曲线、斜线的排列组合。线的疏密粗细、平缓起伏、交叉队列，影响着画面的视觉效果和人的审美想象。点的大小、分布、聚散，可以引导和转移对视觉的关注。点的群落可以形成的一定的"场"，具有吸附和排斥的力量。面的形态、大小、明暗、质感，不仅平衡着画面，也划定着画面范围和距离，影响着画面的气

S形构图法

弯曲的黄河水岸画出一道S形的优美曲线，蜿蜒而多姿。

九宫格构图法
舞者的头像正处在九宫格的一个交叉点上,身前的空间是背后的两倍,为飘逸的舞姿提供了空间。

氛效果。

　　摄影构图形式主要有中心构图法,九宫格构图法,环形、S形和三角几何形构图法等。中心构图法就是将主体安置在画面上下左右的中心位置,来强调和突出主体视觉的构图观念;九宫格构图法是将主体置放在"井"字的四个交叉的某个点位上,结合物态的向背关系,构成的一种视觉平衡的空间;环形、S形、三角几何形构图法是在画幅的物象组织中,依据的线性特征或几何形态,暗示着主体分布的序列或形态,构成的具有流动或动感的平衡。摄影构图中的平衡或非平衡,既有物理的属性,也有心理的属性。只要符合视觉习惯,就可以认定是平衡,且不管它是绝对的还是相对的。还有一种构图观念,它强调画面内外的开放性和主观参与,突出视觉冲突。开放构图说对于传统的构图平衡理念是一种颠覆,归根结底,不过是视觉疲劳之后的视觉刺激的新选择而已。

线条的平衡和扩张的能力很强,横则展宽,纵则拔高,斜向则动,交叉则聚焦视点。合理地排列组合线条,可以产生画面的节奏和韵律。

构图是观察事物的一种思维方式，也是处置事物的一种能力。这种能力具有创造性。它是实践中不断探索，逐渐形成的一种素养。

三、焦距

对于一张照片来说，没有清晰的主体，就等于没有灵魂。清晰是至关重要的，即便是谋求某种程度的模糊效果，也不是随意而为的。清晰的结像在于准确对焦。数码相机尽管实现了自动对焦，但是跑焦的现象还是很普遍的。特别是在光线昏暗、主体与背景混淆或聚焦群体中某的一个体的时候，自动对焦功能往往会飘忽不定。这时，不妨用相机的长焦段聚焦局部，然后锁定焦距，选择适当的场景。

清晰的结像还在于保持相机的相对稳定，相机的晃动对成像的清晰度是致命的。提高 ISO 的感光速度，实际是缩短曝光的时间，保证相机曝光瞬间的相对稳定性。但 ISO 过高的设置，一定程度上会导致画质粗糙，这是高品质摄影的忌讳。为了结像清晰，在光线条件不好的情况下，最好的办法就是使用三脚架。如果这一切都还不能满足对高清晰度的追求，还可以利用单反相机的反光板预升功能或快门遥控装置，来削弱相机曝光时的震动对清晰度的影响。

焦距是照相机从镜片中心到成像平面的距离。镜头焦距决定着视角的大小和景深的长短。焦距越短，聚集光的能力就越强，解像度就越高，视角也越大；焦距越长，聚集光的能力就越弱，解像度就越低，视角也越小。相机镜头就是利用光圈、速度的挡位变化，来改变物象的大小和景深的。根据被摄主体对画幅、景深和意境的要求，针对性地选择使用镜头的焦段，不仅可以使主题和画幅风姿饱满，也改变着主体周边环境的深浅虚实的变化。通常我们把 130mm 以上的焦段称之为长焦段。长焦段有望远和放大功能，但视角和清晰度以及景深都会相对地狭窄、柔弱。长焦的这个特性，恰恰符合花卉和肖像摄影对凝练和柔化的追求。但在旅游中一味地使用长焦段拍纪念人像，必然会压缩空间，使得风情场景被排除之外。这是焦距选择不当的遗憾。50mm~120mm的焦段通常被称为中焦段。中焦段的场景适中，很适合人像摄影。50mm以下的焦段为广角焦段，顾名思义，它的像场比较阔大，适宜风光摄影和人文摄影。

为了突出简洁的画面效果，摄影者更喜欢使用长焦段镜头，开大光圈来缩短景深距离，使焦点外的物象与色彩产生模糊，交融为光斑色块，使焦点主体从近乎油画般的底色中跳脱出来。光圈开大，就意味着曝光速度加快，保证了相机在拍摄中的稳定性和照片的清晰度。背景虚化或者不虚化，是受主题支配的，原则就是区别主次关系，在不同的层面展现主体以及相关的场景。虚化不过是一种艺术的烘托手段，不存在具体量化的标准。不过要虚就要虚得到位，要化就要化得开。如诗如画，便是境界。

人们习惯欣赏对比强烈的图片，常常把对比度设置在强位。实践证明，对比度设置得偏弱一些，效果反而会更佳。单反相机有观测景深的预视功能，只可惜许多人总是忽略这项功能，即便知道它的好处，拍摄时也时常忘记使用它。精益求精是摄影人的基本素质，越是高手越是认真仔细，因为他们清楚，稍有不慎，就出纰漏。所以，养成良好的摄影习惯，是出精品的前提条件。

四、曝光

快门与光圈同时开启，物象透过镜头投射到感光材料的瞬间过程就是曝光。曝光需要一定的光量通过镜头，这种通光量，光学称之为EV值。光孔大，光的流量必然大；光孔小，光的流量必然也小。在EV值定量时，时间可以控制通光量，而ISO控制的是传感器的感光反应速度的快慢。时间的快慢决定着通光量的多少。不仅如此，曝光时间的长短，还影响着焦点前后的清晰距离，相机就是利用这个原理，用不同的光圈速度的变化，改变着景深。光圈与速度的这种配合，被称之为光速比。

曝光是摄影过程中最细腻，也是最微妙的环节，成败往往在此一举。现代数码相机通过内置的测光系统，可以准确地计算出 EV 值，驱动光圈与速度的联动，实现相机的自动曝光和快门优先、光圈优先的曝光模式。不过，正确的曝光量不那么容易控制。其原因在于同样的光照条件下，物体反射光的程度有很大的差距，形成了明暗变化。物象明暗差距越大，曝光的兼容度也就越难掌握，往往顾此失彼。特别阔大的物象，以哪一点、哪一局部的曝光数值为标准，拍摄出的画面效果是截然不同的。如果需要平衡，就只有选择明暗适中的点面来取样测光。那么，18％的中性灰度就是摄影的测光标准。曝光过度或曝光不足都可以导致18％的中性灰发生深浅变化，这就意味着的某些细节和层次的丢失，以及色彩还原程度的失真。为什么在晨夕的光照条件下拍照的效果会比较好呢，原因就在于此时的光照柔和，细节和层次丢失得比较少。

相机的测光方式有三种，分别是点测光、局部测光和平均测光，三种测光方式各有优劣。点测光是操控者在有意选取的位置上，进行曝光值的测量，是一种针对性很强的测光方式。点测光可以准确的表现测光位置物体表面的质感，但其周围环境会或暗或淡。局部测光兼顾着某一局部的面及一定的周边范围，这样拍摄出来的照片效果一般比较容易被接受。平均测光是相机在不同的点采光取样，通过计算得出来的平均曝光数值。这种测光方式比较适合大场景，控制着画面整体曝光的格调。当明暗过大时，平均测光的画面效果比较中庸，很难令人满意。

不同风格的摄影作品，EV 值是有差别的。低调摄影、高调摄影或其他特殊效果，都需要通过修正"正常的"EV 值，来达到艺术效果的。手动曝光模式的艺术效果比较好，但需要一定的掌控经验。在优先模式和自动模式下修正"正常的"EV 值，要利用曝光补偿功能。一般说来，低调摄影要用负数的曝光补偿，高调摄影则与之相反。

曝光有规律，却没有统一的标准，创造性地曝光是摄影的重要艺术手段。光影的变化实在是太为微妙，一成不变的法则在它面前似乎就像是失效的灵丹妙药。摄影一定不能教条，要大胆地尝试，不妨用不同的光速比多拍几张，从中选出比较优秀的作品出来。图片的视觉效果和摄影的艺术个性与快门光圈息息相关，通过不断地实践和积累，才能洞悉光的奥妙，随心所欲地创作美丽的图像诗篇。

五、色调

摄影是光的艺术，通过光呈现物体的形态、色彩、质感和光影。色彩和影调不是一个光学概念，色彩是光的不同波长，影调是光投射到物体上的明暗变化。色彩与光影被放在一起，是因为它们都发生在光的下面，都影响着画面的视觉效果。在色彩未进入摄影之前，气氛的营造主要依赖光影下的形态质感；进入彩色摄影时代，色彩、形态和质感影响着摄影的造型和气氛的渲染。

数码相机是通过白平衡来控制色彩和灰度的。一般光线情况下，自动设置的白平衡，可以准确地表现色彩和灰的梯度，如果需要夸张或强调偏暖偏冷的色彩，可以降低或提高色温的设置。色调在风格上分为中调、高调和低调，就像音乐的调性一样，区别着抒情与阴郁、响亮与沉闷。中性色调是在摄影中最常见的色调，这种色调画面本真，没有过度的渲染。高调摄影的画幅绝大部分为白或其他明度高的色彩，主体与环境渐变融合，给人以明快、洁净、雅致、豁朗的感觉，常用于女性、婴儿等人像摄影，花卉、珠宝、静物以及宠物摄影也常采用这种方法。低调摄影的画幅绝大部分为黑或其他明度低的暗色，主体与环境不强调明确的边缘分隔，只在突出的局部强调以亮色，给人以神秘、压抑和深邃的沉重感觉，常用于男性肖像、恐怖场面的渲染。高调和低调在题材适用上，其实是没有严格界限的，人们习惯把暗色物体放到明亮的背景上，或者将明亮的物体放在晦暗的背景上，形成主体和背景的强烈背离，产生跳脱生动感。

  光线对景物的层次、线条、色调有很大的影响。清晨和黄昏的光线变化大，景色瑰丽，为拍摄创造了绝佳的时机。摄影者喜欢利用这段时间拍摄，因此一切的拍摄准备都应该在此之前做好。时机一旦降临，捕捉瞬间的光影会比什么都重要。美丽的光线毕竟是短暂的。

  太阳光垂射大地，是最不利于拍摄的，如果非拍不可，需要使用渐变灰滤镜或偏振镜。目的是增加曝光时间，降低局部的光差比，减少高光部分的层次丢失。偏振镜还有降低反光点，突出景物空间深度的作用。使用它，天色会加蓝、云朵会更白。我们不能改变自然光照，却可以利用光线来塑造形象。顺光条件下拍摄，景物清晰明亮，色彩鲜明准确，但缺乏明暗变化，景物的纵深和表面质感不明显。侧光对物象的层次、质感、色彩表现的都还不错，使景物的生动感更加突出。逆光对于表现景物的层次、影调、轮廓都有很好的效果，但色彩还原不算理想，特别是饱和度不够。逆光拍摄对镜头是一种考验，低端镜头在光照度好的顺光和侧光条件下，拍摄的图像品质与高端镜头的差距不太明显，但灰暗或逆光条件下，拍摄效果不免差强人意。所以，尽量不要使用便携数码相机逆光拍摄。在逆光下拍摄，一定要使用遮光罩，这样可以消除或减弱眩光对影像的干扰，提高照片色彩的稳定性。逆光拍摄一定要明确主体，才能把握好曝光数值。欠曝往往比过曝的艺术效果会更好些。逆光下拍摄透明物的效果很突出，花瓣叶脉通透，细节、色彩鲜明突出；拍摄人像，需要借助闪光灯或反光板的补光。

  色彩是一门完整的知识体系，认识和掌握它，对摄影是有很大帮助的。科学地利用色彩的对比、互补、明暗、清浊的特性，探求摄影色彩的规律，大胆地搭配使用色彩，作品就会异彩纷呈，令人过目难忘。色彩不仅有鲜明的时代特点和民族风格，也烙印着个人

创作的个性特征。即便如此,也不要放弃黑白照片的拍摄,它的经典与雅致,不是轻易就可以被色彩替代的。在人文摄影和混乱的环境中,黑白之美往往更会出奇制胜。

六、后期调整

胶片摄影时代,后期的工作是由洗印技师来承担的。进入数码时代,一切后期处理都要自己来干,尽管多些负担,最大好处便是可以随心所欲地处理自己的作品,达到自己想要的效果。曝光准确的照片,无须过多的后期修饰;光照条件不好或曝光不准确的照片,大多有失细节,灰暗不堪,必须进行后期调整处理。因此,数码照片有"三分拍照,七分后期"之说。后期处理图片的软件很多,功能强大的平台是 Photoshop,这个软件为图片的处理提供了很大的空间,几乎可以弥补照片所有的先天不足,把图像质量提升到一个新境界。

图像后期调整的主要内容是:对比度调整、色彩平衡调整、饱和

国家大剧院

度调整、色阶调整、畸变矫正、细节修饰和画幅裁切、移植、合成以及锐化处理等。后期处理需要注意的要点包括：一是有针对性地进行调整，二是宁欠毋过，三是务必备份原始照片。

图片后期调整是摄影的二度创作，是摄影人必须掌握的技能，需要经过一段时间的操作和积累，才能得心应手、日臻完善。经过后期润色调整，作品会焕发一新，这是特别令人兴奋的一件事情。

得心应手的摄影器材

使用什么样的摄影器材，是个一言难尽的问题。经济条件不一样、体力不一样、拍摄的题材内容不一样、摄影的理念不一样，选择的器材就不一样。针对老年人，需要考虑的不仅仅是相机的拍摄质量和价格。

颐和园苏州街

还要考虑相机的重量。在介绍相机时，可以首先将那些价格昂贵、体量硕重的机型和胶片相机排除在外，主要介绍便于携带和操作的数码相机。数码相机的品牌种类相当丰富，档次与价格差距很大，根据老年人的生理和心理特点，概括地介绍三个部类的相机，仅供配置器材时参考。需要说明的是，摄影需要成像质量高的相机，这一点肯定没错，但最好用的相机并不一定是昂贵的，而是能够熟练操控和掌握的。如果您已经有了相机，那么，一定要熟悉和使用好它，感到图像画质满足不了自己的要求时，再更换也不迟。

一、数码照相机

1.数码便携相机。如果只拍些家庭生活之类的照片，市场在售的各种便携式数码相机，都可以满足您的需要。选购时，只需留心它的价格和款式就足够了。由于数码便携相机市场竞争激烈，商家在营销策略上往往强调数码相机的像素和花哨的功能。高像素并不意味着高品质，过多的功能未必可以提高照片的观赏性，够用才是原则。像素过低，图像的密度不够，放大出来的照片模糊，细节丢失；像素过高，会造成资源浪费，滞缓相机的连拍速度，存储也是负担。当全画幅与小面积画幅记录同样多的像素时，就像大房间和小房间装同样多的家具的道理是一样的。数码便携相机一般都有预先设定的拍摄模式。近，可以拍几厘米的花卉昆虫；远，可以拍风景、鸟兽。不过，画质与单反相机相比，差距还是不小的，这也许就是小巧纤薄的代价吧。

2.数码单反相机。数码单反相机是当今摄影的主流相机，前身是可更换的单镜头反光的相机。单镜头是相对于一个取景一个拍摄的双镜头相机的表述。单反相机可以根据不同的摄影需要来更换镜头，这样就扩大了摄影焦距的范围，发挥不同镜头的专属功能；通过反光板和五棱镜的折射，实现了所见即所得的直观取景方式。单反相机的出现，是相机制造的一场革命。数码单反相机在这个基础上，又用电子数码记录方式取代了化学感光胶片，使摄影跨进了数码时代。这种替代胶卷的感光元件就是CMOS。CMOS是一种电子耦合材料，耗电量低、传输速率快，大部分数码相机现在都采用它作为感光元件。由于制造成本的限制，只有专业级或高端相机才配备相当于135胶片面积的CMOS（24mm×36mm），因而被定义为全画幅数码单反相机。其他大部分数码单反相机则采用了小于这个标准的CMOS。根据面积大小，非全幅数码单反相机又被定义为APS-C、APS-H等格式的数码相机。由于APS画幅较小，对镜头的涵盖系数要求降低了，使镜头减小、减轻了许多。结像距离缩短，在一定程度上，也缩小和减轻了相机的体积和重量。传统镜头接载到APS-C格式的相机上，焦距是原来的1.6倍，这就意味着200mm镜头乘1.6的系数，实际就变为320mm的焦长了。多出来的120mm焦距，俗称为"偷焦"焦距。"偷焦"提高了镜头的望远功能，同时也降低了广角的广度。配置使用镜头时，不要忽略这种"偷焦"的现状。当然，为APS格式特制的专用镜头，是不存在系数变化的。

3."单电"相机。"单电"相机是可以更换的单镜头电子屏幕取景相机的简称。"单电"相机的出现，代表着相机发展的潮流和方向，越来越得到市场的认可，普及度也越来越高。电子屏不仅直观可视，还在于它取代了五棱镜和反光板，彻底消除了反光板收起带来的震动，有助于提高影像的清晰度。"单电"相机减轻了相机和附件的重量，更方便携带。由于继承了可更换镜头的设计方式，成像品质和焦距范围是完全可以媲美数码单反相机的。只是它刚刚起步，备选镜头还不及单反相机的品种和质量，有待于进一步地开发。"单电"相机主要的倡导者是松下和奥林巴斯公司。随后，宾得、尼康等制造商也相继开发生产，佳能公司是刚刚加入这个行列的厂商，佳能EOS-M机型是一款APS-C规格的"单电"相机，通过转接环可以兼容所有的EF镜头。索尼公司在开发"单电"相机上用力最大，NEX系列可以称得上是"单电"相机的佼佼者。此外，松下GF系列的口碑也不错。三星公司是相机制造业的后起之秀，不断推出新产品，赋予"单电"相机一些新的电子操控功能，在相机上就可以直接上网发送图片入微博。目前，"单电"相机的发展，称得上是方兴未艾。

二、镜头和滤镜

著名相机厂家生产的镜头一般只针对自己生产的机身，接口形制与其他厂家的产品并不兼容，数据传输的编码模式也不开放。而第三方的镜头生产厂家，一般都是对应不同品牌来生产某种接口镜头。如果要混搭使用机身和镜头，需要使用转换接环。即便如此，也不能做到全兼容，对自动对焦和数据传载都有障碍。诸如"蔡司"之类的著名镜头，接驳在其他的相机上，也只能手动对焦。所以，选购时一定要咨询清楚。

1. 镜头种类。镜头的种类很多，各有其独特的功能和适用范围。依据拍摄视角和焦距，镜头可以分为标准镜头、广角镜头、远摄镜头和微距镜头；依据使用方式可以分为定焦镜头和变焦镜头。此外，还有特殊用途的鱼眼镜头、移轴镜头和折返镜头等。

标准镜头。焦距长度等于或近似于画幅对角线的长度、视角与人眼相近的定焦镜头，被定义为标准镜头。标准镜头摄取的影像较为真切自然，成像的质量也比较好。凡是要求符合正常比例的照片，一般都用标准镜头来拍摄。

广角与超广角镜头。广角镜头焦距短、视角广、景深长，视角超过人眼的范围，一般在70°～90°左右。视角在100°左右的，即称为超广角镜头。这类镜头近距离内可以拍出较大的场景，纵深度大、透视感强，只是影像畸变较大，特别是画面的边缘部分。

鱼眼镜头。鱼眼镜头是一种超广角镜头。焦距在16mm以下，视角在180°左右，因其镜面凸出、状如鱼眼，故而得名。它的拍摄范围相当大，可使景物极度变形夸张，且有一种幽默诙谐。

远摄与超远摄镜头。焦距在200mm左右，视角为12°左右的镜头被称为远摄镜头。这类镜头具有类似于望远镜的功效，在远距离可以摄取较大的影像，非常适用于拍野生动物或怕干扰的对象。焦距在300mm以上，视角在8°以下的，称为超远摄镜头，适用于鸟类的拍摄和舞台表演。远摄与超远摄镜头的透视空间被压缩，纵深感缩短，画面前后景物十分紧凑，影像畸变差也很小，但镜头的体量硕大，价格昂贵。

折返镜头。折返镜头的工作方式不同于超远摄镜头。它的外观短粗，比相同焦距的远摄镜头短一半，轻便灵活、价格便宜。由于光圈挡位限制，不利于景深的控制。

微距镜头。微距镜头是专门拍摄微小被摄物的镜头，分辨率相当高，畸变像差极小，反差度高，色彩还原好，广泛用于花卉和昆虫类题材，近摄时须精准对焦。用微距镜头拍摄风光和人像也很清晰锐利。

变焦镜头。变焦镜头可以改变焦点的距离，在较大的幅度内扩大或缩小场景和距离，起到了若干定焦镜头的功用，给摄影带来了极大的方便。16mm~35mm的变焦镜头适于拍摄风光，24mm~70mm的变焦镜头适合人文摄影，70mm~200mm的变焦镜头适于拍摄特写，200mm~400mm的变焦镜头适合于动物和体育摄影。一般来说，配备24mm~70mm和70mm~200mm两只变焦镜头，就基本能够满足各种拍摄的需求了。至于28mm~300mm之类变幅较大的镜头，成像质量会打折扣。高档变焦镜头的最大光圈的f值一般在2.8，对于数码感光相机来说已经够用了。如果想要追求极致或更高的艺术效果，就只好选择定焦镜头了。

定焦镜头。定焦镜头只有固定的焦段，但它的对焦速度快、测光准确、畸变小，而且层次特别细腻，即便用最大光圈，成像效果依然锐利。定焦镜头的焦外虚化效果特别明显，暗光环境下适应能力强，对运动物体的拍摄效果也很好，麻烦的就是拍摄时要频繁地更换。如果追求高品质的拍摄效果，用24mm定焦镜头拍风光，用35mm定焦镜头拍人文，用85mm定焦镜头拍人像，用135mm定焦镜头拍头像，用200mm或300mm定焦镜头拍舞台，照片的效果是赏心悦目的。

2. 常用滤镜。摄影离不开镜头，必然也离不开滤镜，滤镜是用来调和光线和实现特殊效果的。滤镜品种繁多，常用的有以下四种：

UV镜。UV镜的功能是消除紫外线及杂光对成像的干扰，对镜头起保护作用。

偏振镜。偏振镜可以削弱物体表面的反射光，提高色彩饱和度和影像对比度，是户外摄影必备的滤镜。使用时，根据景物和光线的强弱旋转使用，曝光时需要增加曝光量。

渐变灰滤镜。渐变灰滤镜的作用是遮挡光照，保持画幅的光平衡，使局部强光下的细节和层次减少丢失。

减光镜。减光镜常用于风光摄影。作用是阻挡、衰减光照度，延长曝光时间，从而改变物态形状，取得诗意的视觉效果。减光镜可以使流水和浪花变成雾态，星光和汽车尾灯流动旋转流动。根据阻光程度减光镜可分为1、2、4、8等倍数型号。目前，市场也有可变倍数的减光镜在售。

需要提醒的是，滤光镜尽量不要重叠使用，这样会使光线产生漫射，干扰成像的品质。滤光镜的质量相当重要，一定要选择知名品牌。假冒伪劣的滤光镜非但效果不佳，还会大大降低镜头的解像度。

数码相机的品种非常丰富，但迄今为止，还没有哪一款普遍适用于所有的摄影者。轻便时尚的以牺牲画质为代价，追求高品质的又要背负一定的重量，两者之间便是折中。摄影毕竟和拍照不是一个概念，需要高品质的图像，与其从一堆照片中百无所获，不如付出辛苦，换来一种成就。在美轮美奂的作品面前，辛苦真的不算什么，如果体力不允许，不妨选择轻便点的"单电"相机。可以更换镜头的相机，对题材的扩展和拍摄质量会有所帮助。摄影需要的不仅仅是高档的器材，倚重的是人的眼光和境界。相机背后的人，最终决定着摄影的品质。

普达错国家公园

风光摄影特别强调诗意,这幅作品拍摄于汉水之滨的一个村庄,主题是田园牧歌。为此,还填了《满庭芳》作为诠释:

夕罩残红,沙洲涵翠,水漩老树根围。淡山离岸,云雾绕峰绯。唐宋熙熙驿路,牵愁绪,春梦无窥!竹篁动,襄阳漫士,约我醉千杯?

风吹,秧垄处,惊声乍起,白鹭纷飞。念前路崎岖,管不如归。且作农夫一介,披星月,耙地春晖。牛鞭脆,鸡埘狗吠,升袅袅烟炊。

常见题材的摄影技巧

一、人像摄影

以人的相貌特征和神态表情为拍摄内容的,被归类为肖像摄影;以表现在一定环境中人的活动内容的,被归类为环境人像摄影。肖像摄影可以分为以刻画人的局部器官或表情的特写,以及表现胸腰部位以上、着重刻画相貌表情的肖像摄影。

1. 人像特写通过面部表情、特别是眼睛来摄取人的精神面貌和内心世界,传达出性格和他的生活状态。神形兼备是人像特写的追求。成功的特写镜头不仅能够传达人的喜怒哀乐,还体现着人的品性,如人的坚毅与懦弱、善良与狡诈、天真与世故、严谨与不恭。在特定时间和环境里,这些性格特点,总是通过人的眼睛闪现出来的。这个瞬间,是肖像摄影最宝贵的素材,摄影者应该迅速地把握这一时刻。

人的品性和生活状态、社会地位是息息相关的,顺着这条线索,就会大致不差地寻找到渴望的那副面孔。一张面孔的棱角分明还是平滑、细腻还是粗糙、润泽还是褶皱,以及眼神的散漫与深邃、模糊与透彻,都记录着一个人的经历信息。挖掘下去,就是宝藏。人的一颦一笑就摆在那里,而内心世界却隐藏于背后。因此,观察比技巧更胜一筹。至于人像的摄影技巧,无非就是在恰当的时刻按下快门。

特写是一首抒情诗,需要精雕细刻。使用质量好的镜头是必要的,质量好的镜头不仅分辨率高,而且富有诗意。用长焦镜头拍摄,人的神情会表述得很真切感人。姑娘飘逸的发丝,芭蕾演员的腿脚和颈项,以及人体的曲线,都是特写关注的题材内容。除了线条与质感,色彩也为特写所关注。打满风霜的须眉、浓郁的民族服饰、艳丽的妆面、红扑扑的脸蛋以及俏皮的雀斑等,都很出彩。只有认真细致地拍摄,特写才会特别的生动、细腻,而不是千篇一律的呆滞面孔。

2. 肖像摄影。自然光照条件下拍摄人的肖像与拍摄特写有许多异曲同工之处，只不过它的表达空间范围更宽裕了。因此，肖像摄影的表现手法比特写要丰富得多。根据人的姿势选择最佳拍摄方向，无论正面、侧面，还是半侧面，要以最美、最动人的角度来拍摄。在特别视角下拍摄，要格外留意，因为镜头的透视变形程度远比人眼更强烈。一般情况下，拍摄半身像，照相机的高度与被摄者的胸部持平；拍摄头部肖像，照相机一般与被摄者的眼睛齐平。这样拍出来的效果比较自然，没有明显的变形。运用仰俯拍摄，一定要掌握分寸。

3. 环境人像摄影。环境人像是摄影最为感人也最为丰厚的题材。不仅因为它有着广阔的地域空间和不同的文化背景，重要的在于人的生存状态和他们的情感世界。对环境人像摄影给出如此定义，无非是想说明，这是一个令人感动、令人深思和令人良心发现的"修道院"。

面对生存之地，人的目光可能会变得很平实，因为熟知而习以为常，似乎失去了新鲜感，不再愿意为它拍些什么了。殊不知，这个城市每天都在发生着变化，上演着令人意料不到的事情。在展览会或演出现场，在晨练公园或大街小巷，在来来往往的人群中，总有眼前为之一亮的人情世态。久居本地，肯定会比外来者更了解这个城市，深谙什么是它骨髓里的文化。在熟悉的地方拍摄，作品的诠释力度和文化内涵，往往要比他乡来客更深刻一些。不过，游历于异地，巨大的文化差异总会让来者大开眼界，保持着浓厚的兴趣和热情。原始的生产方式、偏僻山村的纯朴人情，以及稀缺少见的民族生活习俗，都会使摄影者为之惊喜。用匍匐的肉身丈量着虔诚之路的朝觐者，用佝偻的脊梁背负着生存压力的老人，在暗屋中忽闪着渴望目光的学童……这一切，都会点燃起激情，频繁地举起手中的镜头。内容是摄影的生命，人像摄影不缺乏资源，缺乏的是感动，感动会让每个画面燃烧起激情，而一味地摆弄技巧，的的确确是对摄影的亵渎。

二、风光摄影

山水文化是深入到中国人骨髓里的文化。古人把山水精神的本质概括为"气韵",实在是精妙之极。把"气韵说"融入风光摄影,便生发出山水摄影的四个美学特征,即气氛、气势、气质、气魄。

1. 风光摄影的美学特征。气氛是四季风云变幻给自然界披挂的纱幔。可以是云雾朦胧、积雪皑皑,可以是日落苍茫、云蒸霞蔚……少了这一切,就丢了神韵,从仙境回落到凡俗。气氛可以感染情绪,使人产生一种特别的感受。

莽莽苍苍的群山纠结在一起,如万顷波涛汹涌奔来。晴日里,日月星辰漂浮其间;阴霾时刻,云雾升腾,一片混沌,使人顿感时空倒错,回到了远古的洪荒时代。坐在潮湿的山岩,面对空旷的山谷,无论你信也罢不信也罢,"空"与"无"活脱脱跳出来,吞噬消解着你……身体渐渐地发凉变冷,知觉逐渐消融和散失。风在吹拂,雨在零落,人却如岩石一块……(摘自摄影笔记)

气势是一种升腾和扩张。水有势则"月涌大江流",山有势则巍峨绵延,树木花草有势则繁茂灿烂……气氛是浮动的梦幻,气势是动感的物态。

骆驼岭峰似玉簪、岭若刀削。岩石壁缝上的松,奇绝苍古,风姿遒劲。由于脚力不济,只得凭栏远眺羊肠般的石阶窄路盘礴而上,痴望着鸟儿在山林间飞过。平日读古人山水画作,不免认为山势奇险得过于诡异。见到这等雄奇的峰岭,始信古人绘画之不妄。画境是人的胸次境界,自然山水却陶冶了人的性情品格。(摘自摄影笔记)

气质是一种表征特质。水有质则激流盘旋、水沫飞溅;山有质或银甲披体、石润冰莹;风云有质则云烟缭绕、经幡鼓动;雨雪有质或瀑流飞挂或雪凝劲松……

在燕山和太行山漫无目的地穿行,一种畅快和无羁的感觉油然而升……树叶落尽,白杨粗壮的树干整齐地排列在一起,如军人威严地接受着检阅。山谷的溪流于镶嵌的冰凌间流淌,茅草和枯苇在疾风中摇曳,沟谷裸露的石块苍茫一片……高天流云,乌鸦飞旋,

巨大的山体兀立在眼前，褶皱的岩层让你感受着亿万斯年的沧桑变化，险峰峻岭则向你呈现着不屈的坚强与伟岸……（摘自摄影笔记）

　　气魄是一种吸纳百川、吞吐八荒的博大襟怀，一种磅礴不屈的精神，一种美丽附体和亘古不变的坚强。它化身于万丈岩壁，苍松伸展其间；它化身于孤峰奇岭，苍鹰盘旋其巅；它化身于飞天瀑布，霓虹闪烁其边；它化身于海岛礁石，片片白羽环绕其畔……气魄是自然山水用它的奇绝与柔媚，带来的感知与启迪，附丽于人的精神之中。

　　起伏的峰岭、潺潺的溪流、飘洒的瀑布，是它美丽的容颜。辽阔雄浑，景色万千，才是雾灵山博大的魂。一见到它，心就无比自由畅快。在这儿，你能与山花山鸟对话，与草木顽石称兄道弟。轻狂时不妨举杯对明月，起舞弄清影；豪迈时亦可坐山观鹰，校点十万松兵……雾灵山的魂，其实也是我的魂！尽管我渺小，它却很伟大。（摘自摄影笔记）

　　用观景的感受诠释了风光摄影的美学特征，从认识自然、领悟自然，到感激自然、礼赞自然，这是一种审美的升华、与自然的通知通感。有了这种感觉，就会发现镜头里的不仅仅是山水风光，而是一种气韵精神。有了这种感悟，画幅中便少了俗气和平庸，多的却是豪迈与奇拔。

　　这么阐释风光摄影，多少有些玄虚。但没有对自然的认知和崇拜，就很难拍出震撼人心的山水之美！

　　2. 风光摄影方法。风光摄影方法其实也只有四个字来对应：就是知、观、表、现。知是知其时，摄影之前一定做好必要的功课，了解景地的天文地象和相关的历史文化，做好知识和器材的准备，寻找最佳的摄影时节；观是观其势，临阵观察，了解环境和地势，确定最佳的拍摄机位；表是表面的形态质感，利用光照条件，细腻地表达出景物的肌理质感特征；现是通过影像的综合手段，展现出

最能代表白龙潭景观的莫过于这两条喷水的白龙,画幅左下角的红叶,在构图中不仅有平衡的作用,也和右侧的黑形成色彩对比。

景物令人为之震撼的美。雄伟、宏大、辽阔、坚韧、超拔、神奇、隐忍、瑰丽、妩媚、婉转、飘逸……无论阳刚，还是阴柔风格形态，都能变作一种精神入化人心。在风景拍摄中，具体操作提示是：

提前选好机位，尽量用小光圈，以获得最大景深；

把ISO调到最低，尽量使用三脚架和遮光罩；

尽量在早晚黄金时段拍摄，太阳升上地平线就开始拍摄；

别错过早晨的岚烟；

大地起伏的线条是最美的诗；

树是山的衣裳，岩石是山的肌肤，要注意刻画表现；

大景致的幅面要一定要开阔，有足够的空间和留白包容它；

注意聚焦点，再大的景物也需要焦点，没有焦点的画面会空洞；

拍摄阳光雪景，一定要使用偏振镜；

景物朦胧时别忘了前景；

如果天空很乏味，索性把地平线的位置提高；

云不但美观，还能配重画面的平衡；

没有光芒散射时就可以开拍日落了；

拍动态的水可以使用减光镜，会有意料之外的视觉效果；

艺术贵在创新，大胆尝试些"荒谬"手段。

三、花卉摄影

1.视觉表达。花似美女，仪态万千。典雅有兰花、梅花、玉兰、玉簪、石蒜、百合、菊花等，拍摄时尽可能用长焦距镜头，注意形态的完整表达，以突出美的特质。兰花的叶、梅花的干、玉兰的形、石蒜的态、玉簪的雅、菊花的瓣，要突出刻画出来。尽管这些花的色彩淡雅，也不妨采用高调风格，但白色的花最好用低调。

凡是观赏价值高的花，都各具气质，不宜于群体拍摄，可以考虑使用挡板来遮挡，否则必须虚化掉相邻的花。艳丽的花如郁金香、荷花、牡丹、海棠、月季、牵牛花等，妙在色彩。花型大的可以用微距镜头拍花蕊、花脉、花心；花型小的用散点式构图方法拍摄，强调精致和图案效果。对于熏衣草、油菜花、桃花、梨花、二月兰之类大面积种植的花卉，拍摄方法类似于风光拍摄的手法，应当突出大的气势。与地势环境结合起来拍摄花海效果更好。试想，连绵起伏、层叠交织的花的原野，该有多么大的视觉冲击力量啊。

2. 适用的拍摄镜头或焦段。变焦镜头拍摄。用长焦镜头拍花卉，花卉的主体集中，画面饱满。选择光圈优先模式（把模式转盘拨到A），把光圈调大，对主体聚焦时背景就会虚化模糊，图片的视觉效果更强。用微距镜头拍摄，可以把物体以1∶1的比率拍摄出来。由于微距镜头景深非常浅，甚至可以小于1cm，所以拍摄时需要精确地对焦。当花蕊清晰了，有时花瓣就会虚化模糊，其实这正是微距镜头的特点。这样拍摄出来，效果其实是很美的。用微距镜头拍花卉最好使用三脚架，任何轻微的抖动都会导致拍摄失败。近摄镜与微距镜头相比，价格绝对便宜。把近摄镜片加在长焦镜头上，就相当于在镜头前加上一片放大镜，它的拍摄效果与微距镜头的风格不完全一样，对焦时需要前后移动相机来完成合焦。

3. 理想拍摄时间。刺目的直射光可以冲淡花朵的鲜明，阴天才是拍摄花卉的最好时机。天空流动着云，花朵上缀满雨珠，拍摄效果令人惊艳。早晨和黄昏也是拍摄花卉的绝佳时刻，用长焦镜头逆光拍摄，花脉清澈透明，流光溢彩。

4. 拍摄的方式。当你走在花园的小径拍摄花卉时，不要轻而易举地俯拍，要蹲下来，选择低角度拍摄。以黑色为背景，拍出的花朵会很鲜艳；以白色为背景，拍出的花朵会很雅致。虚化的背景，色调迷离而富有艺术气息。在户外使用微距镜头拍摄花卉时，风是天敌，尽可能用身体挡住来风，减少花的晃动。提高快门速度，最好在1/250秒或者更快。拍摄前为花浇点水，这样一来，花就多了一份娇滴滴的妩媚。

四、其他题材的简要提示

1. 如何拍婴儿。给婴儿拍照不要使用闪光灯，要用自然光，这样能捕捉到婴儿的眼神。婴儿的皮肤特别细嫩，近拍效果最好。不同的角度拍摄，总会有不同的惊喜。哭闹的婴儿表情丰富，日后回看时您肯定会笑出来。此外，婴儿的黑白照片也很美。

2. 如何拍儿童。尽量选择游乐园之类的地方为儿童拍照，这样他们比较顺从你的指挥，别总是摆弄他们的姿势，让他们自由放松，尽量靠得近一点儿为他们拍照。孩子越是调皮，你的照片就越精彩。

3. 如何拍狗。别忘了先给狗化个妆，再带它到干净的草地去玩耍。待到它玩儿累了安静下来，拍摄的机会就来了。不妨使用长焦镜头，放大光圈拍。在狗注视方向留出空间，镜头保持与狗等高的位置，但不要离它过近。当它睁大眼睛看你时，你只管按动快门就是了。狗趴在地上休息时，可以用广角镜头近距离拍摄，夸张变形的形象是非常滑稽可爱的。奔跑中的狗姿势舒展优美，用1/500秒的快门速度，就能够把它的动态定格。

4. 如何拍猫。猫的习性通常是白天睡觉近晚活跃，所以拍摄时间尽量选择下午。速度优先模式适合为猫拍摄，尽量不用闪光灯。非用不可时，将闪光灯打向墙壁，利用光线反射拍摄效果会更好。小猫对移动的东西特别感兴趣，在它睁大眼睛四处捕捉时，就可以按下快门了。

摄影的内容是深是浅，技巧简单还是复杂，其中又有多少秘籍，这些其实并不重要，重要的是摄影给了人第三只眼睛。用这只眼睛看世界、看人生，感受是非常独特的。视觉文化的发展，为人们提供了以图像方式与世界沟通和交流的机会。我们不妨拿起相机，用一幅幅图片谱写自己的心灵诗章。投入其中，不仅忘掉"老之将至"，还会享受岁月时光经久的馨香。因此，心情就会不由地轻快起来，身体仿佛也有了使不完的力量，这不正是老年人期待的生活境界吗？

初春的北京植物园,鹅黄色的柳冠,尚未返青的杉树和树上的鸟巢在波光粼粼的水岸和群山环抱之中,越发地宁静美丽。

收发电子邮件

电子邮箱（E-mail box）是通过网络电子邮局为网络客户提供的网络交流的电子信息空间。电子邮箱具有存储和收发电子信息的功能，是因特网中最重要的信息交流工具，可以自动接收网络上任何电子邮箱所发的电子邮件，并能存储规定大小的多种格式的电子文件。电子邮件最大的特点是，在能够登录网络的情况下，人们可以在任何地方、时间收发信件，解决了时空的限制，大大提高了工作效率，为办公自动化、商业活动提供了很大便利。目前，大多电子邮件收发都是免费的，工作生活中常用的电子邮箱包括搜狐邮箱、雅虎邮箱、Hotmail、网易邮箱、腾讯邮箱、新浪邮箱、MSN邮箱。下面以搜狐电子邮箱为例，介绍电子邮箱的注册、登录，以及收发电子邮件的方法。

一、注册、登录电子邮箱

1. 在 IE 浏览器中输入 www.sohu.com，登录搜狐网站。

2. 点击邮件。在搜狐网站首页中，点击"邮件"，即可弹出如下页面。

3．点击现在注册。首次使用搜狐电子邮箱时，首先需要注册邮箱名，设置邮箱密码。成功注册邮箱后，即可直接输入邮箱名和邮箱密码，直接登录邮箱。在点击"现在注册"后，会弹出以下页面。

4．立即注册。在依次填写完邮箱名、密码、密码确认、验证码之后，点击"立即注册"。点击"立即注册"后，会弹出注册成功的界面；再点击"登录2G免费邮箱"，会进入邮箱的欢迎界面，这时即可登录到自己成功注册的邮箱中收发电子邮件。

需要注意的是，邮箱名应填入自己容易记住的电子邮箱的名字或字母与数字的组合（如：wang1988），但是由于一些常用易记的邮箱名大多已被占用，所以还需耐心选择自己的邮箱名，在自己选择的邮箱名已被占用时，会自动提示占用信息。在密码框中，填入您的电子邮箱的密码（如：61616）。为了防止忘记邮箱名和密码，叮将相关信息记在自己常用的记事本上。

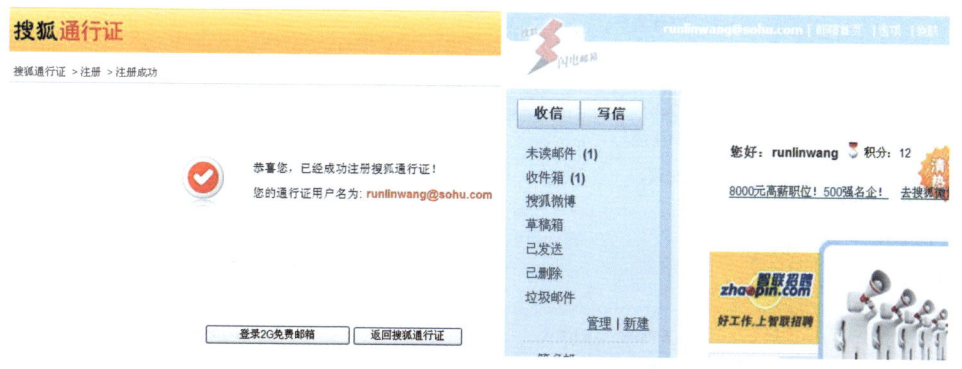

二、收发电子邮件

1. 查看接收到的电子邮件。登录自己已经注册的电子邮箱，可以看到显示有一封未读的电子邮件，点击"未读邮件（1）"或"收件箱（1）"，再点击"搜狐闪电邮箱"，即可查看邮件内容。

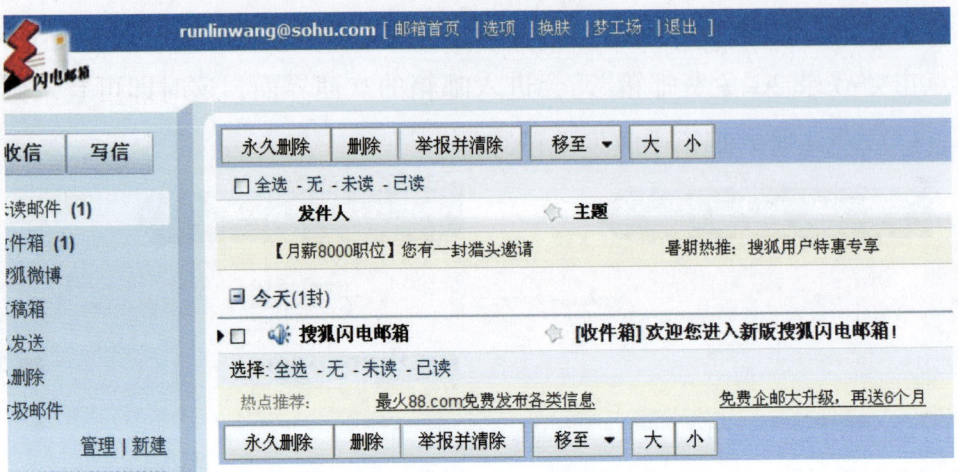

2. 写发电子邮件。点击页面中的"写信"，在"收件人"、"主题"和"正文"中分别填写相应内容后，即可点击"发送"，名为"教师节快乐！"的邮件即可发送至 delongwang@sohu.com 邮箱中。点完"发送"后，会弹出一个页面，提示邮件是否发送成功。

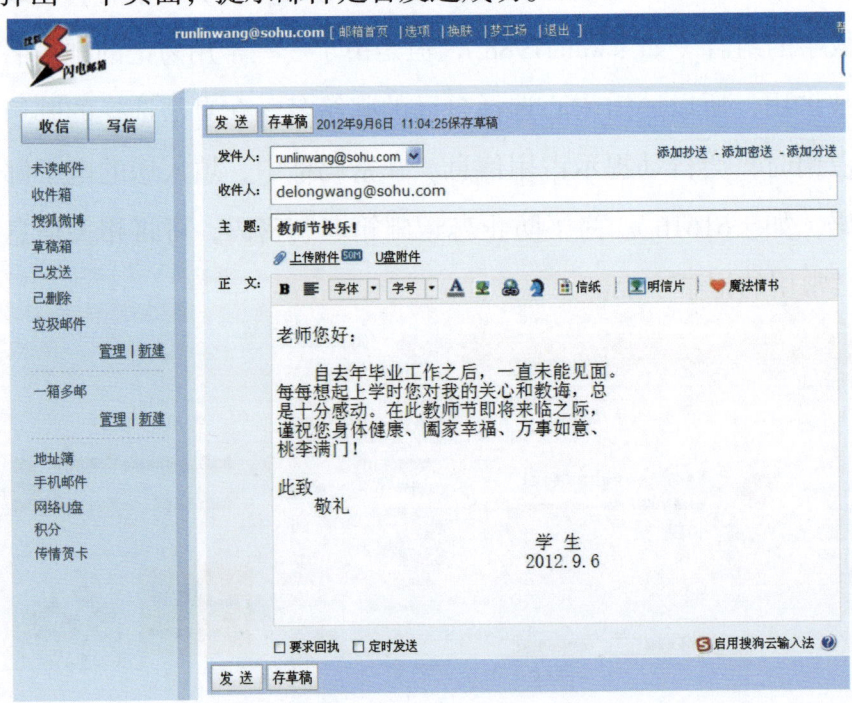

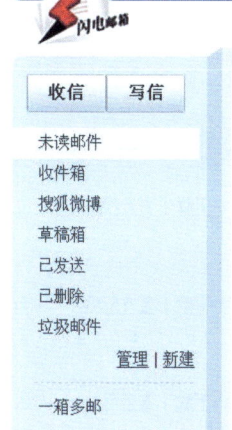
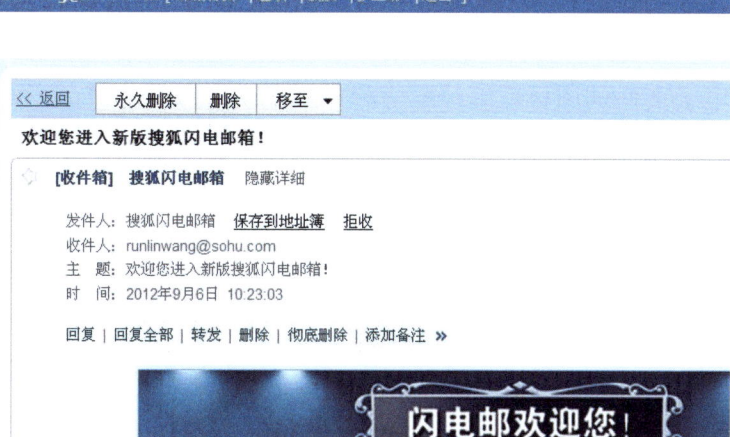

以上即为搜狐电子邮箱的注册登录，以及电子邮件的收发方法。其他网站电子邮箱、电子邮件的使用方法与其大体相同，可参照以上方法使用。

学会 QQ 聊天

QQ是腾讯公司开发的一种非常普及的网络聊天工具，它能够即时传递信息，支持文字、语音、视频等聊天方式。使用QQ软件进行聊天，需要完成QQ软件下载、QQ软件安装、QQ号码申请、添加好友聊天等步骤。此外，在安装软件时，须注意电脑硬盘空间是否充足等事项；在聊天时，还须注意严防不法分子利用聊天进行欺诈，骗取钱财。

一、QQ聊天软件的使用

1. QQ聊天软件下载。在IE浏览器中输入www.qq.com，登录网站。在网站首页中，可以看到如下页面。

点击上图中的"QQ软件",即可弹出如下页面。然后点击页面中的"下载",即可下载QQ2012正式版。下载完成后,可生成QQ2012正式版电子文件的图标。

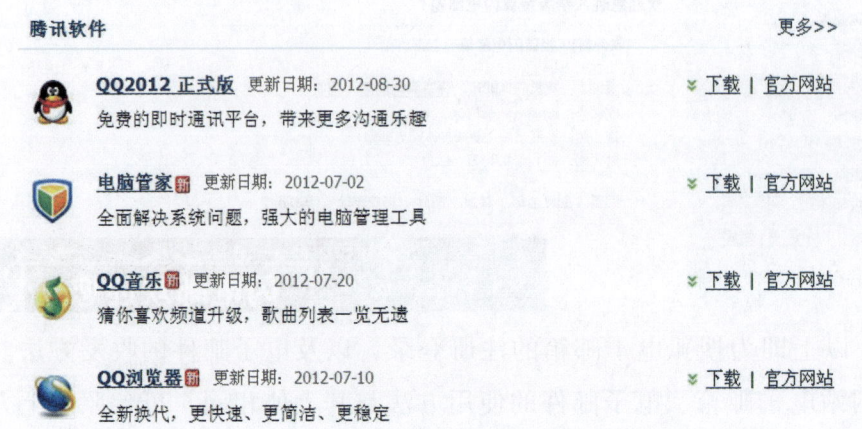

2. QQ软件安装。用鼠标双击QQ2012的图标,即可进行软件安装,具体安装步骤如下。接受腾讯QQ的"用户协议",点击下一步;在安装向导页面中,点击下一步。

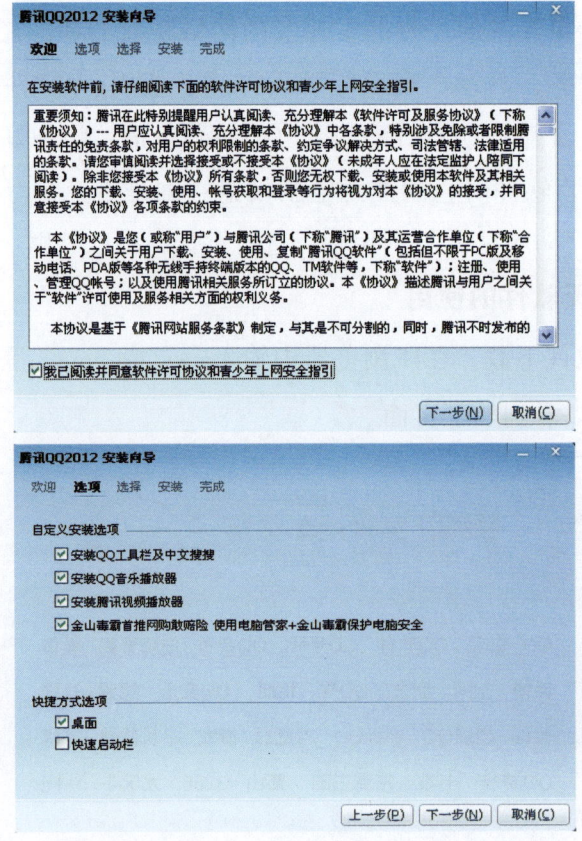

接下来，选择软件安装路径、确定好程序安装目录后，点击"安装"，依次进入"正在安装"、"正在注册组件"、"完成"阶段。

最后，点击"完成"，QQ 2012 就成功安装好了。如果有 QQ 号码，即可登录 QQ 进行聊天，如果没有 QQ 号码，则须进行 QQ 号码申请。

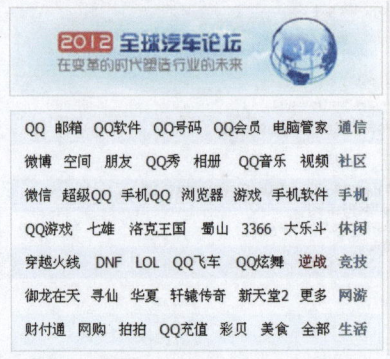

3. QQ 号码申请。点击上图中的"QQ 号码"，即可弹出以下页面，依次输入相关验证信息后，即可完成 QQ 号码的申请。

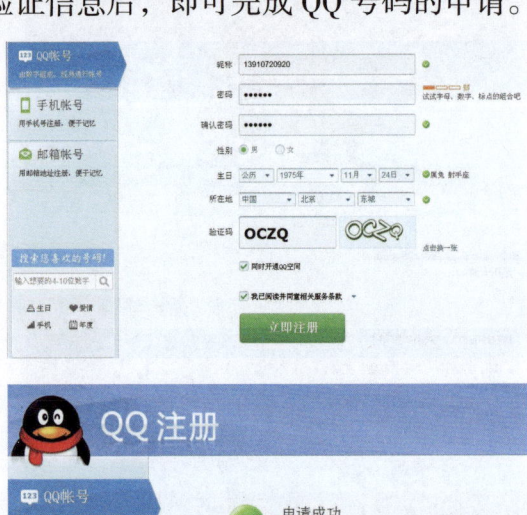

4. 添加好友聊天。在 QQ 聊天软件主界面中，依次点击"查找"、"精确查找"，寻找好友，填入好友的 QQ 号码，即可查到 QQ 好友。再经过输入验证信息和对方确认后，就成功添加对方为好友。

成功添加好友"天石"后，点击发起会话，可弹出聊天界面，这时就可以和网友"天石"进行聊天了。

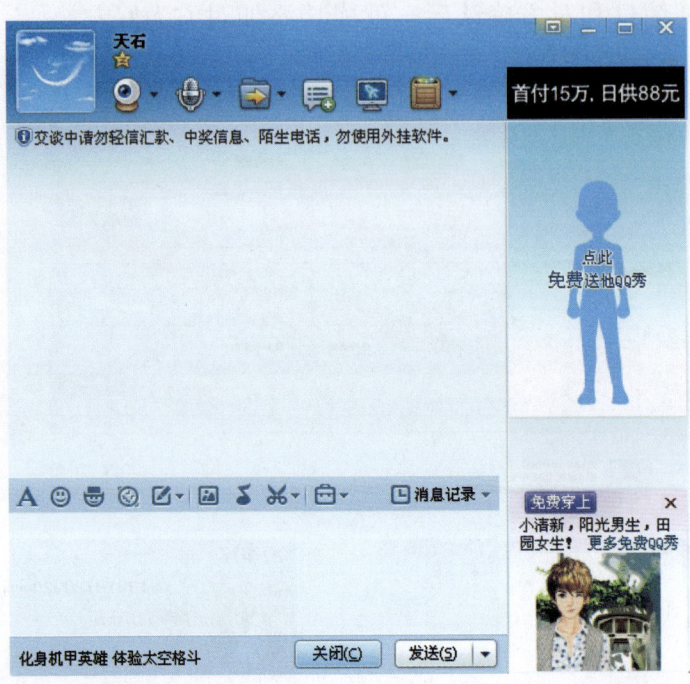

二、QQ聊天软件安装时的注意事项

1. 确保硬盘剩余足够的空间，以保证软件安装后，能够正常运行。

2. 安装任何软件时，应尽量避免系统打开很多窗口，通常应关掉不用的程序再安装新软件。

3. 部分软件对硬件配置有特殊要求，请注意阅读该软件的简介部分。

4. 某些软件要求用户填写个人信息，由于软件厂商一般会通过邮件，向所有用户通知该产品的更新及其他实用信息。因此，应当保证邮件地址的有效性。

三、QQ软件聊天防欺诈的注意事项

1. 不法分子利用"QQ视频"进行钱财诈骗。以往，不法分子通常盗取用户QQ号，再与用户的好友文字聊天、取得信任，然后骗取钱财。与文字聊天诈骗相比，这种新型的视频诈骗方式更加隐蔽，关键是有亲友聊天的真人视频画面迷惑，于是未经和亲友电话确认，匆匆汇款从而落入圈套。在此提醒广大用户留意分辨以免造成损失。

2. 不法分子利用"QQ号码中奖通知"等假冒系统消息的名义发布诈骗信息，借机骗取QQ用户钱财。对此，广大QQ用户不要相信任何"QQ中奖"消息，更不要向诈骗分子汇款。据了解，此类假冒系统消息实为木马病毒，网络诈骗团伙通过木马病毒入侵用户系统，伪装成QQ系统消息，将其引导到诈骗网站，用户仅通过外观很难辨认。希望广大网友加强安全防范意识，不要上当受骗。在这些案例中，都出现了一些虚假的腾讯客服电话。本书根据不法分子惯用的诈骗手段，整理了识别网络假冒腾讯客服电话的一些常见方式，请您仔细阅读，以防上当。例如，欺诈者留下假冒的客服电话，甚至故意用短线拆分号码，增加迷惑性，如最近大量诈骗都利用海南区号0898进行诈骗。假冒客服热线：089-8880-8×××-××××，行骗者故意拆分号码，其实是：0898（海南区号）-8808×××（电话）-×××（分机）。

3. 不法分子会通过假冒客服人员，进行中奖诈骗要求汇款或者骗取用户的QQ密码、密码保护等，从而盗取用户的QQ号码，请注意提高网络安全意识，通过腾讯客服网站（http://kf.qq.com）或者客服电话（0755-83765566）解决使用腾讯产品所遇到的疑问。

开微博：面向世界，敞开心扉

老警官退休之后，离开习惯的工作环境，熟悉的朋友圈、同事圈，一个能表达自己心声、抒发情感的平台对退休老干部来说是极为需要的。在信息化时代中，网络在信息传播、沟通中起到了决定性的作用。而博客、微博、轻博，成了当今时代最为流行、方便的交流平台。

一、新时代的网络日志—博客

近年来，人们经常挂在嘴边的网络词汇之一就是"博客"。博客英文为 Blog，根据其发音被称为"部落格"或"部落阁"等，是信息化时代的"网络日志"，是一种便捷、低门槛的学习交流方式。博客上的文章通常根据张贴时间，以倒序方式由新到旧排列，一个典型的博客结合了文字、图像、其他博客或网站的链接，及其他与主题相关的媒体。能够让读者以互动的方式留下意见是许多博客的重要元素。大部分的博客内容以文字为主，仍有一些博客专注在艺术、摄影、视频、音乐、播客等各种主题。简言之，博客就是以网络作为载体，简易迅速便捷地发布自己的心得，及时有效轻松地与他人进行交流，再集丰富多彩的个性化展示于一体的综合性平台，被人们誉为网络时代的个人"读者文摘"。

　　博客是一个网页，通常由简短且经常更新的帖子（Post，作为动词，表示张贴的意思；作为名字，指张贴的文章）构成，这些帖子一般是按照年份和日期倒序排列的。而作为 Blog 的内容，它可以是纯粹的个人想法和心得，包括对时事新闻、国家大事的个人看法，或者对一日三餐、服饰打扮的精心料理等，也可以是在基于某一主题的情况下或是在某一共同领域内由一群人集体创作的内容。但是，它并不等同于"网络日记"。网络日记是带有很明显的私人性质的，而博客则是私人性和公共性的有效结合，它绝不仅仅是纯粹的个人思想的表达和日常琐事的记录，它所提供的内容可以用来进行交流和为他人提供帮助，是可以包容整个互联网的，具有极高的共享精神和价值。博客的内容和目的有很大的不同，从对其他网站的超级链接和评论，有关公司、个人、构想的新闻到日记、照片、诗歌、散文，甚至科幻小说的发表或张贴都有。许多博客是个人心中所想的事情的发表，其他博客则是一群人基于某个特定主题或共同利益领域的集体创作。博客好像是对网络传达的实时信息，撰写这些博客的人就叫做 Blogger 或 Blog writer。

　　简言之，博客就是以网络为载体，简易、迅速、便捷地发布自己的心得，及时、有效、轻松地与他人进行交流，再集丰富多彩的个性化展示于一体的综合性平台。不同的博客可能使用不同的编码，所以相互之间也不一定兼容。而且，目前很多博客都提供丰富多彩的模板等功能，这使得不同的博客各具特色。博客是继 Email、BBS、ICQ 之后出现的第四种网络交流方式，是网络时代的个人"读者文摘"，是以超级链接为武器的网络日记，代表着新的生活方式和新的工作方式，更代表着新的学习方式。

怎样开通博客呢？下面以新浪博客为例，介绍开通博客的步骤。首先登录新浪首页 www.sina.com.cn 点击"博客"，进入新浪博客首页。然后，点击"开通新博客"，进入注册程序。再后，将注册信息填写完整，点击"注册"，您就拥有一个自己的博客了。如果已有"新浪微博"或"新浪邮箱"，可以直接登录。开通博客后，博主可以在自己的博客中写随笔、感悟，张贴生活照、旅游照，将自己的近况用博客的形式呈现出来。博客不但为博主的生活感悟提供抒发平台，也为博主提供了展示自己兴趣爱好、才艺技能的空间，而浏览博客的游客、粉丝通过留言，与博主达到交流沟通，双方得到了共同学习进步的机会。比如，新浪"人民警察"、"公安一博"等都是具有超高人气的警察博客。

二、一起来"织围脖"吧

当下最为热门的网络流行词汇之一就是"织围脖"，这里的"围脖"指的是一种新型的网络交流平台—微博。

微博，即微博客（Micro Blog）的简称，是一个基于用户关系的信息分享、传播以及获取平台，用户以 140 字以内的文字更新信息，并实现即时分享。2009 年 8 月，中国最大的门户网站新浪网推出"新浪微博"内测版，成为门户网站中第一家提供微博服务的网站，微博正式进入中文上网主流人群视野。2011 年上半年，我国微博用户数量从 6331 万增至 1.95 亿，半年增幅高达 208.9%，微博在网民中的普及率从 13.8% 增至 40.2%。从 2010 年年底至今，手机微博在网民中的使用率比例从 15.5% 上升到 34%。

在近几年的舆情事件中，微博已经成为第一大信息来源。作为一个强大的舆论场，微博正全面参与并影响着现实世界。2011年，郭美美炫富事件促进了"中国红十字会"慈善捐款透明制度的逐步建立；小悦悦事件引发了公众对社会良知的反思，推动了我国社会道德建设；校车安全事件促进了校车安全管理；"7·23"动车事故促进了中国铁路改革；"外交小灵通"的淘宝体招聘引发了社会讨论热潮，并拉近了政府部门与民众之间的距离……在2011年，"微力量"促进了一系列社会领域的改良。"随手解救被拐儿童"、"免费午餐"、"随手送书下乡"、"爱心衣橱"、"解救流浪狗"则体现了"微公益"积极介入社会现实生活，成为积极推动和谐社会构建的强大力量。

目前，我国微博的两大门户分别是新浪微博和腾讯微博。至今，新浪微博用户数超过1亿，得益于抢占了先机，而且在整体的战略执行上也比较彻底到位，所以获得了现在的地位。仅仅两年时间，新浪微博就为新浪生下了一个价值不菲的"金蛋"。而另一个微博巨头：腾讯微博，也呈现出迅猛发展的态势，腾讯拥有近5亿的QQ注册用户，2亿左右的活跃用户。这部分人群很容易受潮流趋势的影响，开通腾讯微博。通过腾讯微博能够与QQ好友和腾讯微博上的其他用户进行信息分享。

1. 微博的关注机制，可单向可双向。找到感兴趣的博主或话题，点击博主头像下的"关注"按钮，就可以了解到该博主的最新动态。点击"取消"则可以取消对该博主的关注。"关注"或"取消"都是单向的，当对方也关注自己的时候，关注就会变为双向，各方的每次更新都会在对方的页面中显示。

2. 微博的内容简短，限制字数在140字以内，可以随文字添加一幅照片、一段视频。微博不同于大部头的博客，其追求的是信息精练，有人说，微博140字的限制将平民和莎士比亚拉到了同一水平线上，这一点导致大量原创内容爆发性地被生产出来。

3. 实时信息。微博中各篇帖子均以时间排序，最新的帖子置顶。博主在浏览帖子时最先看到的是最新实时信息。

4. 微博的帖子是公开信息，谁都可以浏览。不同于QQ或MSN等聊天工具，微博虽然也可以与互动，但所有帖子均为公开信息。2011年6月，江苏溧阳市卫生系统的一位局长因误以为微博发帖是私密的，竟然通过发微博约情妇开房，自曝隐私，最终被停职调查。

5. 微博的交流互动将其定位为社交网络平台，通过关注、评论、转发。微博不仅成为微博用户了解国际国内大事的网络平台，也为微博用户搭建了社交网。

目前，微博已经渐有取代博客之势，成为大众传媒、互动交友的最大平台。在微博世界，有各领域的权威实名认证博主，也有关于生活各个方面的优秀博主，如"铁打的西瓜"、"外交小灵通"、"公安手机报"等，都具有庞大的粉丝团。韩寒每发一条微博，都有至少数万转发和评论，堪称中国真正的"超级博主"；姚晨拥有近2000万的微博粉丝，被人称为"微博女王"。个人拥有强大的话语权是前所未有的现象。低门槛的准入率和信息的无限扩大化是一把双刃剑。微博时代到来的信息爆炸和群体性诉求也导致了谣言的泛滥，针对微博造谣现象，管理部门也开始摸索出一套管理办法。2011年12月，北京市推出《北京市微博客发展管理若干规定》提出，"后台实名，前台自愿"。微博用户在注册时必须使用真实身份信息，但用户昵称可自愿选择。新浪、搜狐、网易等各大网站微博都将在2012年3月16日全部实行实名制，采取的都是前台自愿，后台实名的方式。

博客的出现拉近了公众人物与大众的距离，但博文的创作需要考虑完整的逻辑，这样大的工作量成为博客作者很重的负担。微博的140字限制大大降低了准入门槛，"沉默的大多数"在微博上找到了展示自己的舞台。微博的出现具有划时代的意义，真正标志着个人互联网时代的到来。

三、网络交流新贵—轻博

继微博之后,新浪推出了"轻博"。轻博是介于博客和微博之间的简化版的博客。轻博对于博客,用极简的风格重点显示用户产生的文字、照片等内容,轻博也是扩展版的微博,主要表现则是突破了140字的限制,保留了微博的转发、评论等社区特性。通过轻博,轻博客可以发布自己的兴趣,给自己的兴趣贴标签,然后通过标签找志同道合的朋友。

与博客、微博相比较,轻博像博客、微博一样,可以发博文、照片、视频、音乐,但轻博没有字数限制;轻博的"推荐"与"发现"比微博较为丰富;微博的字数限制在140字以内,成为即时的通信工具,传播速度较快,是一种比较方便的社会化媒体,而轻博还处在发展阶段。博客一般对写作能力要求比较高,文字没有限制;微博只能写140字,可以加一张图片或视频;轻博介于两者之间,字数没有要求,图片也可以放多张。

总而言之,博客一般比较专业,微博随意一点,博客一般用来详细表达自己的观点等,微博互动性比较强,注重分享和社交。轻博在这些方面都是介于两者之间。有人生动地形容:"博客像本书,微博是报纸,轻博是杂志。"无论是"书"、"报纸"、"杂志",都是信息时代的交流平台,通过对微博、博客、轻博的使用,老警官可以发展自己的兴趣爱好,关心国际、国内大事,交友互动,丰富老警官的退休生活。

网购:足不出户,优惠多多

网上购物,就是通过互联网检索商品信息,并通过电子订购单发出购物请求,一般付款方式是款到发货(直接银行转账、在线汇款);担保交易(淘宝支付宝、百度百付宝、腾讯财付通等的担保交易),货到付款等。厂商通过邮寄的方式发货,或是通过快递公司送货上门的购物方式。

一、网上购物的步骤

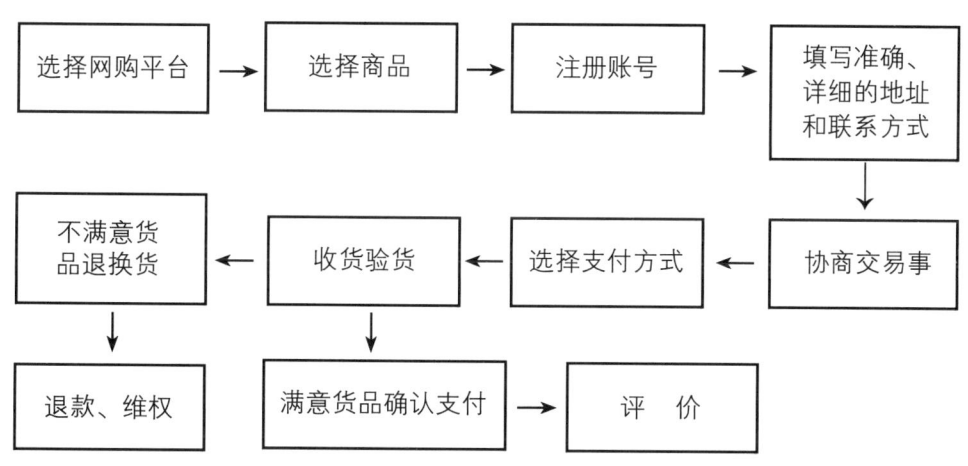

二、网上购物的优点

1. 可以在家"逛商店",订货不受时间限制。

2. 获得较大量的商品信息,可以买到当地没有的商品。在现实中,人们常常说货比三家,但在网上,可以慢慢地挑选,也可以买到当地没有的商品。

3. 网上支付较传统用现金支付更加安全,可避免现金丢失或遭到抢劫;可以通过网上银行方便又安全,避免拿一大把现金去商场购物。

4. 从订货、买货到货物上门无须亲临现场,既省时又省力;特别是大热天,在家里就可以购物,快递还送货上门多舒服。在实体店购物就累得很了。

5. 由于网上商品省去租店面、雇员、储存、保管等一系列费用,总的来说,其价格较一般商场的同类商品更便宜。不管是化妆品、服装,还是成人用品或是其他生活用品的价格都比一般商场或实体店卖的低得多!

三、网上购物的缺点

1. 实物和照片上的差距太大。网购只能是看到照片,货物送到手里时,有时会感觉和实物有些不一样,不如在商场里买到的放心。

2. 不能试穿。网购只是看到照片及对物品的简单介绍，像衣服或鞋子之类的，就不能直接看出适不适合你。而如果在商场购买，你可以试穿，合自己的，就马上买下，不用考虑那么多，但是网购就比较麻烦了。

3. 网络支付不安全。可能被黑客侵入，导致密码被盗。

4. 诚信问题。就是店主的信用程度，如果碰到服务质量差的店主，问几个问题就显得不耐烦。还有在网上购物上当受骗的事件时常发生。

5. 配送的速度问题。在网上购来的物品，还要经过配送的环节，快的一两天，慢则要一个星期或更久。有时候，配送的过程还会出现一些问题，还有，如果对物品不满意，又要经过配送的环节，换一下物品，这样比较麻烦。而在商场里，如果自己喜欢，就可以直接买到手，如果不满意，还可以直接拿去换。

四、网上购物的注意事项

1. 谨慎选择商家。尽量选择知名网络商城，或大型网络交易平台上有服务承诺的网店。网店中，有7天无理由退货、正品保障等消费者保障服务承诺的更值得信赖，如卖家未履行服务承诺，交易平台将履行事先约定的先行赔付等维权义务。切勿贪图便宜到一些不知名的非法网站购物。

注意卖家信用和评价，卖家信用主要从交易次数、个人信用度、买家评价来综合考察，一般说交易次数越多越可靠。真正的买家评价都会写的比较长而且具体，如实物与图片的不同、服务态度等。如果长的留言多是差评，特别是关于质量、态度的差评，这个网店就要谨慎对待了。

2. 细心辨别商品。科学选择网购品类。适合在网上购物的商品有欺骗性较小、价值较低的书刊、音像制品和服装、鞋子等日常用品，还有可以全国联保的电子通信产品类。不易运输且易碎的商品，如玻璃制品等，往往容易因为运输过程中发生破损引起纠纷。不要被图片蒙蔽，商品图片最好是实拍的，很多商品都是经过技术处理的，实物往往没有图片看起来那么好。实物与图片难免有细微的差别，特别是衣服会有少许色差，艳丽的衣服色差更大。尽量选择全国联保商品。虽然某些商家承诺商品保修，但因为没有全国联保，在当地找不到人修理，在后期与商家协调过程中容易产生纠纷。

3. 购前耐心咨询。充分利用在线咨询，在购买之前对商品有任何疑问，包括商品规格质量、商品的价格邮资等，要向商家咨询清楚。对售后服务的各项承诺，出现问题退换、保修的往返邮费由谁承担等，都要明确。要把具体要求讲清楚，型号、尺寸、颜色、质量等，并留作将来解决纠纷的证据。此外，还要认真核实商品描述。有的商家的商品标价与后面的商品描述不一致，前面说到北京邮费8元，后面关于邮资的介绍中又说是快递15元；前面说7天无理由退货，后面又说因尺码、颜色等非质量原因不准退货，这些都要事先说清楚。

4. 认真检查订单。在确认购买之前，要认真检查一遍订单包括所购商品的规格、数量、颜色、邮编、送达地址等，确保万无一失再下订单。有时输入错误会带来很严重的后果，如写错商品数量和收货地址等。

5. 使用安全支付。尽量选择使用支付宝等第三方付款方式，不要在未收到货物的情况下，直接将款项打到商家个人账户上。

6. 尽量当面验货。商家发货后，有时间可以直接点击查看物流或是向商家索要运单号查看物流，一是确定商家是否真的发货；二是跟踪货物避免在运输中丢失。尽可能当着快递员的面拆封检查，检查包装是否完好，卖家是否发错货，所购商品数量是否正确，配件是否齐全，有无说明书、保修卡、发票等，是否和你之前同卖家说的一致，是否有什么质量问题，发现问题立刻联系卖家解决。有的快递不签字不准拆封，可以先签字，等拆封验货后再交给快递员。

7. 及时准确评价。收货后要尽早验货使用，及时发现商品的质量问题，以免超过保修期或保质期。如有评价功能，要认真对卖家和商品进行评价，为其他消费者提供真实可靠的参考，并将评价作为对商家提高服务质量的动力和鞭策。

8. 科学高效维权。网购如果真的出现了问题，无论是在哪个环节出现问题，首先要及时同卖家交涉。维权过程要相互理解、注意方式，交涉无果就要走维权途径。注意收集保存凭证，先尝试交易平台提供的维权途径，如对处理结果不满意，可以直接拨打网络商城或网络交易平台所在地消费者投诉举报专用电话12315电话请求帮助。

9. 保障收货安全。由于现在快递人员素质良莠不齐，为了保障自身和家庭财产安全，收货尽量在小区保安室完成，老年人尽量不要让快递员进入家中。如果是比较重或者必须上门安装的产品，尽量选择家中人数较多的时间安排快递送货。

附：国内知名购物网站

名　称	网　址	主营项目
京东商城	www.360buy.com	电器、数码、图书等
卓越网	www.amazon.cn	图书音像、数码、首饰等
当当网	www.dangdang.com	图书音像产品
凡客诚品	www.vancl.com	服装
红孩子	www.redbaby.com.cn	母婴用品
一号店	www.yihaodian.com	日用百货
孔夫子旧书网	shop.kongfz.com	旧书
苏宁电器	www.cnsuning.com	电器
淘宝网	www.taobao.com	国内最大网上零售商圈

银行卡：实用方便，用途广泛

一、银行卡的种类

1.信用卡。发卡银行向持卡人提供一定的信用额度，持卡人可在信用额度内先消费，后还款，信用卡有利于持卡人的现金周转。按是否向发卡银行交存备用金，信用卡又分为贷记卡和准贷记卡两类。

贷记卡是由商业银行根据持卡人资信情况给予一定信用额度的支付工具，它可以实现先透支、后还款的功能。贷记卡用于消费透支可以享受最长约50天免息期，但账户内的存款不计利息。

准贷记卡是由银行发行的一种具有透支功能的支付工具，需先存款、后使用。虽然准贷记卡可以在发卡银行规定的一定限额内进行透支，但是透支金额后需要向发卡银行支付利息。同时，向准贷记卡存款，可以按照中国人民银行公布的活期利率获得存款利息。

2.借记卡。借记卡这是先存款才能消费或取现，没有透支功能的银行卡。由于社会的发展银行卡的用途也不断扩展，银行卡的用途主要包括取现、查询、转账、缴纳公共事业费用、网上支付等。

取现，提取现金。可以手持银行卡到银行柜台或自动取款机上面办理取现业务。

查询，查看自己银行卡账户的资金状况。可以使用银行卡在银行柜台、ATM、POS上面查询自己银行卡中的余额。如果想具体知道银行卡中资金的使用明细，可以到银行柜台查询。

转账，将自己银行卡账户中的资金转到另外一个银行卡账户中。可以使用银行卡在银行柜台、自动取款机、自助转账查询机办理转账业务，还可以在已经开通电话银行、网上银行的情况下通过电话或者网络办理此项业务。

消费，通俗地讲就是付账。银行卡持卡人可在受理的商户，顺利完成刷卡支付。

另外，大部分的银行卡的支付不仅可以在境内大中型商户普遍受理，在境外的大部分商户也普遍受理。无论在国内外，刷卡消费不收取持卡人的手续费。随着自助终端和互联网的普及，如今，还可以方便地通过各类自助终端缴纳水电煤电信等公共事业费用，可以方便地通过互联网进行网上支付，足不出户便可体验到网上购物的快乐。

3. 联名卡。银行卡中还有一种联名卡是商业银行与营利性机构合作发行的银行卡产品。联名卡的运作形式是由发卡银行与百货商场等营利性机构联合发行一张银行卡，凡持有该卡的消费者在这些机构消费可以享受商家提供的专属活动和优惠。

二、如何选用银行卡

作为天天携带在身边、使用率很高的支付结算工具，银行卡具有安全便携、功能齐全，现代时尚等特点，那么我们应该选用什么样的银行卡呢，申领的银行卡是不是越多越好，面对市场上琳琅满目的银行卡产品，我们该如何选用呢？针对老年人自身的特点向大家推荐一种"三卡组合"的用卡模式，所谓"三卡组合"，就是用两张借记卡、一张贷记卡组合，涵盖日常的支付需求的一种用卡模式。

1. 工资卡。工资卡一般都是借记卡，具有本地、异地存取现金、转账结算、消费和理财等功能，该卡的特点是联网作业、实时入账，不允许透支。这张卡是必不可少的，相当于资金蓄水池。工资卡与各种缴费项目挂钩，如银行代收煤气费、水电费、缴纳各种保险等。个人的投资理财也可以用这张卡，由于这张卡与第三方的关联度最高，对个人来说也最重要，安全级别应该设为最高级。由于工资积累，卡上余额数目较大，最好放在家里安全的地方，一般情况下不拿出来使用，以确保该卡账户资金安全。这张卡资金的流进流出是自动进行的，不需人工干预。如每个月工资上账是自动进行的，许多代收代付项目也是自动扣款。同时该卡的信息非常重要，除了工资信息以外，账户信息涉及多项收费、缴费和理财项目，一旦这张卡密码被盗或者需要换卡，要牵涉调整相关的账户。

2. 日常消费卡。日常消费卡采用借记卡比较合适，从工资卡上转少量的金额在这张卡上，一次不用转太多，用完再转。用这张借记卡支付日常生活的所有消费，如 ATM 取现、商场和网上购物、电子支付及交学费等，凡是日常生活中有临时支付需求，需刷卡、提供银行账号的，都用这张卡。这张卡作为电子钱包，可随身携带，通过密码控制，在超市、商店、ATM 及一切需要刷卡的地方使用。有的人喜欢在网上购物，网上交易需要提供银行卡账户信息，最好也用这张卡。由于这张卡预存金额不高，万一遇到诈骗或密码被盗、卡遗失，其损失也有限。另外，这张借记卡不要与其他账户绑定，如贷记卡还款、手机缴费等，这样即使这张卡遗失或消磁，需要换卡，受影响的面也很小。配置了这两张卡后，将它们注册为电话银行或者网银用户，这样可通过电话或网上银行进行转账操作，即把工资卡上的钱根据需要往消费卡上转账，既方便又安全。

3. 贷记卡。贷记卡上不存钱，充分利用贷记卡的透支消费功能，以满足日常生活的急需。每个月的信用卡消费账单发到主卡持卡人的电子邮箱，主卡持卡人根据账单信息，通过柜台存现、网银转账等方式，在免息期内用人民币购汇还款。如果在办理贷记卡时，将还款账户绑定成工资卡，每个月固定时间会从工资卡扣款，进行贷记卡自动购汇还款，不需担心忘记还款而遭遇罚息。贷记卡要根据自己的风险承受能力和偿还能力设定信用卡的授信额度，如果仅仅用于刷卡消费，可取消提现功能，设置密码和签名同时有效的身份认证方式，最大限度降低风险。

"三卡组合"把支付需求、资金归并到这 3 张卡上之后，多余的卡可以作销户处理，其好处在于：一是可以减少财务成本。有的持卡人认为办了卡不去激活就不会收年费，事实上有些银行即使不激活也会收年费。有的银行要对账户余额长期没有达到一定数额的收取账户管理费。手头这样的卡多了，一年下来不知不觉中要为此付出不少费用，所以闲置的睡眠卡最好销户。二是便于管理。多余的卡销户以后，只需管好这3张卡就可以。三是多余卡销户以后，由"三卡"集中所带来的卡消费积分也相对集中，也会带来额外的收益，如积分兑奖等。

三、使用自动柜员机的注意事项

随着我国金融电子化建设的深入发展和银行客户对金融服务质量要求的提高，自动柜员机在金融行业的应用越来越广泛。它是一种高度精密的机电一体化装置，利用磁性代码卡或智能卡实现金融交易的自助服务，代替银行柜面人员的工作。可提取现金，查询存款余额，进行账户之间的资金划拨、余额查询等工作；还可以进行现金存款、支票存款、存折补登、中间业务等工作。

持卡人可以使用信用卡或储蓄卡，根据密码办理自动取款、查询余额、转账、现金存款、存折补登、购买基金、更改密码，还可以缴纳水、电、燃气、通信、交通罚款等一系列费用，服务范围涵盖了日常生活的方方面面。但不法之徒常常利用人们对自动柜员机的不熟悉，趁机盗取他人钱财，所以我们在使用银行卡和自动柜员机的时候应该注意以下几点：

1.要注意保护密码。如果担心记不住密码，认为一定要写下，请不要将写下来的密码放在钱包里或写在银行卡上；尽量不用自己及家人的电话号、生日、车牌号等常见号码设作银行卡密码；在使用银行卡提款时，首先要保护自己的密码，同时，在输入密码时如发现有可疑人站在身边，应立即停止操作；尽量不要把银行卡与身份证放到一起，在一旦发生丢失的情况下，避免他人予以挂失，从而损失钱财。

2.取款前后三注意。首先，取款前提前准备好卡，以免到ATM前才从您的钱包中翻找，注意力分散可能被人利用。同时应检查一下ATM插卡口、提款口是否有异常。其次，在输入密码时，应加以遮挡，防止别人偷窥。最后，在取款后，应将相应的票据加以妥善保存。同时，应尽量选择比较醒目地点的 ATM，且操作中不要与人交谈、答话，防止骗子花言巧语以咨询等假象盗换你的银行卡。

3. 卡被吞吃后应尽快通知银行。如果发现自己的银行卡被 ATM 卡住后，应尽快寻取真实有效电话与办理银行取得联系，不要轻易相信 ATM 机旁边用小招贴之类告知的所谓电话号码，尤其是手机号码，因为除了犯罪嫌疑人，是不会有哪家银行的工作人员将自己的手机号码公布于众的。

同时，不要轻信他人告诉自己的密码。如发现可疑情况，请及时与警方联系，以便警方快速介入，避免更多的人蒙受损失。

4. 搞清真假吞卡。使用 ATM 前应仔细查看插口有无异常。遇到吞卡现象，不要立即走开，一般正常吞卡，机器会有吐出吞卡现象，屏幕也会提示吞卡，应耐心等待数分钟，确定吞卡后再与银行解决。

5. 留好取款凭条。选择打印 ATM 交易单据后，不要随手丢弃，应妥善保管或及时处理、销毁单据；避免泄露银行卡卡号和有效期等关键信息，随意乱扔容易影响存款安全。持卡人应对卡内资金余额进行定期核对，发现差错及时进行补救。

6. 务必记住退卡。这点很重要，因为有很多持卡人就是因为不小心把卡遗漏在提款机上，给自己造成或大或小的损失，所以各位一定要引以为戒。

7. 及时更换密码。银行卡密码设置不要过于简单，666、888、生日、电话号码等形式的密码都容易被作案人破解，应尽量使用难以破解的密码，以确保存款安全。

8. 尽量不要在 ATM 前点数所提取的现金，应该在收好现金及提款记录后立即离开。

9. 提取数额较大的款项，尽量有人陪同，选择银行旁边的自动柜员机，取款后认真观察周围是否有可疑人员，如若发现可以求助于银行工作人员。

附：四大银行ATM交易收费标准

银行卡名称	ATM交易收费标准
牡丹灵通卡（中国工商银行）	本地ATM跨行取款每笔2元；异地本行ATM跨行取款每笔取款金额的1%，最低1元，最高50元；异地跨行ATM取款每笔手续费为2元＋取款金额的1%，1%部分最低1元，最高50元。
金穗借记卡（中国农业银行）	本地ATM跨行取款每笔4元（上调）；异地本行ATM跨行取款每笔取款金额的1%，最低1元；异地跨行ATM取款每笔手续费为2元＋取款金额的1%。
长城电子借记卡（中国银行）	本地ATM跨行取款每笔2元；异地本行ATM跨行取款每笔10元；异地跨行ATM取款每笔手续费为12元。
龙卡储蓄卡（中国建设银行）	本地ATM跨行取款每笔4元（上调）；异地本行ATM跨行取款每笔取款金额的1%，最低2元；异地跨行ATM取款每笔手续费为2元＋取款金额的1%，1%部分最低2元。

写作 外语

"回忆"让我更潇洒

我是 2000 年 3 月办退的,自此开始了十多年自由的又并非那么悠闲的文化养老。说起我的文化养老,可以用五个动词来概括,即"讲、看、参、忆、写"。

"讲"即延续本职业务,具体包括两个方面,一是返聘给我校本科生讲课(直到 2007 年 6 月),二是"走出去"应邀在高校或其他企事业单位作些有关文化学、写作学以及戏曲美学方面的专题讲座。"看"指读书(新旧都有)看报(含杂志),如《人民日报》《作家文摘》《人民公安报》《老人天地》(今改名《新天地》)和《北京晚报》等。其次就是看电视或上网、参观旅游之类。"参"是指参加支部活动以及中国专家学者协会和北京秘研中心两处的文化学术活动。"忆"就是回忆往事(详见后)。"写",一是撰写书稿,如 2003 年由金盾出版社出版了个人文集《文体写作例鉴》、2007 年出版了带有公撰回忆录性的长篇人物纪实《忠诚》。另外,参编中国人民公安大学出版社文艺分社重点选题《中华公案大典》,此事历经四年,现已交出"明清公案戏"两分册 90 余万字的书稿。二是自由撰稿,近几年来在《公大校报》、《人民公安报》、《人物周刊》、《新天地》和《中国新闻聚焦》等报刊先后发表散文、游记、时论、诗歌等 30 多篇。三是活动命笔,即配合我校离退休工作处和第四支部开展的活动写东西。比如,2008 年写发了《一曲荡气回肠的生命赞歌》,2009 年写了长篇抒情诗《让我们把酒杯高高举起》,2010 年为我校举办的"欢庆重阳节"大会写了朗诵诗《九九重阳酒甜花香》。下面再重点扯扯关于"忆和写忆"的事。

我的"回忆",大体有三个方面,即忆路、忆业和忆情。"忆路"就是梳理自己政治上、思想上的成长心路。比如,"红领巾"的憧憬、共青团员的理想和共产党员的信念等。这种回忆让我快慰而自豪,进而吟出"桑榆无晚信念间"的诗句。"忆业"就是回顾自己半个世纪以来教书育人和学术研究的酸甜苦辣。特别是20多年来从事公安高等教育与涉猎公安文化探研的艰辛、收获与缺憾。这种回忆又激发了我的后劲，让我决心人离岗不歇业，以致如今还在"风晨月夜雕大典"。"忆情"就是重温与回味有生以来"三情"（即亲情、爱情和友情，友情里自然包括"师生情"）给予我的温暖、关照与帮助。其中那感人至深的悲喜故事，声情并茂的细节镜头……至今还记忆犹新。当然，也生得几分愧疚，我回报于他们的又太少太少了。正所谓"往日三情多滋润，愧疚吾今难偿还"。偿还是很难，不过"老有所为"，发挥余热，总还是可以做到的！总之，我的体会是，老同志回忆往事大有好处，它不仅让你的生活更充实，而且从某种意义上说，更是一种提高与超越。因为它能让你更客观地认知自己的长短与对错，更深刻地感悟人生的经验与教训，从而赢得心理的平衡与自信。

至于我所写的回忆性文字，有"撰己"的，也有"撰他"的。前者如《忆"走学"》、《不甘守拙》、《八月的哀伤与愧疚》和《蓝灰色童年》等短文。后者就是通过采访家属和翻阅文献资料而编发的追述颂扬老一辈革命家·公安部首届党组成员，我校早期德高望重的领导周仲英同志，革命传奇以及其大爱精神的文字。其中三个短篇是《周仲英革命传奇故事（上）》、《周仲英革命传奇故事（下）》和《周副院长二三事》；专著即《忠诚—周仲英红色传奇故事》。

警界的老年朋友们！你们都有着丰富的阅历，既经受了革命战争的洗礼，又感受了共和国革命与建设的风云变幻，而个人的曲直得失亦自在其中。正如大家平日所云："我们的命运与党和国家的命运是紧紧连在一起的。"如果我们能静下心来，在享受老有所乐的同时，腾出点时间与精力，从容而又客观地对于自己昨天的奋斗与拼搏，给予一番梳理，走笔成文的话，那是一件多么有意义的事情啊。它不仅仅对自身是一种积淀与升华，也是一笔价值不菲的精神财富，丰富我们的党，乃至整个国家和民族的历史记忆。"忆与写"是要用脑子的，自然有利于活跃思维，防止老年迟钝与痴呆。所以，奉劝老同志们，不妨一试。

从文体写作学角度来说，回忆录的文体属性与特点又如何呢？

从概念界定，回忆录就是通过回忆或采访阅卷，记录追述本人或本人所熟悉的他人的生活经历、社会活动、工作实践以及成长道路等，从而表达作者所抱定的理念信仰、价值观以及情感爱憎的文本。性能上属于实用文体（传记体之别类）而非文学作品。鉴于近年来散文随笔之称日渐宽泛，故而也可以把"回忆录"归类于一种散文随笔，但它绝非是咏物抒情和纪行写景那样的文学散文。回忆录要求内容真实、文笔平实，而排斥虚构、想象与夸张。再者，它跟同属于实用文体的新闻稿件和公务文书也有区别，主要表现在作者身份、写作时限、写作方法和行文关系等方面，这里不再细言。回忆录既可写成单篇，也可写成专著，既可自己写自己的（"私撰"）、也可写他人的（"公撰"）。具有历史性的要人要事的回忆录，则无疑具有一定的甚至是宝贵的文献价值。

回忆录是中外早有的传统文体。儒家经典《论语》和《太史公自序》被认为是我国早期的回忆录文本。而古希腊塞诺所写的有关老师苏格拉底的言论与经历的《回忆录》，则是世界上最早以"回忆录"命名的文本。这里再向大家推荐《王芳回忆录》（浙江人民出版社2006年9月版）和《历史瞬间》（祝春林主编，群众出版社1999年10月版），它们都是我们警界回忆录的佳作。

就老同志自己写"私撰"类回忆录，这里再做几点具体提示：

1. 内容和具体典型要真实可靠，实事求是。对自己不吹嘘不护短、对他人要尊重、要客观、要公允。像时间、地点以及若干细节，必须设法核对（找有关知情人或翻档案材料），以求准确无误。

2. 主题思想要有积极性，起到薪火传递，鼓舞或警示后人的作用。重要的一点就是要讲唯物辩证法，比如在某时某事某个问题上，自己受过不公正待遇，或者冤枉、打击甚至侮辱了其他同志等等，都要用历史的眼光,实事求是地对待。前者(指蒙受不公正待遇)要看开一点,无须过多地发牢骚。对于他人的"昨日之非"(思想上的偏颇与行为上的失误等)要充分考虑到时代与环境的因素,不宜将"账"都算在个人头上。后者(指打击、冤枉了好同志)也该深刻反省、汲取历史教训。

3. 在确保事实材料真实可靠的前提下,注意选材与剪裁。一般来说,"所忆"是多于"所写"的,动笔前应动动脑筋,尽量将最有代表性的或典型的事实细节写出来。剪裁是指写作时注意有详有略,重点突出。

4. 行文以记叙、描写(多用白描)、说明的表达方式为主,适当辅以对话、抒情、议论。叙说角度主要是第一人称,言及他人时,自然可以第一人称和第三人称交叉使用。结构布局应以纵式结构为主,横式结构兼用。再者,回忆录虽非文学作品,但语言表达上也还是需要讲点"美感"的,在亲切平实的基础上力求明快、流畅和生动。

最后,将《忆"走学"》一文附录于此(文字略有删改)。

忆"走学"

我于1984年夏调入中国人民公安大学,9月份就开始给首届(84级88届)本科生开课了。记得第一学期给侦查系上的"大学语文",这课还算"熟"。可根据工作需要,从第二学期就改教"汉语写作"了。为上好这门新课,在新组建的中文教研室的支持与关照下,在讲"大学语文"的同时,便赶忙备起这门新课来。还好,三四个月的时间,终于"奋斗"出自用的大纲与讲稿。头一轮讲课的现场效果和反应都还可以,不过距离学校当时提出的"公修课要与公安专业相结合"、"文理科基础课都要为学校培养目标服务"等要求还差得远着呢。怎么办?于是横下一条心——在阅读大量"公安文字"(指公安内发内存的文书材料和外报外刊)的同时,走出大学院墙,步入公安机关当"学生"。搞调查研究,了解公安业务的用笔情况,向公安机关的各类笔杆子请教。

这个被自己称做"走学"的活动，始于1985年的暑假，止于1987年的寒假，历时两年多。

记得那时揣着文理部开出的介绍信，脚蹬一辆老"飞鸽"，进出于北京的几个公安机关，比如公安部办公厅秘书处、北京市公安局调研室、法宣处和预审处、北京市西城公安分局法制科、北京市丰台公安分局治安科和海淀区羊坊店派出所等。也许是由于我的诚恳，每到一处，都受到忙碌的东道主们的热情接待，而且有问必答，不怕麻烦更没顾忌。他们颇有意味的话语，我至今记忆犹新。

有的说："如今的公安民警，要文武全才才行！需要写东西的时候很多……笔杆子得听使。"有的说："咱们这公安机关，写的东西还挺多，不光是报告、请示、通知、通报、专项工作总结、人物事迹材料什么的，还得写办案文书和新闻稿件，没两下子还真不行！"有的说："为拿上大专大本学历和搞业务研究，有时还得写论文呢……"

当我进一步问他们怎样才能写好工作用文时，一位科长颇有见解地说："无非两个大方面呗，一是得干得好，懂得业务、熟悉情况；二是得有点语文底子……"

当我问他们在用笔上有啥问题和困难时，话就更多了，问题有大有小，有的很具体，而有的又比较笼统。但大体涉及文体规范、结构布局、语言修辞和行文格式，等等。在我试着对带有普遍性的问题作些简单的原则性提示并介绍了几本书后，他们的兴致似乎更高了，有的还记下了我家的电话号码。

在西城分局的法制科，有一次我还被批准破例浏览了一些"案卷材料"（记得当时我还做了笔记）。那一次，可以说对我后来研习与讲授"公安刑侦文书"是个启蒙。

回想起来，两年多的"走学"受益匪浅，一是讲课体现了

"实践性"与"公安特色",因而赢得了学生(特别是在职进修的学员们)的好评;二是为我上世纪九十年代的公安文体写作学、案例新闻采写和公安法制文学的研究与著述奠定了的基础;三是结识了不少警界的笔杆子。他们是真正的行家里手,对我的教学与科研工作给予了很多的帮助。

当然,"要奋斗就会有牺牲",1985年暑假期间,为了按时赴约,常常是冒着烈日,蹬车一走就是一天。上午还在市局法宣处呢,下午又赶到了丰台公安分局治安科。午饭没别的——面包加汽水。再如1986年寒假的一天,拖着39℃高烧的病体参加一个事先约好的"案例写作"座谈会,结果感冒越发厉害了,一冬不见好。落下了严重的"鼻炎"后遗症,至今四季缠身!再就是听够了的妻子的唠叨:"本来上班离家不远,可没事老往外跑,甭说帮忙,就是吃饭都见不着人……"至于有两回孩子学校召开的家长会,只好又是"她"请假前往了。

掌握基本外语对话

英语口语是被英语国家人民普遍应用的口头交流的语言形式。英语文学作品中也常以书面形式记叙英语口语。英语口语灵活多变,多因场合与发言者不同而被自由使用。与口语相对,书面英语是在口语的基础上发展出来的,用于书面表达的语言。

一、英语口语的发音和学习方法

很多中国人都会考虑自己是学习英式发音还是美式发音呢?其实对中国人来说,英式和美式关系不大,因为最终我们大多数人都是中国式口音。在这里,大家要明确发音(Pronunciation)和口音(Accent)的区别。英语的发音只有一种,而口音是可以有很多种,跟国家和地区都有关系。世界上主要的英语国家就是英国,我们通称的英式口音;

美国、加拿大属于北美口音；澳洲和新西兰口音也比较相近。一个优秀的英语口译者，是不应该受到口音的限制而影响自己的听力的，只要他的发音是准确的。

发音准确是英语口语的基础。发音不好，对于英语口语来说是致命的弱点，直接影响到你的听力和交流。中国人在学习发音的时候要特别注意长元音（Long vowel sound）、短元音（Short vowel sound）、重读（Stress），特别是重读，是很多人在学习发音的时候容易遗漏，这方面可以参考易格英语。在读英语单词的时候，切忌不要把自己的语调（汉语发音的第二声、第三声等）加上去，这样很容易成为地方式发音。请一定要按照字典上的音标去读单词，重读和平声要把握好。

学习英语口语发音的内容有三个：音、腔、调。首先要掌握单音的发音要领。单音不要搞得太细，因为单音发得再准，如果没有让英语本族人听着顺耳的腔也不能算地道地表达。"腔"指的是英语单词音节的轻重和在话语中高低的变化（在中国语音书上称"节奏"）。中国人说英语不地道的一个主要原因就是腔不到位。显然，发音学习的主要精力要放在腔上。此外，你得学会英语本族人用语调传递信息和表达情感变化的习惯。这是学习说英语的高级境界。

学习英语，一要听懂，二要会说。老年人会一些日常用语，就已经很不错了。老年人学习英语，靠背是不行的，背完了当时觉得会了，但很快就会忘掉的，所以很多人最终放弃了。"千里之行，始于足下"，在学习英语的四个环节中，第一个最重要，那就是"听"。听老师读、听磁带读、听网上读，总之，就是"听"。你的大脑就是一部活电脑，你的大脑就是一部活录音机，听多了，印在脑子里了，几年都不会忘的。

听会了，要敢说，多交流，纠错误。多说简单的对话，防止贪多嚼不烂，学得多都不会，不如少而精，把日常用语弄扎实了，不管走到哪里都能说两句，这是很快乐的事情，这对老年人自己很有用。

为了练习英语，形式很多。学习小组、英语沙龙、同老外交流，语言是天天用的，不用自然会由会滑向不会。自己在家也可以练习，贵在坚持，熟能生巧。再有，多多练习唱英语歌，就和说话一样，口吃的人唱歌非常流利，所以练习唱英语歌是说、读英语的好方法。

二、英语日常口语对话

以下是简单的日常对话中常用的英语日常口语对话。

1. Greetings 问候语

（1）Hello! / Hi!

你好！

（2）Good morning / afternoon / evening!

早晨（下午/晚上）好！

（3）I'm Kathy King.

我是凯西·金。

（4）Are you Peter Smith?

你是彼得·史密斯吗？

（5）Yes, I am. / No, I'm not.

是，我是。/ 不，我不是。

（6）How are you?

你好吗？

（7）Fine, thanks. And you?

很好，谢谢。你呢？

（8）I'm fine, too.

我也很好。

（9）Good night, Jane.

晚安，简。

（10）See you tomorrow.

明天见。

2. Expression In Class 课堂用语

（1）May I come in?

我能进来吗？

（2）Come in (Sit down), please.

请进（请坐）。

（3）It's time for class.

上课时间到了。

（4）Open your books and turn to page 20.

打开书，翻到第 20 页。

（5）I'll call the roll before class.

课前我要点名。

（6）Has everybody got a sheet?

每个人都拿到材料了吗？

（7）Any different opinion?

有不同意见吗？

（8）Have I made myself clear?

我讲明白了吗？

（9）Could you say it again?

你能再说一遍吗？

（10）That's all for today.

今天就讲到这里。

3. Identifying Objects　辨别物品

（1）What's this?

这是什么？

（2）Is this your handbag?

这是你的手提包吗？

（3）No, it isn't. / Yes, it is.

不，它不是。/ 是的，它是。

（4）Where's the company?

那个公司在哪儿？

（5）Whose pen is this?

　　这是谁的笔?

（6）What is the color of your new book?

　　你的新书是什么颜色的?

（7）Is that a car?

　　那是一辆小汽车吗?

（8）No, it isn't. It's a bus.

　　不，那是一辆公共汽车。

（9）How big is your house?

　　你的房子有多大?

（10）How long is the street?

　　这条街有多长?

4. About Belongings　关于所有物

（1）What's this?

　　这是什么?

（2）It's an air-conditioner.

　　这是空调。

（3）Is this yours?

　　这是你的吗?

（4）Yes, it's mine.

　　是的，是我的。

（5）Where are my glasses?

　　我的眼镜在哪儿?

（6）Do you know where I've put my glasses?

　　你知道我把眼镜搁哪儿了吗?

（7）Over there.

　　在那边。

（8）On the desk.

在桌子上。

（9）Which is your bag?

哪个是你的包？

（10）The bigger one.

大些的那个。

5. Identifying People　辨别身份

（1）Who are you?

你是谁？

（2）I'm Jim.

我是吉姆。

（3）Who is the guy over there?

那边那个人是谁？

（4）He's Bob.

他是鲍勃。

（5）Is that girl a student?

那个女孩是学生吗？

（6）No, she isn't.

不，她不是。

（7）What do you do?

你是做什么的？

（8）I'm a farmer.

我是个农民。

（9）What does he do?

他是干什么的？

（10）He's a manager.

他是个经理。

6. About Introduction　关于介绍

（1）What's your name?

你叫什么名字?

（2）May I have your name?

能告诉我你的名字吗?

（3）My name is Thomas.

我叫汤姆斯。

（4）Just call me Tom.

就叫我汤姆吧。

（5）What's your family name?

你姓什么?

（6）My family name is Ayneswonth.

我姓安尼思华斯。

（7）Let me introduce myself.

让我自我介绍一下。

（8）Who is the lady in white?

穿白衣服的那位小姐是谁?

（9）Could you introduce me to her?

你能把我介绍给她吗?

（10）Nice to meet you.

很高兴认识你。

7. Year, Month And Day　年、月、日

（1）What day is it today?

今天星期几?

（2）It's Monday today.

今天是星期一。

（3）What's the date today?

今天是几号?

（4）It's January the 15th, 1999.

今天是 1999 年 1 月 15 日。

（5）What month is this?

现在是几月？

（6）It's December.

现在是 12 月。

（7）What year is this?

今年是哪一年？

（8）It's the year of 1999.

今年是 1999 年。

（9）What will you do during this weekend?

这周末你干什么？

（10）Does the shop open at 9 am on weekdays?

这家店平日是早上 9 点开门吗？

三、基础英语会话

基础英语会话适合英语初学者打造基础的英语交流能力。每个场景都包含了一些简短的对话以及基础的词汇。这些短对话可以为初学者说英语提供会话模板。

（1）Thank you/Thanks a lot.

谢谢 / 多谢！

（2）Good luck.

祝你好运。

（3）Excuse me.

对不起，麻烦你了。

（4）Excuse the mess.

抱歉。

（5）Can I help you.

需要帮忙吗？

（6）Thank you for helping me.

谢谢你的帮助。

（7）Thanks, anyway.

    无论如何，我还要感谢你。

（8）Can you make it?

    你能来吗？

（9）How do you do!

    你好（初次见面问好）。

（10）It's nice to meet you.

    很高兴见到你。

（11）Where are you from?

    请问您从哪来。

（12）Can I have your name?

    请问贵姓。

（13）Hope to see you again.

    希望再见到你。

（14）Can you give me some feedback?

    你能给我一些建议吗？

（15）Does that mean that I can see you again?

    这是不是说我以后可以再见到你？

（16）Have a good time.

    玩得快乐。

（17）Can I take your order?

    您要点菜吗？

（18）I hope nothing is wrong.

    我希望没事。

（19）What's the matter?

    怎么了？

（20）I'm sorry for you.

    我真为你难过。

在日常生活中我们身边的英语无处不在：景区指示牌、路名、站牌、公厕等都有英文，在学习英语时都可以结合进去，增加学英语的兴趣。生活中少不了唱歌，而唱英语歌不仅能活跃气氛，还能帮助记忆，是学英语的一个好方法。如歌曲"Sing the ABC song"、"Good morning to you!"等，学习之余随意轻唱，乐在其中。

老警官学外语心得

随着中国与世界的亲密"接触"，在年轻人努力实现自我价值的同时，老年人也不甘落后，纷纷在寻找合适的机会，接受新信息、更新知识结构，"活到老学到老"。这不，如今老年人的生活圈子里，又兴起了学英语的热潮。老警官们早上遛弯儿见了面，一改过去的"你吃了吗"，而成了"good morning"，能说上一两句地道的英语，成了时下老年人的生活"时尚"。

在很多人眼里，英语难，其实英语是最好学的一种语言，很有规则。远比我们的母语中文好学。多数不要一年，就能够过关了。但要有技巧。78岁高龄，精神矍铄，练得一口熟练的英语，写得一手清秀小楷的退休老警官李斌，自创了一套英语学习法，把自家不识字的保姆都"熏陶"到能用英语简单对话，还能流利背诵新概念第二册的课文。非科班出身，却对英语情有独钟，李老退休后，开始发挥强劲的余热，两本书页发黄、笔记满满的英汉字典，陪伴了李老二十余载，见证了他学习英语的热情与韧劲。没有收录机、复读机、文曲星，更没有电脑，李老硬生生啃着字典，打下扎实的英语功底，还把喜欢的诗词歌赋、散文名篇译成英文。很多人一定会认为李老晕了头。不要急，等说完了，你再说这话也不迟。李老以前学英语和各位一样，三天打鱼，两天晒网。原因也一样，就是难。学不进去，其实是我们使用的方法错了。因为现在这种学英语的方法或按照这种语法式前进的方

写作 外语

法学,什么时候能到头呀。"我不赞成现在的教学方式,把英语学习分割为听说读写几块并不合适,选择题、填空题等题型也不能全面测出一个人的英语能力。会做题,但不会说,更不会写,有什么用?"

李老认为,在中国学英语,一定要有汉语的介入,通过背诵英文,不断练习中英文对译,逐渐形成两种语言的思维转换。"形成英语的思维逻辑,是开口说英语的关键,我们中国人需要把脑瓜子换一换,好比左脑装中文,右脑装英文,鼠标一点,就能灵活交换。"双语并举、融会贯通是李老倡导的学习方法,背诵则是他眼中的法宝,新概念英语是他的最爱,"不仅文章好,体现的生活哲理也很有趣"。如今,李老收了3个英语零基础的徒弟,并要求他们3个月里熟背10篇课文,"我会帮他们梳理每篇课文的语法知识,让他们理解之后再背"。巧妇难为无米之炊,词汇量一定要有,但以如何积累呢?"背,课文背熟了,语法、词汇都在里面,慢慢就会变成自己的。林语堂就是背字典。"在背诵之外,李老还要求学习写作,从自我介绍、个人爱好等切身的主题入手。"一写作文,马脚全露,我要花很大工夫修改每个语法问题,好的表达和更高级的词汇也会融进去教给他们。"一背经典文章,二转换英汉思维,三坚持不懈绝不半途而废,这就是李老传授的英语学习"秘诀","英语确实不好学,但有志者事竟成。"

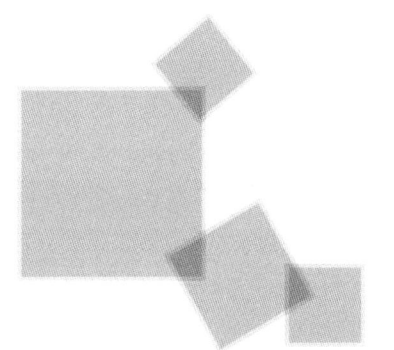

音乐 舞蹈

音乐欣赏

什么是音乐？音乐是通过有组织的乐音在时间上流动的艺术形象，传达思想感情，表现生活感受，抒发心灵声音的一种表现性的时间艺术。物理学告诉我们，声音是由空气振动而产生的，声音的大小由振动的幅度决定，声音的高低由振动的频率决定。古希腊哲学家毕达哥拉斯认为，万物最基本的元素是数，音乐就是数量比例上的对称与和谐。把杂多导致统一，把不协调导致协调，音乐是和谐的表现。

在各种艺术欣赏中，有人认为音乐是其中最难捉摸、最神秘的一种，它不像绘画、雕塑、建筑等有形的艺术，既看不见也摸不着，给人一种神秘感。有人把音乐比做是一个迷人的小精灵，它会偷偷地通过你的听觉器官潜入到人的心灵深处，窥视你的感情隐私，泄露你的感情秘密，把你无法用语言表达的东西充分表达出来。

语言的尽头是音乐。音乐和语言既有感情的共通性，又有内涵的广义性。音乐是语言又不同于语言，它可以言情，可以言态，虽然不像语言那么具体，说得那么明白，但音乐的特长恰恰发挥在语言"够不着"的地方。从某种意义上讲，它比语言更丰富、更深邃、更高级，概括力更强，感情色彩更浓。它可以超越时空，不受时代的限制，能够说出人们内心想说却又无法表达的更深层次的语言；它会帮助你排除孤独，鼓舞你面对人生，愉快地面对工作和生活；它可以使你的道德情操变得更加纯洁，人格更加高尚。音乐还会让你觉得好听、美妙，这种美能够融进你的身心，使你得到丰富的审美感受，愉悦你的身心。柏拉图认为音乐将节奏与曲调浸入人的心灵最深处，通过音乐美的浸润，使人的心灵得到净化。亚里士多德认为音乐是一种最令人愉快的艺术，具有教育作用、净化作用以及精神享受的作用。不论是唱、奏、听，都和人们的生活、情感有着千丝万缕的联系，可以说，音乐是人类感情的直接模拟和升华。

音乐可以养生，音乐可以治病。用一定的方式发出的声音可以振动刺激身体的穴位，打通经络，调节情绪，治疗疾病。加拿大麦吉尔大学科学家的研究小组在志愿者听音乐时实施大脑扫描，发现音乐刺激大脑时，大脑会分泌多巴胺，当志愿者对音乐产生强烈共鸣时，大脑分泌的多巴胺数量最多。多巴胺是一种神经传导物质，负责愉悦信息的传递。它可以使人的心率、呼吸、体温及皮肤导电过程出现变化。音乐可以直接刺激大脑受损部位，使受损大脑能够主动修复或更新神经。

音乐作用于人的交感神经系统，内分泌系统和免疫系统。抑郁症，隐形抑郁症，其特点就是心有愤恨不能诉说而忧郁烦闷（家庭、社会、工作、进步、心理），通过音乐可以获得一种听觉上的快感，得到审美需要满足，获得一种精神上的享受，娱心益智，使紧张的情绪得到缓解放松，使处于困境中的忧郁悲痛的情绪得以缓解或释放以获得安宁和慰藉，帮助你从紧张、烦躁、郁闷、痛苦的困境中走出来，舒缓压力、滋润心灵、陶冶情操、涵养人生、兴奋愉快、得到休息，这就是音乐的魅力之所在。

有科学研究表明，音乐还能影响到动植物的生理机能。播放优美欢快的乐曲，可以使奶牛多产奶、母鸡多下蛋、植物长得更茂盛。现在流行的音乐胎教，就是一例，音乐可以使胎儿神经兴奋、精神愉悦，以促进胎儿的身心健康发育生长。有专家认为，胎儿发育到五六个月以后，能够安心静听母亲的心音，有一种安全兴奋的愉悦感。

国外有很多五花八门的音乐疗法。在美国的一些音乐学院里，还专门设立了音乐疗法的专业课并授予音乐疗法学位职称评定。奥地利专家称唱歌可以治病，人在唱歌时的呼吸是深度的腹式呼吸，能对肠道和心脏分别起到按摩放松作用。这种呼吸可以给肺泡提供更多的氧气，促进血液循环，改善注意力和记忆力。医疗实践证明，早期痴呆患者能借助一些熟悉的歌曲恢复部分记忆，一些中风患者可以通过练习唱歌恢复说话能力。唱歌可以带来精神层面上的放松，能够平衡植物神经系统的放松和平静，强化人体免疫系统，激发人体自我疾病的治疗能力。音乐还可以直接影响到人的情绪，听到京剧《打虎上山》那一段音乐，空旷震慑、气势恢弘、催人奋进，听到电影《地道战》的鬼子进村音乐，不协调和弦急促的音乐让人喘不过气来。通过音乐，可以达到愉悦、悲伤、独白、表达感情的目的来使人体的阴阳协调、平衡，达到和谐健康。比如，门德尔松的《仲夏夜之梦》可以治疗失眠；肖邦的《夜曲》可以治疗神经衰弱，莫扎特的《小步舞曲》可以治疗便秘；贝多芬的《第八号钢琴奏鸣曲》可以治疗高血压；巴赫的《D小调小提琴协奏曲》可以治疗肠胃失调等。

据报道，青岛福彩老年公寓在不同的时间，不同的心情，播放不同的音乐，用音乐养生的方法创造出全新的老人生活享受，对老人养生起到了很好的效果。公安部晋升警监警衔班开设音乐课，把十种不同风格的音乐介绍给学员，从早上起床的轻音乐开始直到晚间熄灯，不同的时间听不同的音乐，学员反映很好。

如何欣赏音乐？欣赏，从审美角度去听音乐为欣赏，这和一般随便听听是不同的。当然并不是所有的人都能够进入欣赏状态，许多时候都在听同一首音乐作品，可人们的感受是不同的。在未把音乐的密码转化为自身感情密码之前，也可能只是觉得好听而已，却说不出其所以然，说不出为什么好听，缺少一种欣赏音乐的能力。这种欣赏能力，可以随着工作经历、生活阅历的不断积累和文化艺术修养的积淀锻炼培养，可以经过努力掌握音乐的基本知识，掌握它的基本规律，便会登堂入室，成为音乐欣赏的内行了。

下面从四个方面来谈谈如何欣赏音乐。

一、音乐是声音艺术

音乐是以乐音为表现手段的艺术。音准，这是每一个音乐人的一生追求，是音乐最基础的元素，也是我们在欣赏音乐时首先要遇到的问题。没有音准就没有音乐！在实际生活中，有些人酷爱音乐，且天生一副好嗓子，但是没有音准概念，没有接受过音准训练，就是我们常说的五音不全。因此，在每次歌曲比赛时，常因为音不准而淘汰一大批人。

声音分噪音和乐音两种。音乐来自音响，音响属于自然的物理现象，是一定频率的空气波有规律的振动的结果，构成了音响的高低，和谐与不和谐，协调与不协调。来自大自然和生活中的声音很多，风声、雷声、雨声、马达声、枪声、击剑声、禽兽的吼叫声、人们的欢笑与叹息声，这些声音的高低强弱长短是没有有意识地组织安排的，是自然的、无序的，是不协调的一种噪音，都不能称之为音乐。乐音是经过科学界定后的一种有序的和谐声音，音乐正是由这些有序的乐音组合而成的，唱名见下图。以十二平均律为例，每一组音阶都是由12个半音组成的，以1200为总数，一个全音（大二度=2个小二度=2个半音）200，一个半音（1个小二度=1个半音）100，它的排列是1—2（200）、2—3（200）、4—5（200）、5—6（200）、6—7（200）之间两音距离是全音，3—4（100）、7—1（100）是半音。这一组音阶有5个全音和2个半音，为了记忆方便，编成口诀：全全半全全全半。而噪音没有半音、全音的关系，是一种无序的发声，使人听了感到很不协调、很不舒服，除了刺耳外，谈不上欣赏。

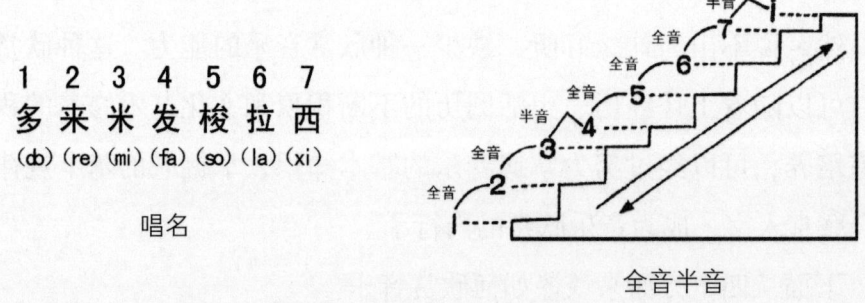

全音半音

音色，也称作"音质"或者叫"音品"。不同的发声器官或者不同的乐器在发出同一个声音时，都会有不同的个性化的声音特征，即不同的音色。我们赞美一位歌手唱得好，肯定是因为声音圆润、甜美、细腻、抒情、浑厚、豪放，正是音质上乘才让人感动，一首动听的音乐，是诸多因素组合而成的，但音质至关重要。

二、音乐是时间艺术

音乐是乐音按照一定的规则有序排列的时间艺术。音乐塑造感情形象是通过时间流动来完成的，这种流动速度在时间上的组织就是节奏。如果说旋律是音乐的灵魂，节奏和节拍则是音乐的骨架。如果把旋律比做象棋中的国王，那么节奏就是王后。没有了节奏，就没有了任何旋律的存在。人们通常习惯用节奏来表达一首乐曲的强弱、快慢变化。

节奏有多种不同的组合方式，也叫"拍子"。节拍的简单定义是强拍与弱拍的均匀交替，最基本的节拍是奇数的三拍子和偶数的二拍子。三拍子是"强—弱—弱"，二拍子是"强—弱"。两种基本拍子又各自产生出不同的复拍子，如四拍子、六拍子、九拍子。也有把两种不同强弱关系的拍子加在一起成为复合拍子，如2+3或3+2等。这些拍子的形式，在乐谱中是用小节线来显示的。拍子一般都是从强拍开始的，所以每小节线后的第一拍总是强拍。还有一些节拍是强弱变形的，如切分法的节奏。

我们在乐谱中会常见到有2/4，3/4，6/8等拍子记号，千万不能把它们看做分子分母，不能称之为"四分之二"拍子或"四分之三"拍子。它们正确的含意是：以四分音符作一拍，每小节有二拍或三拍。下方的数字是指音符的时值，作为拍子的单位，上方的数字才是拍子，正确的叫法是"四二拍子"或"四三拍子"，也可以简称"二拍子"、"三拍子"，切记它不是分母与分子的关系。

音乐节奏的快慢是人们情感通过音乐形式的一种外化形式。偶数拍子平稳、庄重、坚定，奇数拍子轻快、活泼、飘逸。快速节奏表现兴奋、激动、激进、精神，而缓慢的节奏则常表现沉思、悲愤、叹息、低沉。"国歌"的节奏应在每分钟96拍，总的演奏时间是46秒，否则就失去了国歌的庄重、严肃气氛。《人民警察之歌》也是每分钟96拍，这样的节奏，其音乐效果能够让人严肃、稳定、庄重、震撼、进取，如果速度放慢至每分钟60拍，那就不可能达到尊严、自豪、奋进的效果了。进行曲为了体现雄壮、激昂的情绪，速度多为每分钟116~120拍之间，慢了显得沉重，快了显得急促，游行队伍就无法踩着乐曲的节奏行进，提不起精神了。俄罗斯、朝鲜等世界各国进行盛大的游行时，服装、队形、姿势各有特色，但音乐节奏却是一样的，都是进行曲速度，每分钟116~120拍之间。"哀乐"、"二泉映月"，速度定在每分钟48~60拍之间，听之如泣如诉，肝肠寸断，如果你把速度变成小快板，那效果就完全相反了。

三、音乐是听觉艺术

对音乐构成诸要素认识和理解是我们音乐欣赏的基础条件，最好能了解声乐、器乐的一些基本知识，如种类、风格、名人名曲等。如果你分不清美声与通俗，分不清民乐与交响乐，在欣赏时就会失去好坏优劣的标准，那很难进行深层次的欣赏了，充其量也只能是好听或不好听这种表层而已。

音乐分为两大类，即声乐和器乐。声乐，是指用人声歌唱为主的音乐，可根据人们歌唱的特点分成男声（男高音、男中音、男低音三种）、女声（女高音、女中音、女低音三种）和童声三大类。声乐还可以根据演唱的方式来分为独唱、齐唱、重唱、合唱、对唱、伴唱等多种形式。歌唱的方法有美声、民族、通俗、原生态等。器乐，是指由乐器演奏的音乐。

器乐可分为四大类，即弦乐、管乐、弹拨乐和打击乐：（1）弦乐。西洋弦乐有小提琴、中提琴、大提琴、低音提琴；中国民族弦乐有二胡、四胡、板胡、高胡、中胡、低胡、马头琴等。（2）管乐。西洋管乐有铜管、木管二种。铜管有小号、短号、圆号、长号、次中音号、大号；木管有长笛、短笛、单簧管（黑管）、双簧管（欧勃）、萨克斯管、大管（巴松）；中国民族管乐有笙、箫、管、竹笛、排箫、唢呐、葫芦丝等。（3）弹拨乐。西洋弹拨乐有钢琴、管风琴、手风琴、电子琴、竖琴、吉他等；中国民族弹拨乐有古琴、古筝、琵琶、三弦、柳琴、月琴、扬琴、阮等。（4）打击乐。西洋打击乐有定音鼓、大鼓、小军鼓、钗、三角铃、马林巴、木琴、钢片琴；中国民族打击乐有鼓、锣、钗、板等多种。

相传有一位乔山人酷爱抚琴，到处寻访知音。有一天，他游历到乡间，住在一家农社，趁着月明星稀，焚香沐浴，抚起琴来，自我陶醉。不一会，他好像听到隔壁有饮泣之声，不禁喜出望外，想不到在这穷乡僻壤竟能遇到知音，于是马上就登门拜访。一老妇人开门相迎，乔山人问道，刚才听到屋内有哭泣之声，是不是因为听到我弹琴，被琴声感动，触动情怀而伤感呢？老妇人非常伤心地说，是啊，我的丈夫生前是弹棉花的，三年前已经去世，刚才听到门外有弹棉花的声音，不禁使我想起他，感到很伤心啊！这一番话把乔山人听得目瞪口呆，哭笑不得。人家根本就没有听懂是琴声，还是弹棉花的声音，自己还在那儿抒情陶醉、自作多情呢。这位老妇人就是马克思说的"非音乐耳朵"。

伯牙抚琴遇知音的故事讲的是：俞伯牙在空旷的山野里抚琴，樵夫钟子期感受到了"巍巍乎高山"想到了泰山；"荡荡乎流水"想到了潺潺流水，伯牙遇到了知音，激动不已，二人肝胆相照，志同道合，约好明年这时候再到此听琴。可第二年钟子期没有来，伯牙寻访，知其已去世，伯牙痛失知音，摔琴不再弹琴。这是遇到了"有音乐的耳朵"。

四、音乐是感情艺术

音乐和其他艺术的共性特征就是都具有社会属性。任何艺术（雕塑、建筑、美术、书法、舞蹈、戏曲、相声、小品、电影、电视）都不是从天上掉下来的，都是社会生活在艺术家头脑中反映的结果，都是社会生活的反映，必然具有社会属性。任何艺术都会烙上社会的、民族的、时代的烙印。音乐大师舒伯特说，音乐是有感情的，但非寻常之感情可比。这是一种呕心沥血的感情，是一种充满生活实感的生活激情。艺术是社会生活、社会意识形态的反映，但它不是简单的、被动的反映，而是艺术家在头脑里经过加工创造后的一种特殊的精神产品。艺术家对生活有所感受，诱发出一种创作激情，有一种要抒发情感的强烈的创作冲动，创作的过程是主客观因素相结合的产物，带有创作者本人的社会意识、民族特征、思想感情。客观事物经过艺术家头脑的过滤和情感的投入，才凝练成艺术品，这不是简单的再现，而是一种源于生活又高于生活的艺术品。

没有感情的艺术，谈不上是艺术，那只是概念和口号，或者说是观念和形式的外壳，特别对音乐而言，感情是音乐的生命，音乐的全部价值都在于此。艺术不美，不能打动人心，不会产生感染力，内容再正确，也无济于事。《国歌》、《黄河大合唱》、《长征组歌》、《祝酒歌》、《春天的故事》、《走进新时代》等都具有很强烈的时代性。流行歌曲的出现具有强烈的时代需求，也标志着社会的进步。这就是社会属性。

中华人民共和国国歌《义勇军进行曲》，是夏衍根据田汉的电影故事片改编的电影《风云儿女》的主题歌，创作于1935年中华民族的危亡之际，它表达了我国人民抗日爱国的决心，唱出了时代最强音。田汉把歌词写在一张香烟盒的衬纸上，夹在剧本里交给夏衍后就被捕了。聂耳得知后，主动要求为这谱曲，聂耳自述："我写这个曲子时，完全被义勇军救亡的感情激动着，创作的冲动就像潮水一样从思想里涌出来，简直来不及写。初稿是一气呵成的，两夜工夫就写好了。"1949年9月27日，中国人民政治协商会议第一届全体会议决定《义勇军进行曲》为代国歌，"文化大革命"期间，说田汉历史有问题，就改了原来的歌词，1978年第五届全国人大第一次会议通过新改的国歌歌词，但群众不接受，老的不能唱，新的不愿意唱，这样就形成了在中国历史上有过一段时间只有歌曲而没有歌词的国歌。同届第五次会议又决定恢复《义勇军进行曲》，并定为中华人民共和国国歌。

1976年粉碎"四人帮"后，由韩伟作词、施光南作曲的《祝酒歌》，一夜之间唱遍祖国的大江南北。作曲家说，歌词生动、感人、丰满，既有对过去的回顾，又有对胜利的庆贺，更有对未来充分的信心。特别是那"杯中洒满幸福泪"一句，更能勾起人们的许多联想，施光南是流着眼泪谱写出这首带有里程碑性质的优秀歌曲的。

《歌唱祖国》，是1950年担任天津市音乐工作领导的王莘，因为到北京购买乐器，路过天安门广场，看到忙于准备迎接第一个国庆的热闹场面，准备参加检阅的少先队员打着鼓、吹着号在认真练习。作曲家激动不已，就在回天津的火车上，连词带曲一并从他的心头涌出，他也顾不得别人的注视和不解，边写边唱，别人还以为他有神经病。后来，王莘讲到这个过程时依然激动不已。他说第一段是在火车上写的，后面是回到天津写的，开始这首歌写好给了一家报社已经打出校样，后因稿件多被挤下来了，再寄音乐刊物，也没有发表，所以决定在自己单位试唱，然后派人去南开大学、造纸厂等单位教唱，一教唱很快就在天津传开，很快北京也唱了起来。于是，中国音协和人民日报决定向全国推荐，歌片上没有署名，有人估计是王莘写的，打电话一问果然如此，让他写一份带钢琴伴奏谱的完整谱送到北京，王莘请中央音乐学院的赵行道写了伴奏谱，在天津的《大众歌声》和《人民日报》上刊登，由中央乐团灌了唱片，立刻在全国传开。音调明朗、豪迈、坚定、有力，犹如新中国人民巨人般的前进步伐。1953年获奖，奖金500元，全部捐献给抗美援朝前线。1959年音乐出版社又以《歌唱祖国》为书名出版歌曲。1980年中央台和许多地方台都以此曲为开始曲或结束曲。现在大型会议或重要活动结束时都用此曲。

《黄河大合唱》，象征着黄河水波涛相叠，浪推浪的波澜壮阔的抗日浪潮。周总理称之为中国第一命运交响曲。每一个有民族心的中国人听了这曲子，都会热血沸腾迸发出巨大的民族爆发力，积极投身抗日战争的行列。《长征组歌》，周总理称之为中国英雄交响曲，逝世前还在听这首歌。

在延安，《白毛女》的演出作为战前动员最好的政治思想动员，有人看到黄世仁抢喜儿的一场戏，联想到自己家庭的不幸遭遇，拔出枪来要打死黄世仁。台上台下思想感情互动，其教育的作用是其他形式无法替代的。

《梁山伯与祝英台》楼台会的音乐，小提琴独奏象征着女性祝英台，以大提琴象征着梁山伯，这是一段最优美动听的旋律，这里有倾诉、爱慕、缠绵、羞涩、喜悦、悲愤的情感。小提琴在抒情流畅的送别主题后奏出犹疑不定的旋律，既象征着别离时祝英台对梁山伯的依依不舍一往情深，又形象地表现了她欲说还止，羞于启齿的情状。让听众随着旋律去体味，去联想。更有意思的是，不同的人带着不同的心情去听这段音乐，会得到截然不同的两种结果，热恋时听它和失恋时再听它，前者是幸福，后者是痛苦。

《哀乐》是我国所有对亡者的悼念会上都演奏或播放的一支催人泪下的乐曲。我国现在通行的哀乐是由广泛流传于晋陕一带的民间吹歌牌子曲改编的。1936年，刘志丹奉党中央指示率部东征时，不幸牺牲于山西中阳县的三交镇。1942年，党中央决定将刘志丹的灵柩建于他的故乡保安县（今志丹县）。"鲁艺"乐队承担了为移灵奏乐的任务。当时有一个由马可、安波、张鲁、刘炽、关鹤童5人组成的民间音乐研究小组。于是，他们便将一支大家都很熟悉的民间牌子曲《绣荷包》稍加改编拿出来，让"鲁艺"乐队演奏。为了适应当时的气氛和缓慢前进的步伐。他们把乐曲的速度演奏得比原来的民歌慢了许多，整个移灵过程，用中西乐器演奏，人们听了这首哀乐后，哀思如潮、十分悲恸。新中国成立后的第一任军乐团团长、指挥罗浪同志为了礼仪的需要（国家需要有庄严的哀乐），把此曲配置了和声作为军乐队的礼仪曲使用。此曲是1976年周总理逝世，由解放军军乐团二队的演奏员们流着泪录制的，声情并茂，空前绝后。毛主席逝世在天安门广场举行百万人追悼大会，1100人的大乐队演奏哀乐声起，令人悲痛欲绝，全场一片哭声。其时其景，历历在目。

《学习雷锋好榜样》，是由洪源作词、生茂作曲，传唱至今。1963年3月5日上午北京战友文工团团长晨耕、政委王引龙召集全体会议传达毛主席给雷锋的题词，并说下午去天安门游行，全团要去参加宣传活动。大家提出应该能拿出一首歌来唱。歌队队长、作曲家生茂，词作家洪源被雷锋事迹感动了，生茂说，你快写个词，午饭前一定要交给我。当时已经10点多了，下午2点要上街游行。洪源说，急中生智，忽然想起一位哲人说过，榜样的力量是无穷的，毛主席号召我们向雷锋学习，就是为我们树立了学习的榜样，于是我就抓住了好榜样这3个字，等写好词都快12点了。生茂边吃饭边谱曲，不到1个小时就谱好曲了，叫人抄到饭堂门口的黑板上，让大家试唱并提意见，大家唱了几遍，都连声说好。就这样，一首歌名取自歌词第一句的《学习雷锋好榜样》歌曲诞生了。下午游行时，这首歌引起了轰动，迅速被群众传播开来。如果不被雷锋事迹所感动，没有创作的激情，根本不可能在这么短的时间里创作出如此经典的歌曲。

现代的流行歌曲，简洁直白，好记、上口、好唱，它不像美声唱法、民族唱法在技术上那么苛刻。加上激烈、快速多变的节奏，利用电声的手段，它产生的效果，符合当今时代的快节奏，符合年轻人的心态，如《纤夫的爱》、《妈妈的吻》、《母亲》、《父亲》。

《在那遥远的地方》是"西北民歌之父"、"中国情歌大王"的著名音乐家王洛宾写的一首情歌。过去多署名为青海民歌，直到1988年《歌曲》杂志才以王洛宾作词作曲署名发表，1992年被评为20世纪华人音乐经典124首中的一首。王洛宾在自选作品集《纯情的梦》的自序中，也明确写着"50年前我曾写过《在那遥远的地方》等歌曲"，并还说出写这首歌曲的动机。他说，这是我半个世纪以来的秘密。这个秘密是指他26岁时悄悄地爱上了一位千户长的女儿卓玛姑娘，相处三天，在他身上却留下了永生难忘的一鞭，歌曲是在分手之后坐在骆驼两个驼峰之间写出来的。王洛宾还说，1939年定名为《草原情歌》，是友人赵启海来青海把几首改编的民歌带到西南大后方，改名为《在那遥远的地方》。"我愿她拿着细细的皮鞭不断轻轻打在我身上"，原来的歌词中还有"每天"两个字，王洛宾说，这选择细细的皮鞭的想法是多余的，如果你能抛弃一切跟她去放羊，也不存在几天的问题，那鞭子的粗细已不是考虑的问题了。王洛宾一生经历坎坷，因为他对发展民族音乐特别是传播我国西部民歌的巨大贡献，人们对他报以无限的同情和敬仰。歌曲中所表达那种纯朴与真挚的感情，让几代人从中得到启迪和美的享受。有人说，世界上有华人的地方就有王洛宾的歌。

　　乔羽有个二哥叫乔庆瑞，在外当兵8年，在父母安排下闪电结婚。1937年七七事变后的第二天就回部队，当时结婚仅3天，一别51年。1949年10月撤离大陆去台湾，后来多方联系，听说老家被日本人洗劫一空，从此万念俱灰，在台湾娶妻生子。乔羽在大陆成名后，经美国华侨多方联系，打听到了二哥的消息。二哥于1988年返回老家济宁，二嫂51个春夏秋冬，昼夜黎明，从青春少妇变成了白发老妪。当二哥进门连呼"婉君，婉君"时，二嫂疯癫一般喊着二哥的名字，想扑过去，但腿却不听使唤，"咕咚"跪倒，二人搂着号啕大哭，51年的想念之情瞬间爆发出来。二哥和二嫂团聚了29天后又匆匆回到台湾，从此一病不起，1997年辞世，享年82岁。在辞世的前3天还电话询问二嫂的近况，说他反反复复地做梦很想家，不久二嫂也一病不起，这个为了三天婚姻而坚守一生的老人在弥留之际，让人打开从不打开的红漆箱子，里面装着当年结婚时穿的嫁衣和红绣鞋。当家人把嫁衣和红绣鞋放到她脸边时，老人安然离世。乔羽被二嫂这种真诚的爱情和痴情所感动。他回想多年前邂逅一只盘旋身边久久不肯离去的蝴蝶，为二嫂张福贞写了这首让人流泪的《思念》：你从那里来/我的朋友/好像一只蝴蝶飞进我的窗口/不知能作几日停留/我们已经分别得太久太久/你从那里来/我的朋友/好像一只蝴蝶飞进我的窗口/为何你一去便无消息/只把思念积压在我的心头/难道你又匆匆离去/又把聚会当做一次分手。毛阿敏把这首曲子演唱的很到位，让人听了亲切、惆怅、心酸，当我知道了这首歌曲的背景，每听这首歌曲时就要落泪。

《常回家看看》，1999年春节唱响了中国大地。1998年1月，当戚建波（威海音乐老师）看完车行写的歌词时就哭了，从看到词到谱完曲，总共用了七八分钟。戚建波说，要写好歌，先做好人，这样才能用情用心去写歌。如果你做不到孝顺父母，就写不出这种感觉。"家是我所有创作的灵感之源"。父亲去世时，戚建波在外地机场，听到电话就哭了。春晚这首歌，许多在外地打工不能回家过年的人哭得更伤心。这就是情感。

《一路阳光》，是公安部2012年春节晚会的歌曲，阎肃词，徐沛东曲，宋祖英唱："走进神圣的殿堂/花也芳菲/人也芳菲/并肩地久天长/情也飞扬/爱也飞扬/我爱你/剑胆琴心/意也高昂/志也豪放/把心儿贴在一起/风雨一起/甘苦共尝/一路阳光/蓝天祝福你/一生快乐/一路阳光/岁月祝福你/一生幸福/一路甜香……"这首歌是全国公安文联祝春林主席的创意，是针对警察人生价值观教育而写的，是针对"宁愿坐在宝马车里哭，不愿坐在自行车后面笑"而写的。

1978年6月，日本小泽征尔访问北京时，指挥中央乐团弦乐合奏《二泉映月》，受到听众的一致好评。第二天，他到中央音乐学院访问，突然兴起想听听二胡独奏《二泉映月》，当时为他演奏的是中央音乐学院民乐系的学生姜建华。她一声长叹后旋律渐起，时而如泣如诉，时而哀婉凄凉，时而缠缠绵绵。小泽征尔听着听着，不禁泪流满面。突然，他从坐着的椅子上顺势跪下去，坐在身旁的院长惊呆了，还以为他因年事已高，出了意外，赶紧拉他的手想扶他起来，可他却不肯，虔诚地说，这种音乐应当跪下去听。就这样，他一直跪着，双膝并立，直到曲终。演奏结束后，小泽征尔泪水满面，站起来对姜建华深情地鞠了一躬说："谢谢你的演奏，要是早点听到你用二胡的演奏，我是根本不敢指挥乐队再演奏它的。"随后他喃喃自语：这是真正的天籁，是世界级名曲！小泽征尔是谁？是世界顶尖级的指挥大师，《二泉映月》的作者是谁呢？是民间一个双目失明的乞丐艺人阿炳，演奏者是一个年轻的学生，可是小泽征尔下跪了，真诚地下跪了。不为什么，只因为他内心深处的感动和灵魂深处对音乐的敬畏，是音乐使他们三个不同时代、不同年龄、不同经历、不同文化的人内心情感产生了共鸣。这就是音乐的魅力。

音乐是时代精神的产物，是创作者的思想情感的一种流露与表现，欣赏者必须要带着感情去欣赏，要体会挖掘创作者内心世界和乐曲的内涵。音乐是空间艺术，它总是给人广阔的联想空间，欣赏者还要善于发挥主观能动想象力，激发欣赏者的共鸣，使欣赏者领悟其中的乐趣，得到艺术享受的愉快，得到精神上的满足！

歌唱的方法和技巧

歌唱，是一种生活态度，是对美好生活的赞美；歌唱，是一种生活情趣，为单调的生活增添一抹色彩；歌唱，是一种生活品位，于平淡之中体味朴实的快乐。歌唱不仅能丰富生活，更能舒缓压力，延年益寿。悠扬的旋律、悦耳的歌声，徜徉在音乐的海洋中，能使人们感到精神愉悦，身心放松。对于广大老年人来说，歌唱更可以说是步入音乐殿堂最直接、最快捷的方式了。

伴着广播、电视中的音乐而哼唱固然也称得上是歌唱，但这样唱对于我们身体的健康和精神的放松起不到太多的作用。我们这里要讲的，是真正意义上的歌唱，是需要掌握一定技巧和方式的歌唱。当我们提到歌唱的技巧，也许我们脑海中第一时间会想到那些歌唱家们的正统唱法，只是对于我们这些普通大众来说，这样的歌唱技巧是很难达到。然而，歌唱并没有我们想象的那么专业，只需要掌握一些简单的技巧，就能帮助我们调节心理和生理的状况，体验歌唱带给我们的快乐。

一、精神状态的自我调节

歌唱是一个由心理感受带动生理运动发声的过程，在精神状态不好的时候唱歌，身体内的发声器官和各共鸣腔之间不能很好地协调配合，就会有唱不出来或唱不上去的现象，这样容易对嗓子造成伤害，使心理受到不良的影响。因此，在唱歌之前首先要调整好自己的心态，如缓慢的深呼吸，调整心态的同时可以放松胸部和腹部的肌肉。保持一个轻松的态度进行歌唱，使心理产生更为美好的感觉，形成良性循环。

二、注重歌唱的姿势

正确的歌唱姿势，不仅是歌唱者良好的心态的表现，而且还关系到气息的运用，共鸣的调节以及歌唱的效果。在训练时，应让学生养成良好的演唱习惯，做到两眼平视有神、下颌内收、颈直不紧张、脊柱挺直、小腹微收和腰部稳定。

三、正确的气息练习

在做气息练习时，先做好正确的演唱姿势，保持腰挺直、胸肩松宽、头自如、眼望远处，从内心到面的表情都充满情意，然后"痛快地叹一口气"使胸部放松，吸气时，口腔稍打开，硬软腭提起，并与提眉动作配合，很兴奋地以后腰为主，将腰围向外松张，让气自然地、流畅地"流进"使腰、后背都有"气感"，胸部也就自然有了宽阔的感觉，如用"打呵欠"去感觉以上动作。但呼气时不要过深，否则使胸、腹部僵硬，影响发声的灵活和音高的准确，吸气时不要有声响，反之不仅影响歌唱的艺术效果，还会使吸气不易深沉，影响气息的支持，所以，在日常生活中要养成两肋扩张、小腹微收的习惯。

从生理角度讲，气息是唱歌的原动力。在唱歌的过程中，我们需要根据音乐的节奏，主动地引导自己的呼吸节奏，而不是单纯靠肺部吸气，靠嗓子来发声。一般来说，在歌唱过程中采用的方式是胸腹式呼吸法，吸气的动力来自腹部，在正常呼吸的基础上加大加深；呼气则比较复杂，需要通过协调控制呼气肌肉群实现气流的平稳输出。演唱时需按照音乐的音调、力度、长短来"供气"。气息是制约广大老年朋友唱歌的一大障碍，很多人虽然热爱唱歌，但是由于身体机能的老化，总觉得力不从心，其实气息是可以通过一定的方式进行练习的。我们完全可以通过三个方面的练习，增加自己的气息长度，增强肌肉和气息之间的协调性以及气息和声音的结合程度：

1. 呼吸训练。呼吸是歌唱的前提和基础，只有掌握了正确的呼吸技术，才是真正地会唱歌。呼吸训练最主要的难题就是克服日常生活中习惯性的胸式呼吸，应掌握胸腹联合式呼吸技巧。传统的胸式呼吸，整个上半身的肌肉都要牵动，会导致呼气肌肉群的高度紧张、肩膀紧缩、双手握拳，十分费力，演唱过程中胸部明显的鼓胀收缩，气息很短，唱一个长句需要换好几次气，严重影响了演唱的效果。

胸腹式呼吸其实是很容易体会的。平躺在床上，把双手轻放在胸腹部，想象自然的呼吸过程。在吸气的过程中，感觉胸腹部在缓慢舒张，肺部下半部分也在舒张，而上半部分变化不大，气息在腹腔内贮存，这就是我们常说的"气沉丹田"。吸气过程完成后，使肺部保持扩张状态，腹部缓慢收缩直到自然状态，然后胸部回缩，这就是自然的胸腹式呼吸的全过程。有了初步的感受之后，可以进一步练习。缓慢地吸气保持几秒后，自然呼出，之后练习可以逐渐减少保持的时间，使呼吸更接近自然呼吸的感觉。我们可以用坐、站、躺的姿势来尝试胸腹式呼吸，这一练习可以有效地增加气息的长度。

在呼吸训练的过程需要注意几个方面。呼吸的气息量一开始不要太多，避免肌肉过度紧张影响练习效果；训练应持之以恒，每天都应进行相应练习，但一次训练的时间不应该过长，十分钟为限，避免老年人因机体功能衰退而产生头昏缺氧的症状；随着练习的逐步深入，可以适当的加上发声练习，提高吐字和气息的结合能力。

2. 发声训练。发声训练是歌唱技术中的关键，是歌唱发声的一种综合性基本技能的训练，学习歌唱就必须从最基本的发声练习开始。专业的歌唱演员每天都需要花费大量的时间进行发声训练，足见其重要性。发声练习可以使个人的演唱能力得到最大程度的发挥，可以增强个人生理条件下对音量、音准的掌控能力。

进行发声训练，要做到以下四点：（1）做获得气息支点的练习，体会吸与声的配合，利用科学的哼唱方法，体会并调节自己的歌唱共鸣。（2）学会张开嘴巴唱歌，上下齿松开，有下巴松松的"掉下来的感觉"，舌尖松松地抵下牙。（3）唱八度音程时，从低到高，母音不断裂连起来唱，口咽腔同时从小到大张开。（4）气息通畅的配合，发出圆润通畅自如的声音。发声练习的目标是"打开"喉咙，使气息与声音结合，协同个人的整体共鸣，产生较大的音量，同时保持圆润、优美的音色。在发声练习前，要保持平静的心态，使得咽喉部的肌肉充分放松，有利于打开喉咙；同时在训练时还要保持良好的身姿，双脚开立、挺胸，保证气息的通畅，也有利于发声训练的进行。

对于广大老年人特别是没接触过声乐知识的老年人来说，发声练习是比较重要、比较困难的一步，因为它同时要兼顾气息、音律、音准等多个方面，所以老年人的发声练习应该本着从简从易的原则，哼鸣练习是一种简单有效的方法。所谓哼鸣练习，是最基础的"M"音，口微闭合，上下牙齿稍微分开，感觉声音从额头处哼出。在哼的过程中，气息保持均匀，不要出现明显的轻重音。哼鸣练习是一种感觉型的练习，需要自己慢慢体会，感觉所有的哼鸣音会向一个方向靠拢。

3. 共鸣训练。我们之所以能发出洪亮的声音，正是用到了共鸣。

共鸣区有头腔、鼻腔、口腔、胸腔和腹腔等。在唱歌的过程中，共鸣腔的运用使我们每个人的声音都有了独特的个性。老年人随着年龄增长，声带老化，音调低沉，共鸣在此时就显得尤为重要。人体的共鸣效应主要集中在三个部分：头腔共鸣，头腔会有反射的振动感，它主要作用在头部的鼻咽腔、鼻窦等，使声音丰满、明亮；口腔共鸣，包括口腔和喉腔，是中声区主要的共鸣腔，使声音响亮，吐字清晰准确；胸腔共鸣，是低声区的主要共鸣腔，它包括声门以下的器官和整个胸部，共鸣时胸部有明显的振动感，使声音浑厚、洪亮。

男性、女性在进行共鸣训练时有不同的侧重点。男性声音较为低沉，因此胸腔共鸣用的多一些；女性声音较为高亢，更多的用到头腔共鸣，但切记要注重整体共鸣。所谓整体共鸣，就是在唱低音时，尽量保持头腔的共鸣，鼻腔尽量张开；唱高音时尽量保持胸腔共鸣，喉咙尽量放松，音乐越高越强的时候，胸腔也随着向外扩张。鼻腔共鸣也是一种常用的共鸣，鼻腔共鸣的训练和发声练习中的哼鸣练习有一定相似之处，可以互相借鉴。头腔共鸣是鼻腔共鸣的进一步延伸，感觉声音通过鼻腔传导到头腔中，这样就能发出靠前的声音。如果一下子感觉不到头腔共鸣，可以从鼻腔共鸣来启动，带动头腔共鸣。

4. 对立统一。就是掌握歌唱中几个对立与统一的关系，从会唱歌达到唱好歌的层次。歌唱中声与字的对立统一是十分重要的，"重字轻声"或"重声轻字"都是不可取的。在歌唱中，无论是气、声、字，都是对作品内容情感的表达。在行腔中发音状态、语言的表达都处在变化之中，在演唱过程中要充分体验作品所蕴涵的感情，通过演唱的技巧将这种情感更好地表达出来，引起听众的共鸣。

四、发音练习

发音练习的目的，归根到底是为了更完善地演唱歌曲，所以必须要注意咬字、吐字的清晰，正确地掌握语言的回声，明确汉字语言的结构规律，将歌曲曲调与咬字、吐字结合起来练习。练唱时，将每个字按照出声、音长、归韵的咬字方法，先念几遍，再结合发声练习，以字带声，力求做到字正腔圆、声情并茂。演唱时发元音的着力点，应尽量接近声区的集中点，使三个声区的共鸣得到衔接和灵活调整。

歌唱艺术是声音与文学相结合的艺术。我们唱好歌曲，不能只讲声音，不讲感情，反之也不行。我们应对歌曲的思想内容、表现手法以及词曲作者、歌曲的时代背景，有个全面的了解和分析，再进行适当的处理，把歌曲的艺术形象准确完整地再现出来，达到以情带声，声情并茂。

五、唱出好身体和好心情

随着社会的发展，人民生活水平也逐渐提高，老年人也开始更加关注自己的健康。平常我们可以通过晨跑、太极等方式来进行体育锻炼，殊不知歌唱也是一种有益身心健康的锻炼方式。传统的锻炼方式，如长跑，并不适合老年人长期锻炼，因为这样对老年人的心脏或者关节都不好。但唱歌却能达到一举两得的效果，既轻松自然，也使得老年人受益匪浅。此外，老年人心理情绪是健康的关键。通过歌唱来改善老年人的心理状态，抒发心理压力，是一种行之有效的方法。老年人参加集体歌唱，以歌会友，还能够增进交流，提高社交能力，消除孤独感和忧郁情绪，保持乐观向上的生活状态，以好的心情保持好的身体。

首先，从心肺功能上来看，歌唱中采用的胸腹式呼吸方法就是一项十分有效的"有氧运动"，对心脏和肺部的健康十分有利。据科学统计，一般成年人肺活量是3500毫升左右，而歌唱家的肺活量在4000毫升左右，而老年人的肺活量会大大低于青年。所以经常练习歌唱，使肺部能保持良好的弹性和充裕的容量。同时，歌唱中的共鸣是随着歌声在腔体内进行振动，是一种有节律的振动，可以让肌体放松、很舒适，延缓脏腑的衰老。歌唱时通过肌肉的伸缩和腹腔运动的压力变化，可使肠胃肌肉增强蠕动，改善消化能力。

唱歌能增强人体的免疫功能。美国加州大学的研究人员发现，歌唱完成后，人的体内一种名为 IgA 的免疫球蛋白含量增加了 150%，美国研究人员并对两组年龄在 65 岁以上、积极参加社交活动的老年人进行了对比。一组老年人是积极参加歌唱活动的，另一组老年人是参加其他活动的，一年之后，第一组老年人的健康指数要比第二组老年人高出许多，而且去医院看病和吃药的次数也减少了。

在认知功能方面，主要通过记谱背歌词。唱歌需要读字准确，让听众明白歌词的内容。读字是唇齿舌的运动、配合。很多汉字的读法都分字头、字腹、字尾。比如，香、山、方等很多汉字都是字头小，字腹大，字尾收。唱歌时按照头、腹、尾读字是为了把歌曲的旋律唱优美，用唇齿舌把每个字"画"出来。唱歌时，人会竭力想唱对歌词、唱准旋律，以期唱得更好。被人夸奖唱得好，又可以使自己的虚荣心得到满足。长时间坚持背记，患老年痴呆症的几率可以减少，甚至有助于恢复一些认知功能，而且会延缓衰老，心态年轻。

歌唱不仅仅对生理机能有所改善，对心理机能也是一种有意地调节，并是一种抒发情绪的良好途径。当你伤心或愤怒的时候，使人体产生很多危害物质，放声高歌是一种很好的发泄方式，烦恼会随着歌声释放。歌曲中有不少是歌颂祖国、歌颂新时代、怀念故乡、赞美大自然的歌曲，听它唱它，会使你心旷神怡、悠然自得。

歌唱对于调整自主神经平衡有重要意义。唱前的紧张、唱时的兴奋、唱完后的舒心及满足感，能使人精神上有张有弛，同时又能起到释放消极情绪及精神压力的功效，自主神经的功能也得到改善。

由于唱歌时是用腹式呼吸的，可以带动横膈肌上下频繁运动，强化心肺功能。不仅使全身的血液循环得到改善，深情演唱还可以促进有助抗衰老的激素的分泌，让人皮肤充满光泽，仿佛返老还童。所以说，歌唱也是一种抗衰老的好办法。

老年人唱歌，能消耗多余的热量，跟唱曲的长度和演唱方法有关，一般来说一首歌大致能消耗 10~20 千卡，慢跑 100 米也只能消耗 27 千卡。可见，唱一首歌消耗的热量还是相当可观的。

对于老年人来说，应多参加集体活动。如在合唱团里，大家年龄相仿、兴趣爱好相同、活动丰富，相互交流各自的想法，以歌声为纽带，消除了孤独感。若参加演出时，在舞台上身穿漂亮的演出服，唱着优美的歌曲，这是一种多么美的生活享受啊！如果自己的老伴也能一起参加，更是让人羡慕。

在北京的景山公园、陶然亭公园、紫竹院公园、玉渊潭公园等，每天都聚集着众多来参加歌唱的老年人。每年一度的景山合唱节更是吸引了大批市民前往，极大地丰富了老人们的休闲生活。一位老人说过，刚开始参加这项歌唱活动时，并不懂发声、运用气息等，通过这几年的训练、演出，演唱技能得到很大的提高，有时老师竟然还让这位老人领唱。大家在一起唱一些老歌，回忆起曾经的年代，似乎又回到了风华正茂的年纪，使自己焕发了青春活力。

歌唱的养生之路

在这里通过合唱来谈谈养生。作为一种极具亲和力的群众艺术，合唱最适合广大赋闲在家的老年人了。它是一门迷人的艺术，多个声部的组合，使音域更为广阔，那富有磁性的、丰厚而饱满的和声，常给人的心灵带来无比的震撼与感动。很多老年人通常觉得孤单寂寞，通过合唱这种形式，可以抒发情感、交流经验、结交朋友。使自己融入新的圈子，淡忘了忧愁和烦恼，振奋了精神。合唱需要集中精神，练眼力、练听力、练发音等，老年人通过这种形式聚集在一起，能够强身健脑、修身养性、延年益寿。

合唱作为音乐艺术中一种十分重要的表现形式，是人类文化宝库中的无尽宝藏，在面对当前社会上种种纷繁复杂的文化生活时，更展现出了它独特的宁静与美丽。古今中外经典的合唱作品都同时具有形式美与内容美，是人类音乐文化的结晶。一首超凡脱俗的歌曲更能净化心灵，启迪思想和陶冶情操。在合唱的过程中，歌唱者不仅要运用理性、还要调动感性来学习和进行练习，这样才能将一首首合唱歌曲融会贯通，甚至在理解音乐的基础上进行对作品的再创作、再演绎。《乐记》中曾提过"音乐者，流通血脉，动荡精神，以和正心也"。也就是说，音乐可以培养人的性情，调节人的心智，还可以旺盛食欲、善制躁怒、善消忧郁和通调血脉。又如《黄帝内经素问·脉要精微论》中记载："声合五音，色合五行，脉合阴阳。"说的是梦境产生的病理及原因，而五声中"笑"和"唱"是同样重要的，都能够产生梦境。对于健康，"笑"和"唱"的效用也一样，唱歌可以让人保持愉悦的心情。在歌声中，人们体会到的是超脱自然和生活的乐趣，能够淡忘世上的琐事。所以不要觉得自己歌唱得不好就不唱，一定要大声地将内心的感情通过歌声表达出来，因为喜欢唱歌会让你受益终生。

所以对于老年朋友们组建合唱团，我们应抱以支持和鼓励的态度。在这里我对老年人在合唱训练方面，提出几条简单的建议供大家参考：（1）注意身体健康。这是最重要也是最基本的内容，老年人身体不能承受长时间的训练，所以要根据个人的情况调整训练时间。而且要远离烟酒，因烟酒对声带的伤害很大，特别是在唱歌前后。（2）在参加一些合唱比赛，但应该淡看奖励名次，保持良好的心态。（3）合唱曲目难度应该适中，不要盲目追求演唱的效果。如果曲调太高，可以适当降低音调，以防发生意外。如果曲谱比较复杂，可以适当简化。（4）如在训练时出现了健忘等现象应该宽容理解。容易健忘的老人在身体条件允许的情况下应加强练习，一方面锻炼自己的思维，另一方面也是为了集体的利益。（5）注意选择适当的排练地点，因有些老年人积极性很高，唱歌的时候喜欢用力大喊。这样，一方面不利于合唱的和谐，另一方面也容易影响到其他人。要学会边唱边欣赏，就是在自己演唱的同时，还要学会听其他声部，这是一种身心配合，体脑协调的综合智力运动。

总而言之，对于老年人来讲，培养歌唱的爱好对自己的身心健康大有帮助，而掌握一定的技术之后，能够更好地发挥歌唱本身的魅力。

一、愉悦身心、有益健康

有一家老年康复中心很特别，那里有一群老人每天在指定的时间段学歌唱。这是由住院病人组成的合唱团，他们在演唱时神情认真，如跟不上还主动要求再唱一遍。这个老年合唱团已经成立快一年了，年龄最大的已经92岁，演唱曲目都是革命老歌。排练时间是每周一至周六上午9点半到10点，晚上6点到6点半，周日休息。有一位老人是一年多前住进老年康复中心的，当时她是因肺部有病住进来的。在参加护理中心老年合唱团之后，老人的肺病一天天有所好转，真是神奇。原来是歌唱时需要调整气息，使肺部得到了锻炼，唱着唱着肺功能就变好了。每当提到这事时，老人都特别高兴。

现在有越来越多科学研究者也将对唱歌的研究重点从艺术的价值转向对人体本身的价值了，不仅用科学理论进行细致全面的分析，并且在世界范围内进行了大量的实例调查。一项由德国法兰克福大学对31名歌唱业余爱好者所进行的研究显示，唱歌能够刺激抗体的产生，而这些抗体能保护上呼吸道系统免受感染。柏林一所大学的沃尔弗拉姆·塞德纳教授说，有规律地唱歌能够增强人的呼吸，提高人的氧气供氧量，刺激循环，使人的身体达到一种"平衡和具有活力"的状态。合唱除了对人的精神健康有相当的提升作用，对歌唱者的身体健康同样有切实的好处。它不像其他运动项目那样需要大量持续的肢体运动，但是同样能够通过调动全身各个部位的肌肉和神经一起活动，来达到丝毫不亚于其他运动的锻炼效果。练呼吸时，气流的一吸一吐能够冲开人体的横膈膜，形成一种有节奏的体内按摩，这种内部的循环按摩和深度供氧，是任何一项运动都代替不了的。一旦形成了这种内在的运动方式，就像打太极拳一样，用内力就可以化解身体很多问题，经络疏通了，血液循环也就畅通了。

　　同时，唱歌是一种呼吸新鲜空气的良好活动。它可以加强胸肌的力量和呼吸机能的新陈代谢；随心所欲地轻吟浅唱有利于消除工作中的紧张心理，能缓解人们在学习、工作和日常生活中产生的疲劳。音乐的节奏、旋律，能使人体产生共振，促使心脏有节奏地跳动；使人体各种活动协调一致，调动体内的能量和抗疲劳能力；使大脑神经系统兴奋，心情舒畅，加速内分泌；促进神经细胞的冲动反应，从而使血管扩张，改善血液循环，调节呼吸系统，增大氧气的吸入量。由此看来，唱歌同游泳、划船等运动在健身方面具有异曲同工之妙。

二、和谐相处、净化心灵

　　合唱艺术总是给人一种抹不去的情结，它能够洗涤人的心灵，增进人与人之间的感情。在人与人的心理距离渐行渐远的当今社会，合唱团能够给相当一部分人提供一个情感交流、互动的平台，尤其对于老年人这一特殊群体，他们需要来自更多人的关爱。

　　合唱不仅能够让他们在健康向上的文化娱乐氛围中，以最放松身心的方式学习知识，同时也会在团体中慢慢地学会相互倾听、相互帮助、相互尊敬。在参加合唱团训练的时候，还培养了合唱者的集体意识，因为合唱团里的每个人都对团体至关重要，大家都要遵守纪律，团结一心，紧密配合团里的其他成员，才能将合唱团打造成一个真正和谐、完美的演唱团队。"个人融在集体中，个性融在共性中"，讲的正是这个道理。

　　另外，合唱是一门高雅的艺术，它要求演唱者用科学的美声发声方法，声音能够收放自如，浑厚纯美，具有相当的感染力，为了配合这门艺术的身份，演唱者们往往会全身心地投入，带着饱满的情绪，尽最大努力来使演唱能够震撼心灵。在这种状态下，演唱者下意识就被陶冶了情操，很容易产生一种自然的心理暗示，认为自己必须用高尚的品行来规范自己，进而渐渐向往一些近乎完美的准则。长此以往，整个团队就形成了一种和谐向上的良好氛围,并且对合唱团里的每个人都将产生潜移默化的影响。

经常参加合唱活动可以使人们更好地融入社会,特别是对于中老年人,可以排遣他们因年龄增长而不断增加的孤独感。中老年人刚从工作岗位上退下来,在心理上难免会产生一种失落感,再加上年龄大了各种病、痛乘机而来,有的甚至悲观厌世,失去对生活的信心,如果再遇上不顺心的事情(如失望、丧偶、离异等)那就更遭了。参加合唱是一种解脱。在合唱团里与同龄人在一起,有男、有女,有说有笑。合唱强调"只有我们,没有我"在发声训练上强调不能突出个人,要用耳朵唱歌(要既能听到自己的声音又能听到别人的声音),这就是在思想意识上把个人融入合唱集体中去了,这对防止孤僻症有很大好处。

三、启迪智慧、年轻心态

合唱要求学习演唱者要背谱、记歌词,当学习外国音乐艺术作品的时候甚至还要了解一些外文的发音和吐字。这些无形中都会让老年人学到很多知识,并锻炼老人的记忆力,防止得痴呆症。假如合唱学习投入,有很好的学习成效的话,老人的感觉敏感程度也可以一同被提升。演唱中音调、音强、音色三者的协调控制,与周围其他人声音的配合,对老年人更是不小的挑战。当然,这些都能做到更好,如做不到也没关系,重要的是在娱乐的同时有所收获、有所满足,能让老年合唱者们感觉到自我生活的充实、自我能力的提升和自我价值的体现。至于合唱使老年人看起来更加年轻,是因为在唱歌时嘴要张开很大。嘴张大后,面部的皮肤被拉扯,皱纹就会减少,这样就显得年轻。

近年来,那些所谓的"快餐文化"越来越多地占领了人们的精神阵地,充斥着我们的生活,人们真正渴望的精神家园却越来越浮躁、破败。于是,很多人抑郁了,产生了许多心理上的疾病。这时参加到合唱当中的老年人就会找到自己的精神家园。在合唱的精神家园中有自己的寄托,他们就能振奋自己的精神,让自己拥有年轻的心态。同时,合唱的歌曲能够很好地表达每个人的思想感情，可以给人一些思想上的启迪和高尚情操的陶冶。倘若老年人在事业上还有壮志未酬的心结，可在《出塞》等优秀作品中找到共鸣，在《大江东去》等作品中找到慰藉。心结被打开后，就可以摆脱郁郁寡欢的生活，越活越年轻也将不再是梦。在中国的南方省份广西，有个地方叫巴马，那里的女人90%都能享受90年以上的生命。科学家认为，这个地方的女性之所以长寿，缘于她们对合唱的喜爱。通过合唱，她们得以表达内心的情感，促进了免疫系统，长久保持了头脑的灵活度，也培养了积极的心态。

合唱曲中有不少是歌颂祖国、歌颂新时代、怀念故乡、赞美大自然的歌曲，听它唱它，都心旷神怡、悠然自得。合唱也有着精、气、神，那就是精神投入、深呼吸运气发声、神情自然愉悦的表现。在合唱中的排练、演出过程都是需要集中精力去完成的。在此过程中，人们可以忘掉一切杂念、烦恼和痛苦，置身于活动中，排练、演出的成果更会使人开心。

每当一部合唱作品完美的展现出来时，往往是合唱队员们克服了许多困难苦练才有的结果，如有音准、音高的难度，有情绪表现的难度，有背词、谱的难度等技术上的困难，在大家的共同努力下，把作品按要求在舞台上表现出来了，演出成功了，这是非常令人高兴和自豪的事。

往往一部高难度的作品在刚开始练时，通常被大家看做是一件高不可攀的难事，可一旦成功，特别是得到别人的赞美和肯定时，人们的自信心自然大增。再比如一些具有时代意义的优秀作品，像《红梅花儿开》、《深深的海洋》、《莫斯科郊外的晚上》、《教我如何不想她》、《康定情歌》、《在那遥远的地方》、《在银色月光下》等，合唱队用非常年轻的音色唱出这些歌，心情也能回到年轻的年代，在歌声陶醉中找回青春的感觉。只有保持这种年轻的心态，才能唱出年轻的声音，才能找到年轻的自信。

四、充实生活、丰富情感

很多退休老人有很多能量和热量可以释放,他们并不想过早的休闲下来,所以在心理上造成一种失落感,甚至是挫败感。因为退休后的老人天天闷在家,不到外面和人打交道,又很少参加一些团体活动,整天操心一些琐事,甚至有可能时常为鸡毛蒜皮的烦心小事而闷闷不乐,自然就会无限烦恼在心头了。但是如果生活充实了,人的视野开阔了,境界就提升了,生活中的一些区区琐事就可以泰然处之了。但不得不承认,人老后很多病、痛乘机而来,在身体饱受折磨的同时,心里也极有可能会有悲痛和伤感。特别是性格内向的老年人,缺少与人交往,也许会因没有合适发泄情绪的对象,和缺少关心他们的人而造成身体和心理上的恶性循环。这时,真的不妨试一试,参加合唱是一个好去处。因为合唱能够解除人的烦恼,给人以一种心理上的安抚,这些先人传承下来的有益文化蕴涵着振奋人心的力量。合唱团是一家人,相互关心,相互照顾,男男女女,说说笑笑。就算合唱唱得不好也不要紧,在合唱团的大家庭里大家能体会到爱和关心。有了爱和关心,生活中的烦心小事也就有了解决的动力。遇到了大事,也有老友们商量着来,大家为你排忧解难。人文社科调研专家发现,经常参加唱歌活动可以使老年人更好地融入社会,缩小他们与高速发展的社会的距离。因为这能排遣因年龄增长而不断增加的孤独感,让他们感到"只有我们,没有我"。在合唱排练过程中,特别是在发声训练上强调整体和谐,不能有"个人英雄主义",这就要求要用耳朵唱歌。这都让集体观念、整体观念深深地在意识里长期树立下去。让刚刚退休的同志感觉像从一个集体到另一个集体而已,没有失落感。

合唱,是一门有魅力的艺术,尤其是多声部的混声合唱,更让人心旷神怡。常给人的心灵带来感动和震撼是那富有磁性的人声所构成的丰厚而饱满的和声。合唱带给人的震撼是远远超乎想象的。有报道称,欧洲某小火车站,盗窃案件频频发生,警方没有有效制止的方法。也不知是谁想出个主意：在广播里不停地播放贝多芬的《欢乐颂》合唱歌曲，这招果不其然十分有效，犯罪率明显下降。这说明了合唱艺术作为人类文化宝库中的瑰宝具有很强大的积极能量，使人心态积极阳光，甚至连恶人都能被感化。这种积极阳光的心态正是老年生活最需要的。

此外，说到歌唱，就不能不提到戏曲。好戏能把人唱醉。戏剧有角色，有情节，能感人肺腑，动人心灵，可以使人哭，也可使人笑，是治病的良药。当然，观看戏曲必须根据不同情形、不同心情来选择。凡情绪低落、忧郁的人，应当选择热闹、欢快的喜剧或结果使人欣慰的戏。因热闹戏有振奋精神、增补元神的作用。凡情绪狂躁、亢奋的人，则应当看恬静充满柔情的戏，才能刚柔相济，有利于养生。

中国的地方戏剧种很多，每个省份都有自己的代表剧种，有的还不止一种，不少地区、县，甚至一些乡都有自己的剧种，全国剧种的数目在360种以上，用"百花齐放"来形容它一点也不夸张。中国戏曲的代表是被称为"国粹"的京剧，它的影响不仅遍及全国，而且已经超出了国界，成为世界流行的剧种。它早期被称为"皮簧戏"，包括西皮、二黄两种腔调，后来逐渐融入了昆曲、吹腔、秦腔、民歌等多剧种特色，才形成了目前所看到的京剧。京剧有生、旦、净、末、丑、五大行当，出现了像梅兰芳、程砚秋、荀慧生、尚小云、徐碧云等"五大名旦"。京剧不仅讲究唱腔和做派，而且讲究穿着和脸谱，特别是象征人物形象、性格、政治特征的脸谱，更引起人们的兴趣。在中国，普通老百姓都能通过脸谱认出戏中的好人坏人，红脸表示忠烈耿直，如关羽；黑脸表示刚正不阿，如包拯；白脸表示奸诈，如曹操；绿脸表示草莽好汉，如蒋平等。此外，还有表示干练勇猛的黄脸、少壮毒辣的灰脸、邪恶寇盗的蓝脸、神怪仙佛的金银脸等。脸谱不仅是舞台角色的演出道具，而且已成了民族文化的象征。近年来，这些脸谱还被印在布料上，画在蛋壳、鹅卵石上，作为工艺品出口，从另一侧面展现出京剧艺术深远的文化内涵。欣赏戏曲，包括听音乐唱腔、看做派演技和领会剧目的故事情节等综合内容，给人最直接的感受是放松了心情、愉悦了耳目、休息了身体、缓解了疲劳、受到了感染和启迪。有些戏曲看了之后使人心情平静，起到安神镇静的作用；有些则使人兴奋不已，起到提神助兴的作用；有些使人怒发冲冠，起到激励鼓舞的作用；有些使人茅塞顿开，起到舒心解郁的作用。汤显祖说，戏曲能使"瞽者欲观，聋者欲听，哑者欲叹，跛者欲起"，甚至勾魂摄魄，令人绝倒。我国的戏曲，属于用传统乐器演奏的一种古曲音乐，对人的健康是有益的。近几年在不少地方兴起的"戏曲茶座"、"戏迷角"、"票友会"等，是具有中国特色的健康娱乐形式，颇受老百姓欢迎。亲身参加演唱活动，对锻炼心肌和肺部机能，对提高大脑气血供应和增进食欲都是有帮助的。

总而言之，不论从形式还是内容上来看，唱歌都是老年人一种非常健康的活动，能在学会某门艺术的同时，带给老年人愉悦和健康。老年人这一社会特殊年龄群体，有着不同于其他群体的特点。一方面，老年人曾经年轻过；另一方面，老年人已不再年轻。到了老年，随着身体素质、健康状况、生活内容、生活方式、活动范围等一系列的变化，老年人的心理状态、精神状态等也会出现不同于年轻人的变化。老年人应客观地面对这些变化，自己应重视这些问题。因歌声是一个无比神奇的东西，在全世界都有一个共性，是人们所共同享有的，无论贫穷还是富贵，无论文化学历的高低，无论在城市还是在乡村，歌声面前人人平等。歌声是岁月留给人生的最好记忆，也是所有人的挚友，是老年人健康生活的一道最美丽的风景。

古琴：七弦为益友，两耳是知音

古琴是中国最古老的弹拨乐器之一，它以其历史久远，文献浩瀚、内涵丰富和影响深远为世人所珍视。有文字可考的历史有四千余年，据《史记》载，琴的出现不晚于尧舜时期。隋唐时期古琴还传入东亚诸国，并为这些国家的传统文化所汲取和传承。近代又伴随着华人的足迹遍布世界各地，成为西方人心目中东方文化的象征。2003年11月7日，联合国教科文组织在巴黎总部宣布了世界第二批"人类口头和非物质遗产代表作"，中国的古琴名列其中。2006年5月20日，古琴艺术经国务院批准列入第一批国家级非物质文化遗产名录，划分在"民间音乐"类。春秋时期，孔子酷爱弹琴，无论在杏坛讲学，或是受困于陈蔡，操琴弦歌之声不绝；伯牙和子期"高山流水觅知音"的故事，成为广为流传的佳话美谈。1977年8月，美国发射的"旅行者"2号太空船上，放置了一张可以循环播放的镀金唱片，其中收录了著名古琴大师管平湖先生演奏的长达7分钟的古琴曲《流水》用以代表中国音乐。

一、古琴的结构

琴一般长约三尺六寸五（约120cm~125cm），象征一年三百六十五天，宽约六寸（20cm左右），厚约二寸（6cm左右）。琴体下部扁平，上部呈弧形凸起，分别象征天地。整体形状依凤身形而制成，其全身与凤身相应（也可说与人身相应），有头、颈、肩、腰、尾、足。

古琴最初只有五根弦，内合五行的金、木、水、火、土，外合五音的宫、商、角、徵、羽。文王因于羑里，因念其子伯邑考，故加弦一根，是为文弦。武王伐纣，加弦一根，是为武弦，合称文武七弦琴。《琴当序》中记载："伏羲之琴，一弦，长七尺二寸。"曾侯乙墓出土的据说是十弦琴。

"琴头"上部称为额。额下端镶有用以架弦的硬木，称为"岳山"，又称"临岳"，是琴的最高部分。琴底部有大小两个音槽，位于中部较大的称为"龙池"，位于尾部较小的称为"凤沼"。上山下泽，又有龙有凤，象征天地万象。岳山边靠额一侧镶有一条硬木条，称为"承露"。"承露"上有七个"弦眼"，用以穿系琴弦，其下有七个调弦的"琴轸"。

琴头的侧端，又有"凤眼"和"护轸"。自腰以下，称为"琴尾"。琴尾镶刻有浅槽的硬木"龙龈"，用以架弦。龙龈两侧的边饰称为"冠角"，又称"焦尾"。

七根琴弦上起承露部分，经岳山、龙龈，转向琴底的一对"雁足"，象征七星。琴腹内，头部又有两个暗槽，一名"舌穴"，一名"音池"（一名"纳音"）；尾部有一个暗槽，称为"韵沼"。与龙池、凤沼相对应处，往往各有一个"纳音"。龙池纳音靠头一侧有"天柱"，靠尾一侧有"地柱"。使发声之时，"声欲出而隘，徘徊不去，乃有余韵"。琴没有"品"（柱）或"码子"，弹奏非常灵活。由于有效琴弦特别长，琴弦振幅大，余音绵长不绝，所以才有其独特的走手音。

琴前广后狭，象征尊卑之别。宫、商、角、徵、羽五根弦象征君、臣、民、事、物五种社会等级。后来增加的第六根弦、第七根弦，被称为文、武二弦，象征君臣之合恩。十三徽分别象征十二月，居中最大之徽代表着君王，象征闰月。古琴有泛音、散音和按音三种音色。泛音法天，散音法地，按音法人，象征天、地、人之和合。古琴形制的命名和象征意义，反映了儒家的礼乐思想和一向为中国人重视的和合之美，这两套表面看似相反的技艺，求达的是相辅相成的和合目的。从古琴形制命名所借用的社会秩序、等级的名称来看，有寓教于乐，礼化人伦的深意。

二、古琴的演奏技巧

"按欲入木，弹如断弦"是初学琴者打基础的基本要求。但作为古琴演奏技艺，仅有这点还不够。古琴对音色的要求，是纯正而甜美，所以在演奏中必须做到"刚而不燥，弱而不虚，刚柔相济，声情并茂"。"音宜古淡，节宜清晰"，洪亮如钟的散音，清晰透明的泛音和优雅柔和的按滑音，是在熟练地演奏技巧的基础上，靠左右手和谐地配合以及高度的艺术修养相奏而生的美妙乐章。

在演奏泛音时，右手在同一触弦点（岳山与一徽之间的中心点）

触弦，则弹奏不出最佳泛音音色；而在与岳山较近（距一徽较远）处触弦时，所奏出的泛音则音色清晰、透明、纯正。假如以《梅花三弄》的泛音主题音调，在两个不同的触弦点做一下试验，即使是一般听众，也可以清楚地分辨出不同的音色效果来。

在演奏中，关键在于放松，首先是精神上的放松。只有在精神上自然放松，才能全神贯注地投入音乐表现中去；其次是肩、臂、肘、腕直到指关节，都要自然放松。在整个演奏中，腕子放松是个关键，因为它起着控制和变换入弦和出弦的方向。只有腕子放松了，发音才有弹性，手也不易疲劳。只有在各关节都自然放松的基础上，从指尖上弹奏出的声音才会是松透圆润的。左手抚弦时也需要放松，只是在按吟的瞬间用力。

"按欲入木，弹如断弦"是对初学者的基本要求。而古琴演奏是一门复杂的学问，除了演奏者个人的气质修养之外，关键是在自然放松的基础上，左右手技法的熟练运用与和谐而有节奏地配合，靠肩、臂、肘、腕、指的统力协作，并集中着力于指尖的硬功夫，能演奏出既保持一定松弛度，而又富有弹性的较为理想的音色效果。按欲入木方为本，弹如断弦世称奇。"初弹知传声，再弹识伟情，久练得其神"这与国画从工笔到写意的规律是一样的。

三、古琴的保养

明代音乐家屠隆论琴时说："琴为书室中雅乐，不可一日不对清音。"也就是说，琴是一种不可闲置的乐器，琴越弹越好。其实，很多琴友都有这样的体会。琴是有生命的，当厚厚的漆面包裹着整个琴身的时候，体内的能力需要释放，随着时间的推移和琴身的振动，琴体会慢慢松透，漆面也会慢慢干燥，出现裂纹。琴体得到了呼吸，琴音就去掉了火气，更加苍劲、脆亮了，这也是断纹的由来。

弹奏古琴前要将手擦干净，以防手指上的水、汗、油等粘在弦上，使弦被弄脏或生锈而缩短寿命。弹奏后也需用干布擦拭琴身后悬挂于墙壁之上。古琴对于室内的温度，湿度要求甚高，它的面板是一整块木头雕出来的，一个地方有一个地方的湿度和气候，保养的不当古琴就会变形或者有裂痕，北方干燥城市切不可离暖气太近。

总之古琴的护理应注意：防止曝晒、受潮、碰撞。出门或不弹时，如没有盒子最好用布等物包裹。因古琴的内腔较大，并且木料裸露，特别是面板料松软，非常容易吸收空气中的水分，所以在阴雨天或黄霉季节不弹时，最好把出音孔遮掩，以免板面受潮后影响发音。

古筝：十指生秋水，数声弹夕阳

古筝是我国独特的民族乐器之一。它的音色优美、音域宽广、演奏技巧丰富，具有相当的表现力，深受广大人民群众的喜爱。筝常用于独奏、重奏、器乐合奏和歌舞、戏曲等的伴奏，因其音域宽广、音色优美，被称为"众乐之王"，亦称为"东方钢琴"。

一、古筝的结构

古筝的形制为长方形木质音箱，其结构由面板、雁柱、琴弦、前岳山、弦钉、调音盒、琴足、后岳山、侧板、出音口、底板、穿弦孔组成；筝的弦架"筝柱"（即雁柱）可以自由移动，一弦一音，按五声音阶排列。唐宋时筝有十三根弦，后增至十六根弦、十八根弦、二十一根弦，最早的筝以25根弦筝为最多，目前最常用的规格为二十一根弦；通常古筝的型号前用S163-21，S代表S形岳山，163代表古筝长度是163cm左右，21代表古筝弦数为21根。

自秦汉以来，古筝从我国西北地区逐渐流传到全国各地，并与当地戏曲、说唱和民间音乐相融汇，形成了各种具有浓郁地方风格的流派，通常有河南筝、山东筝、潮州筝、客家筝、浙江筝、内蒙古筝六个派系，其筝曲及演奏方法各具特色。

二、弹筝的姿势

弹古筝是一门精心益智的技术，对弹奏者的姿态也是很有讲究的，在古代弹筝的姿势有盘式、跪式，特殊场合采用的是站式。

琴桌式筝架比较稳固，琴桌的面板有助于筝的共鸣。琴桌的大小应适当，恰好放稳筝的四个角；筝与琴桌之间有一定的空隙，以便于出音；琴桌的高低适合放腿为宜。此外，琴桌的造型应美观大方，如采用类似人字形折叠筝架，应注意筝体能放置平稳，避免演奏中摇晃。如采用小筝放在腿上演奏，小筝筝头底部应加筝托，以防止上身体过分前倾，腿部不要挡住出音孔，琴凳不要过高，筝尾支架的高度应与琴凳高度相当或略高。

琴凳离筝体要近，尤其弹奏宽大的、弦数多的筝，一般身体前侧距筝体大约有6cm~10cm，应坐在靠近前岳山的位置上，坐的位置，应以方便演奏，便于充分发挥技巧为原则。身体离前岳山过远，将使右手演奏困难，影响对触弦的控制；离前岳山过近，左手按弦困难，右手拨弦不方便；坐的位置过高时，上身容易前倾；坐的位置过低时，容易紧张。

演奏者坐的姿势应该是：两腿自然分开、上身端正、两臂和双手松弛而自然抬起，精神饱满，态度自然。在演奏时既不要驼背，也不要过分挺胸；既不要拘谨，也不要松垮。切忌摇头晃脑、脚打拍子等坏毛病。正确的演奏姿势是：右脚蹬在固定筝架的踏板上，头部略俯视，双手按乐曲开头的指法自然伸出，做好弹奏准备。

三、古筝的乐理知识

为了使初学古筝的老警官朋友们对一些基本的乐理知识有一个简单的了解，从而解决学习中的一些疑问，现将部分基本乐理知识介绍如下，希望能够对老警官朋友有所帮助。

1. 音的性质。音所具有的物理属性，叫做音的性质。有高低、长短、强弱、音色四种。

2. 基音。以琴弦为例，由全弦振动所产生的音就是基音。

3. 泛音。由弦的部分振动所产生的音就是泛音。

4. 复合音。由基音和泛音结合在一起形成的声音，叫做复合音。复合音产生的原因是，当物体振动时，不仅整体发生振动声音，部分个体同时也在发出频率不等的振动声波，这些由许多部分发生的声音组合在一起，就形成了复合音。

5. 分音。构成复合音的各音，叫做分音。由全弦振动所产生的音，叫做第一分音，也叫做基音。由弦的二分之一振动所产生的音，叫做第二分音。其余依次类推。

6. 纯音。相对而言，只有一种频率的声音，叫做纯音。如音叉所发出的声音就是纯音。

7. 音域。即音的高低范围。通常指人声或乐器在整个音乐体系中所能达到的范围。

8. 音区。音区是音域的一部分，分高音区、中音区、低音区三种。

9. 十二平均律。将纯八度（相邻的两个同名音都构成纯八度）分为十二个均等的部分，这样的音律就叫做十二平均律。

10. 小节线。乐谱中使小节彼此分开的垂直线叫做小节线。它的作用是作为强拍的标记写在强拍的前面。

11. 节拍。有强有弱的相同的时间片段，按照一定的次序循环重复就叫做节拍。

12. 拍子。节拍的单位拍用一固定的音符来代表，叫做拍子。如两拍的节拍，单位拍用四分音符来表示，就叫四二拍子；用八分音符来表示，就叫做八二拍子。

13. 力度。音乐的力度即音乐中音的强弱程度。音乐中的力度和音乐中的其他要素一样，与音乐的内容有着密切的关系。力度记号可分为三种：字母力度记号如：p（弱）、f（强）、mf（中强）、mp（中弱）、ff（很强）、pp（很弱）等；文字力度记号如:crescendo 略写 cresc（渐强）、

dimin uendo 略写 dim（渐弱）；图形力度记号如：<（渐强）、>（渐弱）等。

14. 音程。在音乐体系中两者之间的高低关系叫做音程。音程可以用一些数字来表示，在自然音阶中音程所包含的音级数目，叫做音程的级数。一般用"度"来表示音程的级数，包含有几个音级，就叫做几度。

四、古筝的基本技法

古筝常用的演奏手法是。用右手的拇指、食指、中指来拨弦，弹奏旋律和控制节奏；左手在筝柱左侧，顺应弦的张力、控制弦音的变化和音高。筝的指法颇多，右手有托、劈、挑、抹、剔、勾、摇、撮等，左手有按、滑、揉、颤等。不论何种指法，核心原则是：以拇指为轴心，五声音列八度内的勾搭技法为特点的技法规律（拇指向外弹弦称之"托"，中指向里弹弦称之"勾"，勾托配合民间称之"勾搭"）。不论是启蒙初学，还是典范的流派筝曲，都是以大、中指为八度的弹弦位置，即以大指为演奏旋律的主要用指，食指活动范围在大、中指八度内的四根筝弦上。这就传统右手技法的主要特点。

左手传统技法是以吟揉滑按，以韵朴声为其主要特色，技法的种种变化又是地方流派的主要表现手段。首先是掌握吟揉滑按的基本概念的表现技法，进一步才足以掌握具有地方风格特色的特殊表现技法。

二胡：一根琴杆顶天立地，两根琴弦连接东西

二胡是中国民族拉弦乐器中的重要乐器之一，其温柔甜美的音色流传广泛，实用普及，是中国民族乐器的代表之一。

二胡的历史如果从唐代初期算起至今已有一千多年的历史了，早在唐代，居住在我国北方的少数民族中，就有一种二根琴弦的乐器叫溪琴，是用竹片拉奏的。宋代把溪琴叫嵇琴，在琴弓的构造上有了很大的发展，改用马尾代替了竹片，使这一乐器在音质、音色上产生了

根本的变化，大大增强了表现力。宋代沈括在《梦溪笔谈》中记载："马尾胡琴随汉车，曲声犹自怨单于。"这就明确了当时已经有了用马尾弯弓拉奏的胡琴了。元代，胡琴又有了进一步的改进。《元史》中记载："胡琴，制如火不思，卷颈，龙首，二弦，用弓拉之，弓之弦以马尾。"到了明清时期，随着各民族的文化交流，民间音乐、戏剧、曲艺的蓬勃发展，胡琴为适应各地区不同的音乐风格而逐渐形成了多拉弦乐器。现在除了二胡外，还有高胡、板胡、京胡、中胡、四胡等。近代杰出的音乐家刘天华先生对二胡作出了重大的变革与发展，巩固了二胡的空弦音高，规范了二胡换把以及创造性地发展了各种演奏技法，创作了10首著名的二胡独奏曲，并把它带入高等音乐学府，使之走上了专业化的道路。还有一位与刘天华同时期的杰出民间艺术家盲人阿炳（华彦钧），他创作并发展了很多二胡演奏技法，为二胡的演奏艺术发展起到了极大的推动作用。

一、二胡的构造及挑选

学习二胡之前，首先要对二胡的基本构造有个大概的了解。二胡由琴筒、琴皮、琴杆、琴轴、琴弓、琴码、千金、琴弦等部分组成。二胡的制作一般采用上品高密度的木质，紫檀木、花梨木、酸木、乌木、鸡翅木均可，其中紫檀木最好。

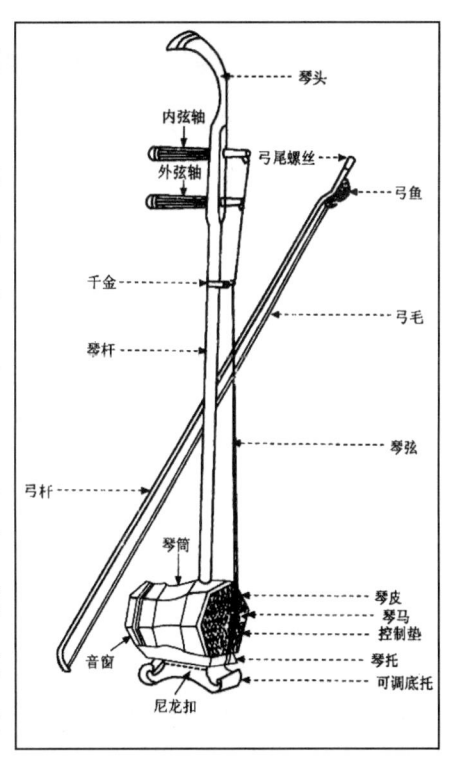

二胡的构造

1.琴筒。琴筒上皮膜为蟒蛇皮，以色泽鲜艳分明、鳞纹均匀、光滑带有油性、薄厚适中为上品，蟒皮的黄颜色越多越好。蟒皮的厚薄和蒙得松紧对二胡的音色影响很大，过厚则振动迟缓，过薄则容易出噪音，过紧则声音尖硬，过松则灰暗迟钝。新琴蒙的稍紧点还是比松的好。

2.琴杆。琴杆是整个二胡的支撑体，选用优质的整体木料一次性镟制而成。琴杆中间不可有节疤，不能搞拼接，否则很容易断裂。琴身的长度为83cm。琴杆质量好，在演奏过程中不会变形，能够保证音质优美。

3.琴轴。现在除了木质的轴以外，还有涡轮式机械轴、螺杆式机械轴三种。初学者多用机械轴，它的优点是调弦方便，不容易跑调，但在选购时要保证质量。一旦出现质量问题，很难处理。具有一定专业水平的演奏大多喜欢木料轴，自己通过别的方法来微调琴弦。

4.琴弦。弦有金属弦和丝弦两种，现在普遍都用金属弦。金属弦有银、铝、镍、合金等，每根金属弦一般使用半年左右，时间过长，容易出噪音或音不准。

5.千金。琴杆上扣住琴弦的叫千金。对琴弦起固定和切弦的作用，对音准也有一定影响。用棉线、丝线、金属线均可。长短、高低、松紧因人而异，以舒服为好。一般说，千金应固定在距琴码40cm左右。千金距琴杆为0.7cm，或以演奏者的大拇指宽度为准。

6.琴码。琴码是将琴弦的声音传导到琴筒的关键部件。二胡发出来的音质好坏与琴码的质量好坏有关。以松节制的为最好，其优点是音质比较纯净而明亮。松节码是用松树中的节疤制成。松树又分红松、白松、油松，以油松的松节为最好。还有使用黄杨木、软木、枫木、塑料、竹子等制成。底部有圆形的，也有椭圆形的，上部宽0.8cm，底部宽1cm。

7.琴弓。琴弓是二胡发音的关键工具，它的质量直接影响到音色的好坏。琴弓是由弓杆和弓毛两部分组成的。弓杆的用料有老红竹、江苇竹和凤眼竹节，以节少、杆直、粗细均匀为好。弓杆粗细、轻重、长短的标准可根据演奏的要求而定，一般以84cm为宜。过粗、过重，演奏起来笨拙，容易出噪音，过细、过轻则音量太小，轻浮。弓毛以白马尾为最好。要看马尾梳得是否整齐，两头是否捆扎得牢固，有不少劣质的琴弓用不了多久就因马尾松脱而无法使用。

"工欲善其事，必先利其器。"选择一把得心应手的好二胡是很必要的。知道了二胡的构造后，就可以在购买时按照标准去挑选了。

1.要看木质与做工的工艺。优质二胡的毛料、做工都非常讲究精细。从外形上要看木质的本色、纹路、重量、杆直等。

2.琴筒的皮膜颗粒是否均匀，颜色是否新鲜好看。

3.杆节少长而直，弓毛是否是马尾，是否多而齐。

4.最好要试拉一下，检查一下琴轴的灵敏度。音色要柔美而明朗，既不单薄，又不浑浊，高音明亮而低音淳厚，音质要纯而不噪，杂音和沙音比较少，音量要求在音色音质的基础上尽量求其大，不但共鸣大，还要声音传得远。

5. 价格的选择。可以多比较一下，初学者买一把中等质量的二胡就可以了。

二、二胡的正确持琴方法

食指：用第三节托住琴杆，一节、二节环抱弓杆。

中指：第三节上方托住弓杆，指肚靠近弓毛。

拇指：指肚放在弓根鱼稍前一点的弓杆上，指尖放在食指第一、二节关节处。也有用拇指抵住弓杆的方法。

无名指：放在弓杆与弓毛之间，主要是抵住弓毛。

小指：自然弯曲，放在靠无名指下方。

左手按弦，按弦一般用左手的指肚。左手手指按弦在记谱中用记号表示：食指"一"、中指"二"、无名指"三"、小指"四"。

指与指的距离是根据音程的度数大小而定的。参见下图（音位和把位图）。

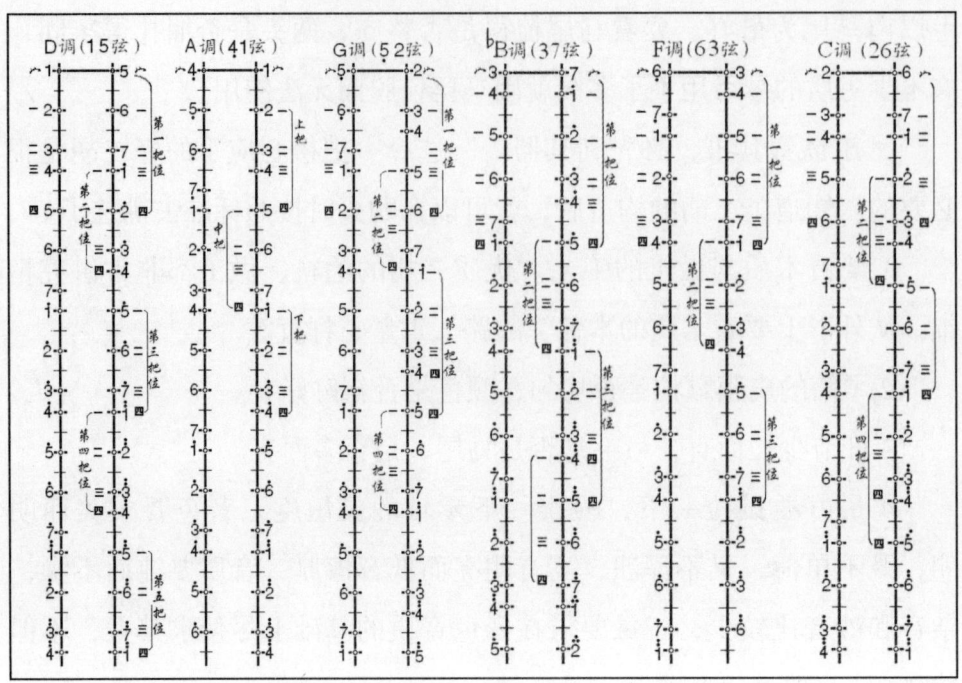

音位和把位图

三、二胡自学常遇到的问题

1.持琴的姿势。持琴有两种方法,即平腿、叠腿。不管哪种姿势都要求头正身直,脚落实地。左手持琴,把琴置于左腿根部,以"虎口"骑在琴杆上,稳定琴杆,手指依次排列,指肚按弦。右手握弓,肩、臂、腕指着力贯通,腰为力源,顺势牵动用力,仪态洒脱,稳重大方。手握"虎口"时,拇指略微弯曲,不要竖直地向上立起,也不可向下弯曲把琴杆握得太紧,掌心应成悬空状,握地太死不利于换把动作、上下移动及其他的技巧练习。左手持琴时,整个左手要放松,小臂自然下垂,与琴杆构成45°左右的角度,如果手臂抬得过高,手握琴杆太紧,手臂、手指容易陷入僵硬状态,按弦换把就会被动、死板、不灵活,影响按弦的质量。

持琴的姿势

2.调弦定调。一般都定调是内弦2、外弦6（D-A），也有1-5（C-G），可根据乐曲的要求和演奏者的习惯而定。如演奏《二泉映月》时的定调为降B-F，且用一种特制的琴弦才能拉奏出特殊的效果。还有的地方剧种也常按照需要来定调。二胡标准定音（D、A）的调名和弦名，参见下表。

调名	弦名
1=D	1—5弦
1=G	5—2弦
1=F	6—3弦
1=bB	3—7弦
1=C	2—6弦

3.音准问题。二胡这种乐器的把位伸缩性很大，它不同于键盘乐器那样有固定的指位，这给演奏者的音准提出了很高的要求，尤其在换把位到第二、第三把位时就很难控制音准了。有条件的话，可以自己跟随键盘乐器多唱、多听，学习一点乐理基本知识也是很重要的。

左手指在弦上颤动，使弦起着微小的一长一短、一紧一松的连续变化，使声音很有规则、很均匀地颤动就叫揉弦。二胡的揉弦有二种方法：第一种方法是改变弦的松紧（即张力），用手指的握力很均匀地使弦一紧一松地颤动着，这叫张力揉弦法。第二种是改变弦的长短，这种揉弦类似小提琴的揉弦方法。具体方法是用按弦左手手掌上下摇动来带动手指，使按弦手指的第一关节在弦上上下滚动，既能改变弦的长短，又能变换弦的张力。

在实际演奏中，根据乐曲效果的需要，可以选择使用。也可以用这两种方法相结合使用。

4.苦练加巧练，持之以恒，循序渐进。先练一种指法，力求方法、音准、单色、节奏的准确性。由慢到快，特别是快弓练习，要按方法由慢逐渐加快。不要贪多，更不要开始就接触一些难度很大的曲目,如果一开始就养成一些不好的习惯,将会直接影响到后来的学习进步。

四、二胡的保养

一把好二胡的寿命长短靠平时的保养好坏来决定的。

1.每次拉完后,最好把弦放松。如果初学者调弦有困难,也可以采用不松弦的方法,用一根和二胡筒宽度一致的粗铅笔放到琴码的上方位置上,以减少琴码对皮膜的压力,达到保护琴皮膜的作用。

2.新使用的弓子,不易擦上松香,可以用一些碎松香碾压在弓毛上,使其一次吃透。在以后的使用中,要勤擦松香,但每次不要擦太多,一般以拉二胡两三小时后擦一次松香。

3.南北方制作的二胡,因为气候的因素,对二胡的保养尤要多加注意。如果琴皮过紧,可以在皮膜上抹少许植物油,遇有皮膜松弛时,切不可用火烤、用热水浇。

4.在琴盒里放些樟脑丸,以防止虫蛀。

笛子:谁家玉笛暗飞声,散入春风满洛城

笛子是中国广为流传的吹奏乐器,因为是用天然竹材制成,所以也称为"竹笛"。笛子常在中国民间音乐、戏曲、中国民族乐团、西洋交响乐团和现代音乐中运用,是中国音乐的代表乐器之一。大部分笛子是竹制的,但也有石笛和玉笛。不过,制作笛子的最好原料仍是竹子,因为这种材料的笛子声音效果最好。笛子的表现力非常丰富,它既能演奏悠长、高亢的旋律,又能表现辽阔、宽广的情调,同时也可以奏出欢快华丽的舞曲和婉转优美的小调。然而,笛子的表现力不仅仅在于优美的旋律,它还能表现大自然的各种声音。

中国笛子历史悠久,可以追溯到新石器时代。那时先辈们点燃篝火,架起猎物,围绕捕获的猎物边进食边欢腾歌舞,并且利用飞禽胫骨钻

孔吹之（用其声音诱捕猎物和传递信号），也就诞生了我国最古老的乐器骨笛。1977年，浙江余姚河姆渡出土了骨哨、骨笛，距今约7000年。1986年，在河南舞阳县贾湖村东新石器时代早期遗址中发掘出16支竖吹骨笛（用鸟禽胫骨制成），根据测定距今已有8000余年历史。音孔由五孔至八孔不等，其中以七音孔笛居多，骨笛音孔旁刻有等分符号，有些音孔旁还加打了小孔，与今天的笛子音调完全一致，仍可用其吹奏现代民间乐曲《小白菜》。1987年河南省舞阳县贾湖遗址出土了七孔贾湖骨笛（距今约9000年），是世界最早的可吹奏乐器。

一、吹奏入门

很简单，只要能吹响"笔套"这个简单的小玩意儿，您就已经有足够的天分来学笛子了！现在，请先相信自己，再配合以下说明及方法要领，吹笛子是用口将气息吹进笛子的吹孔而发出的声音。吹响它的要领如下：

1. 嘴唇自然闭合，双手捧着笛子两端，左手握笛头，右手握笛尾，将吹孔置于下嘴唇下沿，对准吹孔吹气。

2. 当气息冲出时，只让出小空隙使气息通过，并使成为一束气柱往吹孔下方斜着吹去。其原理就如同吹响笔套一样。

3. 为使气息冲出时不将两唇冲开，而致气息散掉，两颊肌肉必须用劲，保持气息的出口很小。

4. 吹出来的声音要求纯净，避免夹杂气声。

5. 要对着镜子常练，体会如何对准气孔，使发音位置正确，不偏不倚，使气息全部化为笛音。

二、笛子的选购方法

选择笛子，应从笛子的质量和类别上来考虑。笛子的质量，除取决于笛管本身的质材好坏外，还取决于制作水平的高低。选择、购买时，应进行检验：

1. 检验笛子的竹质。笛管要求竹质坚实（竹纹老）、竹纹细密、管身直而圆。笛身一般头部比尾部略粗,但差别不宜过大。笛管厚薄适中,内壁平整光滑。全身无虫蛀、裂痕等现象,造型美观大方。这些要求,凭视觉便可以鉴定。

2. 检验笛子的音准。方法是按照校音仪器标准音笛或定音乐器(手风琴、电子琴等)对照试吹。主音确定后,再按音程关系,对笛子的全部发音的准确性进行检验。还可以吹吹各个泛音,看是否容易出音、干净。检验泛音也是检验实音音准的好方法。

3. 检验笛子的音量。一般来说,音量大者为好。音量大的笛子,共鸣大,振动力强,吹奏时手指上有时有一种发麻的感觉。

4. 检验笛子的音色。对音色的一般要求是松、厚、圆、亮。这一方面取决于笛子本身的质量,另一方面与贴膜技术、演奏技巧也有密切的关系。

5. 检验笛子的灵敏度。一般来讲,以气到音出、发音不迟钝为好,反应越快越好。

6. 初学者应选调性。同样一款竹笛有各种不同调性。怎么选择?一般来说,初学者以选用中音笛类,E调或F调笛子较为合适。因为这类笛子音高适中较易吹奏,演奏也常用到。如果有条件,想多选几支笛子,那么,除E调和F调中笛外,还可再选一支D调曲笛和一支G调梆笛,这两个调子的笛子也常用到。

三、笛子的保养

1. 新买回的笛子或自己新制作的笛子,如果发现竹质不太干,可将笛子所有洞孔堵塞住,然后灌进点盐水,泡浸一至二日(根据竹质湿度而定,竹质湿者浸泡时间应长一些),然后打开洞孔将盐水倒出,稍用清水冲洗,待一小时后,再在筒内涂些熟过的植物油(最好是油汤辣椒的纯红油,用此油日久可使竹体变红,永不生虫、破裂),便可使用。如果买回来的笛子本来竹质很干而又坚固,最好用酒精擦洗一下笛筒和吹孔的周围,以达消毒之目的。另外,竹内的少许水分也会随酒精的挥发而排除。

2.专业吹笛的人，都有一个笛盒，平日将笛子放在里面。如果没有盒,可做一个布套（最好是夹层或棉的）,最好做一个宽的,一个窄的。宽的夏天用,窄的冬天用。套、盒都没有,可用一块干净的布来包住笛子,以免风吹日晒，灰尘进入。

3.每次吹完之后,一定要将笛筒内的口水倒出来。最好做一个布刷,口水倒出后,捅进去轻轻擦一擦,然后再装入盒或袋内。这样就可以避免口水在笛筒内发霉发臭，以至笛筒腐烂。

4.天气过热或过于干燥时,最好做一个"笛胆"（用相当笛筒长度的小棍,缠上几层干净的布,抹上些油）,不吹的时候可将它塞入笛筒内,以防止笛身破裂。"笛胆"粗细要和笛筒的粗细相适应,粗了塞不进去,细了挨不上竹壁,起不到润笛作用。

5.笛子使久了,笛筒内会有许多灰尘。加之潮气的浸透,结成了污垢,这不但不卫生,还常常发出臭味,影响笛子的音色和音准。这时,就需要洗涤。没有笛盒和笛套的,应定期内洗涤。洗涤时不宜用水清洗,笛子的浸吸水分太多,一湿一干,很容易破裂。洗涤时可将软布或药绵等裹在木棒上（木棒要细不可太粗）,浸上酒精（最好是医用酒精）擦洗。

6.由于天气冷热变化太大,或者笛子的竹质过嫩、竹节过少,笛身都易破裂。为防止或者弥补破裂之后,可在笛子两端和吹孔至膜孔之间、膜孔至第六孔之间的两处,用丝线捆缠（有伸缩性的塑料最好不用）,还可以将头尾用铜（或铝）圈箍住。

葫芦丝：亲切婉转，音色醉人

葫芦丝（又称葫芦箫）是云南少数民族特有的乐器之一。主要流传于云南省滇西傣族地区,在布朗族、德昂族等少数民族中也较为流行。

傣族人民多才多艺，能歌善舞。在节日里，不论是在江中划龙舟或是在江边放"高升"（用竹筒制作的土火箭），还是在广场上"赶摆"或是在竹楼里饮酒欢宴，都可以听到动人的乐声。

葫芦丝的历史较为悠久，其渊源可追溯到先秦时代，它是由葫芦笙演进改造而成的。关于葫芦丝的来历，傣族民间流传着这样一个传说：很久以前，一次山洪暴发，一位傣家小卜冒抱起一个大葫芦，闯过惊涛骇浪，救出了自己的心上人。他忠贞不渝的爱情感动了佛祖，佛祖给葫芦装上了管子，小卜冒吹出了美妙的乐声，顿时风平浪静、鲜花盛开、孔雀开屏，祝愿这对情侣吉祥幸福。从此，葫芦丝在傣族人家世代相传。

一、葫芦丝的结构

传统葫芦丝属簧管类乐器，其结构由一个葫芦和两根（或三根）竹管组成，葫芦上端为吹嘴，下端与葫芦连接的三根竹管为音管，其中，中间一根较粗较长的竹管为主音管，主音管正面有六个音孔（按音孔），背面上端有一个音孔为第七按音孔，下端有一个泛音孔（出音孔）和两个穿绳孔。主音管顶端装有金属簧片，插入葫芦，其尾端装有软塞子。吹奏时，口吹葫芦细端，指按中间竹管的音孔。在奏出旋律的同时，左右两根竹管同时发出固定的单音，与旋律构成和音。葫芦丝因其音色轻柔细腻、圆润质朴、极富表现力，简单易学，小巧易携带等特点，近年来受到广大中小学生，音乐爱好者及中外游客的喜爱。一些葫芦丝乐器与现代电子乐器合奏，亦能体现两种乐器的完美结合，呈现了古典与现代结合的亲切婉转、温馨醉人的全新感受。

主音管音阶排列（以全按下主音管一至七个音孔吹奏作"sol 梭 [5] 为例"）从下到上依次为"mi 咪 [3]"、"sol 梭 [5]"、"la 拉 [6]"、"si 西 [7]"、"do 多 [1]"、"re 瑞 [2]"、"mi 咪 [3]"、"fa 发 [4]"、"sol 梭 [5]"、"la 拉 [6]"。副主音管无按音孔，因此装有簧片的副音管一端插入葫芦主音管左或右两侧，在葫芦丝吹奏时，如将副音管底端软塞取出，装有簧片的副管音就与主管音一同响起,但副管音只能发一个音。

现常用的葫芦丝有C调、小D调、降B调、F调、G调等几种。

二、葫芦丝的选购

葫芦丝的构造很特别,主要由三部分组成,即葫芦、竹管和铜质簧片,所以在选择上三个主要组成部分都应该加以认真筛选。

要选择成熟的葫芦、颜色发黄、皮厚结实;不成熟的葫芦则皮薄、颜色发白、容易损坏。竹管的选择非常重要,因为它直接影响音色的好坏。一支好的葫芦丝首先竹质应该细密老成,相对来讲有一定的重量,过轻了则不妥。簧片的选择尤为重要,簧片的好坏应有一定的技术标准、振动频率、抗疲劳能力等。这些指标受条件所限都无法加以验证,只能通过试奏感觉簧片振动与竹管耦合发出的声音好坏来加以选择。

选购葫芦丝最重要的就是音准问题,由于温差的变化对簧片振动频率影响很大,一支好的葫芦丝反差越小越好,相对稳定。鉴别音准,用全按做低音5的指法先吹奏最低音5(这个音不稳定多数偏高)和做高音6,如果这两个音试奏没有问题,再吹一下音阶看一下每个音是否发音干净,没有杂音(嘟噜)声。附管的主要要求就是音高与主管相同,音色干净,音量要比主管要小一些(音量不能超过主管,否则喧宾夺主)。

三、葫芦丝的演奏姿势

葫芦丝的演奏姿势分站姿和坐姿两种。(1)站姿的要求是:身体自然站立,双脚略分开,呈外八字站稳,两腿直立,身体的重心点放在两腿之间(必要时可左右移动)。上身挺直,但不能僵硬,头部直仰,胸部自然挺起,目视正前方。双肩松弛平衡,两肘自然下垂,两臂不可夹住身体,要与腰间保持一定距离(约10cm)位于身体正前方中心线。乐器与身体形成45°~50°。(2)坐姿的上身要求和站姿相同,一般坐在椅子的前三分之一处,双脚分立踏地,一脚稍前,一脚稍后,但不可架腿或两脚交叉。座位高低要适当,以免影响呼吸肌肉的充分运动。

四、演奏葫芦丝的呼吸方法

葫芦丝的呼吸方法一般可归纳为三种：胸式呼吸、腹式呼吸、胸腹式呼吸（混合式呼吸法），目前被公认为最科学的方法是混合式呼吸法。其优越性表现在整个呼吸肌肉群的协调动作，形成运动整体，因而气息的吸入量多，气息较深，呼气时也容易控制。

混合式呼吸是把气吸到小腹、胸腹之间以及胸腔。吸入的气尽可能多一些，扩张肺叶，胸腔中、下部和腹腔自然向外扩张使横膈膜下降。这时腹部和腰部都充满气息的感觉，而胸部则觉得比较轻松。正确的气体贮藏部位应是胸腔下部和腹腔。因此，吸气时，腹部不仅不能往里收缩，而且要微微向外隆起，腰部也随之向周围扩张。

吸气方法的练习，非常重要。管乐用得最多的就是气，若用气不对，不但不能演奏好，还会严重影响身体健康。这里提供几种方法：一是先将胸腹内的气息全部吹出，然后在全身非常轻松的状态下吸气。如果这时胸、腹腔内有一种冷气进入的感觉，就说明吸气方法和气体贮藏部位基本正确。二是还可以自己体会你在闻花香以及剧烈运动（如长跑、登山等）后的深吸气的吸气动作。吹奏时的吸气，要求在较短时间内吸入大量空气，因此，一般是口与鼻同时吸气，放松喉头。

呼气时，要求腹肌、腰肌和横膈膜始终要有控制（即保持一定的紧张度），使气息在有控制的情况下有节制地、均匀地向外呼出。随着气息地呼出，腹肌、腰肌等有关肌肉群随之逐渐收缩，横膈膜也随之复位。这里特别需要强调一点：刚呼气时，切不可立即收腹（应略向外"顶"）。因为立即收腹将造成腹部往里挤压，迫使本来下降的横膈膜提前复位，从而把气息挤到胸部，增加胸部的负担。当气息吹出约二分之一时，腹部分自然而然地往里收，这样的呼气过程是比较正确的。还有，不要等到气息全部用完了才去吸。

吹奏中有"急吹"和"缓吹"。急吹者气压大，气速较快。缓吹便是气缓慢地呼出。一般情况下，吹奏低音时用急吹法，吹奏中、高音时用缓吹法。总之，吹奏中的呼气始终要在一定压力的推动下均匀地输送出来。气息要平稳，不可忽强忽弱。可以通过吹长音来进行练习，也可以对着自己的手背呼气练习。通过练习，学习者将感觉到气息的速度、压力、稳定程度等，从而增强有意识控制气息的能力。

五、葫芦丝的吹奏方法

1. 右手无名指、中指、食指用第一节指肚分别开闭第一、第二、第三个音孔，拇指位于主管下方。左手无名指、中指、食指用第一节指肚分别开闭，第四、第五、第六音孔，拇指位于主管前下方的第七音孔。

2. 深呼吸、吸入的气尽可能多一些，吸气后、气息下沉，使气流在有控制的情况下有节制地均匀向外呼出，气息要平稳、不可忽强忽弱。

3. 吹奏中，高音时要用缓吹法（气流减小）低音时要用急吹法（气流加强）。吹奏时须注意：第一，附着于音管左右侧的小指，不可固定不动，应根据演奏时的情况灵活掌握，如当运用上三指（即开闭四、五、六音孔）演奏时，右手小指应附着于第一音孔下侧，而左手小指可自然地随演奏抬起，这样才不至于影响上三指在演奏时的灵活运用。当运用下三指（即开闭一、二、三孔）演奏时，左手小指应回到副管位置，而右手小指可自然地随演奏抬起。第二，各个音孔在按下（既关闭）时一定要用规定手指第一节指肚将音孔按严，不能漏气，否则会影响音准和音色。在演奏葫芦丝时，应使手臂手腕放松，手指适度地向里弯曲。开放音孔时，手指不宜抬得过高，过高会影响演奏速度和灵活性，但也不要太低，太低会影响音准和音量。

六、葫芦丝的吹奏技巧

葫芦丝在演奏的某种程度上相对于竹笛、唢呐等民族吹管乐器要简单一些，没有那么多复杂的技法。这也是由于它构造本身的局限所致，但是它甜美的音色却极富表现力。葫芦丝在演奏中常用的技法有以下几种：

1. 吐音。吐音是葫芦丝演奏中较重要的技法。吐音又分为单吐、双吐、三吐三种。(1) 单吐。利用舌尖部顶住上腭前半部（即"吐"字发音前状态）截断气流，然后迅速地将舌放开，气息随之吹出。通过一顶一放的连续动作，使气流断续地进入吹口，便可以获得断续分奏的单吐效果，完成单吐的过程。单吐一般在音符上方用"T"标示。根据音乐表现的需要，单吐又可以分为断吐和连吐两种。(2) 双吐。双吐是用来完成连续快速分奏的技巧。首先用舌尖部顶住前上腭，然后将其放开，发出"吐"字。简言之，在"吐"字发出后，立即加发一个"苦"字,将"吐苦"二字连接起来便是双吐。双吐的符号是"TK"。(3) 三吐。三吐实际上是单吐和双吐在某种节奏型上的综合运用，符号为"TTK"或者"TKT"，即"吐吐苦"或者"吐苦吐"。

2. 连音。连音是常用技巧之一。适用于抒情如歌的乐句或乐段。用符号"⌒"（连音线）表示，连音线内的音除了吐第一个音，其余的音均不用吐，吹奏连音时要强调连贯、流畅。

3. 滑音。滑音及技法在葫芦丝演奏中被广泛使用。其效果具有圆滑、华丽的特点，应用滑音技法可以模拟人声和弦乐器上的抹音效果。滑音又有上滑音、下滑音、复滑音三种。

4. 震音。利用震音技巧可以获得如同歌唱般的"声浪"效果，极大地丰富了音乐的表现力，是人们揭示内心活动、抒发内心情感的重要手法之一。震音又有气震音和指震音两种。

5. 颤音。颤音是由两个不同音高的音快速交替出现而构成的。具体要求是原音发出后紧接着快速而均匀的开闭其上方二度或三度音的音孔，符号为"tr"。

6. 叠音、打音。两种演奏的技法和效果上差不多，关于它们的定义众说不一。就是在某个音出现前的瞬间加奏一个时值极短的高二度或三度的音，叠音用符号"又"表示，打音用符号"扌"表示。

七、葫芦丝的保养

当您拥有一支葫芦丝的时候，要注意葫芦丝主管、副管的温度差和湿度不要有大起大落的现象。葫芦丝主管、副管的自然裂损大多数是这两点引起的。如果使用的是插口葫芦丝主管，请注意在调插口调率时双手要靠近接铜处慢慢调，千万不要握主管头和主管尾拧调，这样会拧裂接铜周围的紫竹，很多葫芦丝主管、副管的裂缝都在音孔处就是这个原因。

接铜使用时间长了，会出现发紧、发涩现象，要将铜套内的污垢和铜锈擦掉后上润滑油，以免加速铜套磨损和拧调时用力过大拧裂葫芦丝主管、副管。冬季用后葫芦丝内会产生水汽，必须使用自制的棉刷将葫芦丝主管内的水汽擦净，而后将葫芦丝倒挂起来（有些葫芦丝名家认为不可以倒挂，这里仅本人个人观点），让其自然风干后再装套、装盒。葫芦丝要保持干燥，太过潮湿也不行，如果受潮会出现发霉、掉漆、裂损现象，甚至影响其音准。铜套要定期上油，最好用干油。葫芦丝最怕摔、怕晒、怕虫蛀、怕长霉，乐器使用完之后，轻拿轻放，最好将其悬挂，基本干燥后放入盒内。要做到专人专用，好好爱惜使用。

钢琴：黑白琴键上的芭蕾舞

钢琴与小提琴、古典吉他并称为世界三人乐器。人们口中所说的乐器之父就是钢琴，而乐器之母是小提琴，乐器王子是古典吉他。在世界各国的成千上万种古今乐器当中，现代钢琴被众多的音乐家们誉为"乐器之王"。这不仅是由于它的体积最大、内部结构最复杂，更主要的还是由于它优良全面的性能和广泛的用途都是其他任何乐器（除为数不多的教堂、音乐厅中的管风琴外）无法与之相比拟的。钢琴之所以成为乐器大家族中的"王者"，是人类的精神文明及科技文明的发展所赋予它的。钢琴作为乐器出现，是人类社会生活的需求，钢琴的发展从一个侧面反映了人类社会精神生活不断发展的状态。"想想看吧，世无钢琴，我们也就没有莫扎特的二十几部钢琴协奏曲了；也就没有贝多芬的奏鸣曲了；没有肖邦的那些钢琴诗了；德彪西的'钢琴画'也就不可得而赏之了。那人间将是何等的荒凉、寂寞！"世界上第一台钢琴，由意大利人克里斯托弗里（B.Cristofori）于1709年在佛罗伦萨制造出来，当时取名为"弱和强"（Piano e forte）。后来，几乎所有语种都称钢琴为Piano，就是Piano e forte的简称。钢琴这一称谓是中国化了的名称。钢琴是源自西洋古典音乐中的一种键盘乐器，由88个琴键和金属弦音板组成，普遍用于独奏、重奏、伴奏等演出，作曲和排练音乐十分方便。弹奏者通过按下键盘上的琴键，牵动钢琴里面包着绒毡的小木槌，继而敲击钢丝弦发出声音。

一、钢琴选购

钢琴是昂贵的乐器，因此在选购时必须十分小心。选择钢琴的最佳途径就是要特别注意音色、触感、调音稳定性、耐久性、外观及张力六个方面。

1. 音色。要选择具有丰富清晰而且持久的音色，从极度轻奏的乐段到非常响亮的乐段，动态范围都要广，音色特性要在整个键击声范围内保持和谐平衡。最好的钢琴是响板能设计成一个永久冠形，在全长方向上再用数条肋木来加以保护，这样就能够使乐器的使用寿命增长了。

2. 触感。触感要既能令初学者感到舒服，又能令有造诣的演奏者感到得心应手。钢琴插入了微细的铅块，以用来保持琴键触感的平衡。改进触感的另一关键问题就是要采用既准确又无故障的击弦机构。若钢琴的零件公差能达到1/500mm，其结果就是音量能平均、触感均匀，更能减少维修的次数。

3. 调音稳定性。每台钢琴都要作定期的调整，而造成钢琴走音的原因之一就是弦所受的巨大张力（约20吨）。因此钢琴的后架结构要经过精心的设计，去提高抗应变的效率和延长调整的间隔期。调音针和调弦的方法也是能够提高调音的稳定和准确性。

4. 耐久性。一般家庭的财产之中恐怕没有比钢琴更经久耐用的了，这就为何耐久性对钢琴是很重要的缘故。谁都希望钢琴的性能、声音与外观能长期地保持不变，钢琴的耐久性好，是要通过精心地选择材料，使用先进的生产设备（包括最新的科学数据和声学专门知识）以及在整个制造过程中进行极严格的品质管理才能实现的。除了这些，干燥季节别忘了在钢琴里放几瓶水，使之不干燥。

5. 外观。因为钢琴在家里往往是最引人注目的"家具"，所以大部分人都极重视钢琴的外观，因此在选择钢琴时，就要先考虑一下将要放置钢琴的房间，然后再挑选出最适合自己的钢琴式样。

6. 张力（Tension）。琴弦要被调音钉拉紧，这样琴槌打在弦上才能发出声音，张力就是指琴弦被拉紧的程度。

另外，初学者一般会误认为大型号钢琴很"响"而选购中小型钢琴。钢琴的音量是由使用者的演奏方法和技巧来控制的，很多人说："家里面积小，大型号钢琴声音太大、太吵。"这种说法并不科学。钢琴型号和放置空间大小需要考虑，但根据演奏者的具体需求，小房间作适当的隔音处理，只要不影响其他人，也可以使用大型号钢琴。型号越大，音质可以做到越饱满，音乐表现力就越强。

二、学钢琴的方法

1. 勤操4指、"5指"独立。"勤能补拙"，笨拙的4指只能靠勤奋来弥补其先天不足，每天只要有空就见缝插针地练习4指，提高4指掌关节的灵活性、指关节的支撑能力，只要坚持，必有成效，因为4指的"天然肉垫"是很"肥沃"的。

"五指"独立有两层含义。一是指第5指的独立性。许多成年学员喜欢将腕的动作取代第5指的任何动作，这不仅助长了5指的惰性，而且声音也干涩缺乏变化，后患无穷；二是指5个手指的独立性。练琴的主要目的是锻炼每个手指,充分发挥每个手指的潜力,经常听见的"凹凸不平"的音阶、"跌跌撞撞"的十六分音符就是五个手指不够独立的产物。

2. 合双手、脑先行。成人最大的优势莫过于他们充满智慧的大脑,所以在双手合奏时,脑先行。练习之前,默读乐谱,弹奏的每个细节都由大脑指挥,而不是任由手指自行发展,时不时冒出些不正确的音来。有时成人的"杂念"较多,大脑会"开小差",应注意理念毅力的控制,养成注意力集中的好习惯。

3. 视奏对应,耳听为真。"视"的音与"奏"出的音是一一对应的,这种视、触觉"对号入座"的惯性感对人视谱能力及视奏能力的提高有很大帮助,是"视觉成像"在键盘上的反应,这种反应能力的快慢必须以一定时间的磨合为前提。"耳听为真"充分体现了听觉在练琴时的监督作用。长期坚持听觉的训练,达到"三觉"(视觉、触觉和听觉)一体的状态,必将同时提高视奏和听音能力,发挥了钢琴这门基础学科的"工具书"价值。

4. 万能法宝:慢、慢、慢。不论是对儿童、少年,还是成年人,钢琴教师喋喋不休地教诲的就是一个字"慢"。慢速练习就好比实验室里的"显微镜"、体育比赛中的"慢镜头"、爷爷奶奶们的"放大镜",将我们练习中出现的问题"放大"来,把难题化解为易解决的若干个小问题。这是发现问题并寻求解决问题方法的唯一途径。可以毫不夸张地称其为"万能法宝"。手、脑、眼、耳任何环节的练习无不是一个"慢练"的过程。

三、钢琴名曲

协奏名曲包括莫扎特27首钢琴协奏曲,贝多芬五首钢琴协奏曲(作品15、19、37、58、73),舒曼a小调钢琴协奏曲,肖邦两首钢琴协奏曲,李斯特降E大调钢琴协奏曲,A大调钢琴协奏曲,拉赫玛尼诺夫钢琴协奏曲(作品1、18、30)、格里格a小调钢琴协奏曲、圣桑五首钢琴协奏曲，巴托克钢琴协奏曲、普罗柯菲耶夫三首钢琴协奏曲（作品10、16、26）、柴可夫斯基降 b 小调第一钢琴协奏曲等。其中拉赫马尼诺夫第三钢琴协奏曲（作品30）是被公认的在所有钢琴协奏曲中弹奏难度最大的一首。

中国钢琴作品在新中国成立后得到了很大的发展，独奏作品按题材来分可以分为以下几类：改编自中国古代名曲的钢琴作品，代表作有黎英海先生改编的《夕阳箫鼓》《阳关三叠》，王建中先生改编的《梅花三弄》《彩云追月》等；改编自中国传统民乐的作品，代表作有陈培勋先生改编的《平湖秋月》《双飞蝴蝶》，王建中先生改编的《百鸟朝凤》，储望华先生改编的《二泉映月》，刘福安改编的《采茶扑蝶》等；改编自中国少数民族音乐的作品，如《乌苏里船歌》《第一、第二新疆舞曲》《多耶》《云南民歌五首》《火把节之夜》《桂花开放幸福来》等；中国革命歌曲、近代民乐和新时期民乐，如《三大纪律八项注意》、《大路歌》《北风吹》《兰花花叙事曲》《牧童短笛》《晓风之舞》《舞剧鱼美人选曲》《谷粒飞舞》等；现代作品，如《牧童短笛》等。协奏作品包括《黄河》（中央乐团）《山林》（刘敦南）等。

四、钢琴的保养

1. 保持钢琴整洁。钢琴使用完毕后，要将琴盖全部关闭，并用合适的琴套盖好，防止灰尘侵入。清洁钢琴时应要用柔软棉布或软毛刷清除灰尘，再用软布小心擦拭。不要用锐器刻画钢琴表面。每次弹琴前保持手指干净。键盘定期清洁，擦拭键面时应顺着键子的方向擦拭，勿横向擦拭。若有较难擦拭的污渍可用软布蘸一些肥皂水或抹亮液擦拭。对于外壳上的铜制金属件，可用软布蘸少许汽车蜡或亮光剂擦拭，避免金属件因放置时间太长而氧化发黑。以保持亮丽的光泽，如果长时间不使用，应在琴体内放置干燥剂和固体防虫剂（如樟脑丸等）。并套上琴套，以保持清洁卫生。

2. 保持适宜的湿度。钢琴的外壳、共鸣盘、击弦机和键盘等主要部件使用了大量的木材、毡、呢、皮革和金属件，它们对湿度的变化非常敏感，所以琴房的相对湿度保持在40%~70%为宜。若环境湿度太高或阴雨天气，注意关闭琴室门窗，弹奏后及时将顶盖、键盖合上。钢琴在不弹奏时，可在琴内放置吸潮剂或安装防潮管，避免部件受潮膨胀变形或生锈。不要将钢琴靠房间外墙放置，最好选择房间内墙放置。钢琴靠墙放置时，与墙保持一定的距离，立工钢琴不少于10cm，三角钢琴不少于30cm，使钢琴具有良好的通风环境。若环境过于干燥，可在琴房内放置水盆，通过水的自然蒸发来保持琴内适宜的湿度，避免部件因干燥收缩变形或漆膜爆裂。钢琴放置应避免温度骤冷骤热，特别是不要放置在冷、热出口处，以防止骤变以引起木制品变形、开裂或漆膜变化。钢琴不要靠窗放置，避免阳光直射、天气骤变等不良因素的影响。

3.定期进行专业维护。击弦机、键盘及踏板整理的精度对钢琴的演奏十分重要。一般来讲，钢琴每年要调律两次。调律和整理必须聘请持有调律师证书的专业人员进行，以免钢琴受到损坏。钢琴是结构复杂的乐器，环境条件以及日常维护方式会影响它的演奏性能、声学品质和使用寿命。

小提琴：乐器皇后，华贵雍容

现代小提琴于1600~1750年间，诞生于意大利的克瑞莫纳，距今已有300多年的历史。自出现以来，小提琴就是西方音乐中最为重要的乐器之一。它的形态优美，本身就是极为精致的艺术品，极受人们的宠爱。小提琴的音色甜美，很接近于人声，具有非凡的歌唱性和旋律的表现能力。

小提琴的家族还有中提琴、大提琴和低音提琴。小提琴不仅是一件需要高超技巧的独奏乐器，也是现代交响乐队的重要组成部分。小提琴演奏家的精湛演出，为这件乐器上注入了神奇与魔力。世界各国著名作曲家创作了大量的小提琴经典作品，如举世闻名的四大小提琴协奏曲：门德尔松e小调小提琴协奏曲、贝多芬D大调小提琴协奏曲、勃拉姆斯D大调小提琴协奏曲、柴可夫斯基D大调小提琴协奏曲。此外，还有一大批小提琴的奏鸣曲和独奏、重奏曲目。如果说钢琴是"乐器之王"，那么小提琴就是"乐器中的王后"。

一、小提琴的结构

小提琴属于弓弦乐器，其主要构件有琴头、琴身、琴颈、弦轴、琴弦、琴马、腮托、琴弓、面板、侧板、音柱等。小提琴共有四根弦，分为：1弦（E弦）、2弦（A弦）、3弦（D弦）和4弦（G弦）。

小提琴琴身（共鸣箱）长约35.5cm，由具有弧度的面板、背板和侧板黏合而成。面板常用云杉制作，质地较软；背板和侧板用枫木，质地较硬。琴头、琴颈用整条枫木，指板用乌木。小提琴的音质基本上取决于它的木质和相应的结构，取决于木材的振动频率和它对弦振动的反应。优质琴能把发出的每个声音的基音和泛音都同样灵敏地传播出去。小提琴有琴弦4根，原均为羊肠制的裸弦，约从18世纪起，低音G弦常包以银丝，使其反应灵敏。现代则将G、D、A三根弦用缠金属丝的羊肠弦或钢丝缠弦，晚近也用尼龙弦。E弦改用钢丝弦，使其在高音区的音色更佳。

小提琴制作成现代这种样式，并非完全从形态美观出发，而是有其音响上和演奏上的需要。小提琴面板和背板有弧度，使其共鸣良好，发音洪亮；琴的腰身狭窄，便于演奏高把位和低音弦；面板和背板加嵌条，除防止木板开裂外，对琴的音质也起一定作用。面板与背板中间有音柱支撑，其位置变化对小提琴音色影响明显。面板左下面粘低音梁，既起加固作用，又具有音响作用。小提琴表面的油漆如太硬、太软，或漆得不匀，都会有损于音质。当琴弓与琴弦摩擦使琴弦振动时，通过琴马引起面板振动，又通过音柱使背板振动，E弦振动较少，而

G弦振动较大，从而使低音梁有更大的振动，并造成共鸣箱振动。能否使琴声得以充分发挥，取决于琴弦及其张力、琴马质量、琴弓的压力和速度。要想把琴的各种音质都表达出来，还要加上演奏者的弓法、指法和揉弦、弹弦等演奏技巧。

二、小提琴的演奏要点

小提琴属于歌唱性的旋律乐器。因此，如何在小提琴上发出歌唱般的丰满、动听的声音，是小提琴演奏中最为重要的问题。就小提琴的演奏技术来说，有以下几种主要基本功。

1. 握弓。右手握弓，拇指尖须紧靠螺旋套（弓根），其他手指执住弓杆，使手背成自然圆形。手指需要柔软的弯曲。弓杆位于食指、中指、无名指的末节中（即指端），拇指恰与中指相对，小指的指尖，轻松地放在弓杆上，使易于适应需要，向前或向后移动（上弓时向前移动，下弓时向后移动）。四指之间，略须靠拢，不可单独分开，否则显得笨拙而不雅观。

2. 运弓。优秀的演奏家能在小提琴上发出千变万化的声音，就运弓而言，取决于运弓的速度、弓在弦上的压力以及弓和弦的接触点这三种因素的不同结合。小提琴的弓法繁多，就其主要的有以下几种：（1）分弓。一弓演奏一个音，音要拉得干净、清楚；（2）连弓。一弓演奏许多音，在很多乐曲中都会用到，是最常用的弓法之一；（3）顿弓。音与音之间断开；（4）跳弓。弓毛离开琴弦。这四类弓法是最基本的。在20世纪中期，连顿弓，即在一弓中连续快速演奏许多音与音之间是断开的音，被人视为绝技，随后又出现了"自然跳弓"，即弓毛在琴弦上，而听起来或看起来像跳弓一样。所以人们把小提琴演奏艺术称之为"运弓的艺术"。

3. 音准。歌唱和乐器演奏中所发的音高，能与一定律制的音高相符，称为音准。有些乐器在制造或调音时就有音准要求。歌唱和乐器演奏过程中，随时都要通过演唱者和演奏者的控制来解决音准。音准的取得，有赖于敏锐的听觉、优良的乐器、精湛的技巧与适宜的演出环境。乐器的形体结构、音孔位置、张力变化以及空气湿度，都与音准有关。就弦乐器讲，长时间演奏及气温上升，均使弦松弛，因此弦乐器音准的突出问题是如何矫正偏低。就管乐器讲，虽然气温上升使管体略微伸长，但同时气压降低，声速提高，频率也随之增高（据实测，气温每升10℃可使管乐器发音升高3音分），因此管乐器音准的突出问题是如何矫正偏高。歌唱及弦乐器、管乐器的音准，当有钢琴伴奏时，都以平均律为准则；但由于平均律的许多音程听起来并不严格谐和，所以在独唱、独奏、重唱、重奏时，常常需要偏离平均律而趋近纯律或五度相生律，才算达到音准要求。

4. 揉弦。揉弦是小提琴、二胡、吉他之类的弦乐演奏所掌握的最具表现力的演奏技巧之一。在乐句适当的地方加上适当的揉弦，会比没有揉弦的乐句在声音上要生动得多。揉弦是一个小提琴演奏很有表现力的技巧，用它可以来表现不同风格和特征的每一个音或每一个乐段。揉弦的要点是怎样找到手的最佳动作，用速度快慢、揉弦宽窄来演奏出每一个乐段独特的风格和特征。肘臂揉弦和手腕揉弦，两者都要练习。以能够表现出最好的音乐特征，来选择揉弦的速度和宽窄。

有几种方法，初学者可以试试，可能会有利于学习揉弦：（1）一是做指端关节前后屈仰动作。先在桌子上练，分别练习各个手指一关节向后躺下（不是完全贴在桌子上），再立起的动作，再分别做左右晃动。由快到慢，最后五个指头一起练习。（2）首先应学会手腕揉弦。其方法可先将手臂放在大腿上或椅臂上，然后将手腕放松前后摇动，力求平均。待动作习惯自如后，再放到指板上练习。同时要注意，在手腕前后揉动时，带动手指的关节，手指的触弦点不能随着手腕的揉动而移位。在练习手腕揉弦时，可先从三指开始。因为用三指揉动可以使动作更为宽松，然后再练习二指和一指。而练习四指时，还可将三指紧靠四指帮助揉动。这样的练习会使颤动的效果更为自如。在手腕揉弦练习的基础上也可逐渐学习和熟悉手臂的揉弦和手指的揉弦。目的是为了更好地丰富演奏上的表现力，适应于各种力度和情绪变化的需要。（3）还有大臂揉弦、手指揉弦。大臂揉弦多用于长的重低音，主要体现出乐曲的浑厚和伤感，手指揉弦多用于半拍的高音，可以表现出乐曲的欢快和优美，而想学好这些，前提是熟练地掌握手臂揉弦。

5.把位。左手手指在指板上的位置，称之为把位。靠近琴头的把位为低把，靠近琴马的为高把。从一个把位换到另一个把位，称为换把。换把位的方法有多种，例如，空弦换把，同指换把，不同指以及泛音换把等。换把时产生非演奏需要的滑音，是技巧训练不足的标志。滑音可以使音与音之间的连接富于变化，增加一个优美的过度。特别是结合换把使用滑音，是一种富于表现力的演奏手段。

三、小提琴的选购

购买小提琴时，须从以下方面综合挑选。

1.材料。面板要用鱼鳞云杉。鱼鳞云杉较其他木材有许多特点，其本身质地较坚而轻，年轮间（春材）质地很软，但它的年轮（纹理秋材）则非常坚硬，并富有弹性，既能抵抗琴弦的压力又容易振动。所以具有最好的音响性能。此外，其传声速度比其他木材传导振动快而弹性大。它的顺纹传声速度达每秒5166米，比声音在空气中的传播速度（每秒350米）还要快14倍多，所以能使用小提琴发音灵敏，效果好。

高级琴的纹理应正直、疏密均匀、纤维组织紧密、柔软而富有弹性，不允许有节疤，树脂囊和修补。出于对小提琴完美音色的不懈追求，高级琴所使用的必须是经自然干燥10年以上的优质鱼鳞云杉，也有少量自然干燥50年的好料，如今50年以上的老料已经很难得到了。中级小提琴纹理正直、疏密均匀，不许有节疤、树脂囊和修补。普及小提琴纹理一般正直、均匀，允许有少量节疤、树脂囊和镶补。低音梁、音柱、首尾木块、琴角木和衬条（都在琴的腹腔内）均应使用和面板质量相同的材料。

2. 背板。要用质地坚硬而富有弹性的槭科的枫木、色木，这些木材的特点为易于振动，传声迅速、对高频率的噪音有阻尼作用；纹理细密、外表美观，径切后现出美丽的横向花纹（虎斑）。

3. 音色。小提琴因材料、制法、尺寸、琴弦、油漆和装配的差异而在音色上也有很大的不同，高级琴必须具备高音纯净柔美，低音丰满深厚有力，并且要发音含蓄，集中。具体到每一根弦上则要求E弦清晰、明亮，A弦柔美如歌，D弦优雅，G弦浑厚深沉。这样，琴声听起来就圆润优美，没有任何杂音。

4. 匀谐。小提琴各把位的五度音必须谐和，不能有差别，普级小提琴也不应有明显的差别。此外，还要求小提琴四根弦发音灵敏，振动传导快，不能有迟钝现象。并且振动要历时悠长、衰减缓慢。

5. 琴弓。小提琴弓子的长度、重量、平衡点、弯曲度、抗弯强度、弓毛的大约根数和弓毛使用寿命都有很严格的要求。普遍的现象是，将弓子用手掂量一下觉得有重量感、不轻飘、弓毛多，再在琴上拉两下、跳三跳，就算是挑选弓子了。

四、小提琴的保养

1. 若是较长时间不用，可以将四根弦平均调低一个标准音，对琴是有益的；时常检查琴马的姿势，是否正立在桥线上微微后仰，及时纠正；琴弓用过后一定要把弓毛放松，否则，长时间的紧绷很快就会使弓子丧失弹力。

2. 弓子上松香时，弓毛在松香上来回三四下就足够了，擦过松香还拉不动琴弦的弓毛可能有两个问题：（1）弓毛没齿了，（使用超时）解决的办法：更换弓毛，这是必需的，原因是使用没齿的弓毛会养成压弦的习惯，发音噪而不美，容易断弦，拼命上松香也会使大量的松香粉污染琴身。（2）弓毛沾上了油类物质，解决办法：拧下调节螺丝，将毛库与弓尖合拿，拿时小心，不可让弓毛绕乱，将弓毛垂于温水中（不让水浸湿弓尖和毛库），用肥皂将油物洗净，用吸水性强的织物或纸将水分擦吸干净，再将毛库装回，晾干弓毛，上松香后即可。

3. 由于工艺的粗糙或气候等原因，常见四个弦轴不好使的情况，很多人采用的办法是：四根弦都加装微调，这样做虽然方便了许多，但对琴的发音是不利的，因为弦在琴上的有效长度有严格规定，弦马到弦总的距离是弦马到弦枕距离（328mm）的六分之一。微调的长度缩短了琴弦的长度，对琴的振动多少有不利的影响，所以应尽量少用微调或用短的微调，最好的办法是使用专用的"弦轴膏"，效果很理想，一段时间（每次换弦时）在轴子与轴孔内抹涂些"弦轴膏"，调音时的方便是既灵敏又能站得住。

4. 小提琴的油漆因年代久远或使用不当的关系发生磨损或脱落及污渍斑驳现象，琴上的污渍万万不可用酒精、汽油、香蕉水、松节油之类的有机溶剂擦，这类有机溶剂都可能将小提琴的涂漆彻底破坏，同时也破坏了琴的音质。对脱落和磨损处可暂用核桃仁涂擦，此法可保护裸露的木材；对于斑驳的污渍可用柔软的织物或棉球沾上"擦琴油"慢慢擦净，擦时不可用力过猛，以免将琴体压破。

萨克斯：无与伦比的"风流乐器"

1840年，比利时人阿道夫根据当时欧洲盛行的波姆式长笛的发音原理发明了萨克斯，并于1846年取得了发明专利。

法国作曲家柏辽兹在介绍这种乐器时说："它的主要优点是声音美妙变化，深沉而平静，富有感情，轻柔而忧伤，好像回声中的回声，在寂静无声的时刻，没有任何别的乐器能发出这种奇妙的声音。"到了1909年，由汉迪第一个在美国交响乐队中使用了萨克斯，并逐渐引入到爵士乐和摇滚乐中。20世纪20年代，比切特等一批独奏家的出现，使萨克斯逐步得到了社会的认可。30年代，韦伯斯特等独奏家的出现，使萨克斯的音色进一步得到提高，为跳舞伴奏获得了最佳效果。

三四十年代，萨克斯开始用于中国舞厅，到60年代，萨克斯演奏的摇摆音乐对人们有很大的吸引力，进入七八十年代，随着中国的改革开放不断深入，萨克斯在摇滚、爵士音乐中充当了主角，对人们产生了魔力。萨克斯美妙的声音经常出现在我们生活的各个领域中，如电影、电视、广播、舞台等。

在管乐的簧片乐器中，只有萨克斯是全金属乐器。它在声音的力度上，可以和铜管乐器媲美，在音质上又有木管乐器的特点，并带有金属的明亮度。在演奏上，由于它是采用波姆式长笛科学原理设计的，它机械系统比较合理，零件运用灵活，它不仅能够和长笛、单簧管一样演奏高难度的乐曲，而且在演奏滑音、颤音、吐音等方面有其独到之处，善于模仿，富于表现。经过多年的演变和发展，现在已经有六种型号萨克斯用于乐队。

一、萨克斯的选购

目前，市场上萨克斯的品牌很多，初学者不一定买高档名牌。选购时，应注意以下问题：

1.制造乐器的金属是否太软。有的乐器厚度和强度不保证，机械系统不坚固，甚至用拇指就可以在乐器上压出陷窝，待键子和护键装置装上后很容易变形，这种先天不足很难修好。

2.键子是否严实不漏气。检查每个键子软垫上的印痕是否准确地接触音孔中心，键垫是否贴平贴紧。若有一个不平或漏气，将影响到全局的声音不畅。

3.外形美观，工艺精美。检查所有的键垫距离音孔的高度是否适当而相同，若某一个键过高或过低，都直接影响音准。

4.试吹。最好请有经验的人帮助试吹，从最低音至最高音的半音阶。检查音准、音色、音量，检查键子起落的灵敏度。键子的弹簧张力要适中，太硬了，手指用力太大变得僵硬，会在演奏时影响音乐的连贯与速度。

二、萨克斯演奏

1.组装。(1)取出哨片,将哨片平面同笛头平面重合,哨片顶端同笛头顶端对齐,由左手拇指将哨片固定压在笛头上。(2)由右手把哨箍套在笛头上,哨箍上沿要越过笛头指示线,把哨箍的合缝线对准哨片正中,将上下螺丝拧紧,固定住哨片。(3)哨片安装好后,将笛头插入脖管,笛头风口中心要对准脖管上的泛音孔键。(4)把安装好的脖管插入乐器主体,拧紧相连接处的螺丝。

2.笛头。萨克斯的笛头多采用硬橡胶木(胶木)、玻璃、金属和塑料制造。各种材料在特性上存在着微小的差异,虽然使用的材料不同,其产生的效果也不同,但制成的规格是相同的,包括腔窝、刮面和外形尺寸,演奏效果几乎十分相似,一般听众很难听出它们之间的差别。金属笛头的长处是结实强硬,有很好的明亮音色,一般多用于小笛头。胶木笛头一直是人们喜欢的制作材料,只是在遭到碰撞摔跌时容易损坏。塑料笛头已被证明是一种很好的材料并被广泛采用,不容易破裂,适合初学者。

所有的笛头在每次使用后要用软布把里外擦干,每隔一段时间,用温水清洗,但千万不能用热水。哨片大多采用市场购买的产品,根据个人生理条件和爱好为前提,厚薄适中,选用1/2或1/3的均可。

3.演奏姿势。分立姿和坐姿两种。先将脖带挂在颈上,然后将脖带上的小钩钩住萨克斯管上的挂环,借其悬挂的力量用手将萨克斯直立着持在身体的右上方。无论是站着吹还是坐着吹,身体都要保持挺立,双脚稍微分开以保持身体的稳定和平衡,不要过于僵硬,以免影响气息通畅。

4.呼吸。(1)吸气。我们日常生活中用的是肺呼吸,也称胸式呼吸,是一种下意识的生理运动,每分钟大约15次。而在吹奏时用的是胸腹式呼吸。吸气时,用两嘴角和鼻自然平静快速而无杂声,将气吸入肺叶的下部,胸腔、两肋、腰部四周,腹部都要自然扩张。胸腔扩

降 B 高音萨克斯　　　　　　　　降 E 中音萨克斯

降 B 次中音萨克斯（立姿）　　降 B 次中音萨克斯（坐姿）

张压向横膈膜，使腹部内脏组织向腹壁移动，使肚子鼓起，扩大了胸腔的空间，肺越扩张，吸入的气就越多。我们在睡觉时（身体平卧）进行的就是深呼吸。可以躺下体会一下。这种方法不仅吸气量大，且对人体的生理循环有好处。（2）呼气。呼气（发音）时，利用胸肌、横膈膜和腹肌联合控制，在保证吸满气，腹部鼓起的状态下，腹壁逐渐收起回复原状。同时，借助于腹肌的压力和横膈膜的支撑力，使吸气时下降的横膈膜逐渐抬起回复原位，将呼出的气流控制成如同一根非常自然、平稳、均匀、有节制、通畅地"气柱"呼出。

5.基本功练习。（1）长音练习。每次演奏曲目前都要练习长音。具体做法是一口气吹奏一个音，无限延长。从低音C（1）至高音C

（1），一个音一个音地练习，吹奏的时间尽量长些。从低音到高音，再从高音到低音。要求把每一个音都吹得准确、饱满、圆润，吹好一个音后，再吹下一个音。从发音到收音连贯不间断，注意音与音之间的气息差别。（2）音阶练习。先从C大调音阶开始，依次类推。

三、自学萨克斯常遇到的问题

1.用简谱还是用五线谱。对初学者而言，乐理知识是空白，学什么都一样。就好比学一门外语，英语、德语、俄语，你开始选择那一种，学起来都一样。简谱是中国特有的一种记谱方法，有很多局限和不便。五线谱国际通用，方便简洁，特别是复杂的高难乐曲，用五线谱更合适。萨克斯不同于中国的民乐，用五线谱更便于和世界管乐接轨，学习起来更方便。有些业余管乐团就是因为不会使用五线谱，直接影响了乐队水平的提高。两种谱子都会用更好。

2.用固定调式还是首调式。认识了五线谱，就可以用固定调式，省时、省力，效果好。如果不识五线谱识简谱，就用首调式。两种方法各有利弊，两种方法都会用更好。

3.调音。按照国际通用的A－440的音高认真调对即可。降B萨克斯奏乐器本调的B，降E萨克斯奏乐器本调的升F。按照键盘乐器校音或者用校音器均可。如果音偏高了就把笛头向外拔出来一点，如果音偏低了就把笛头向下插一点。

4.吐音。将舌尖轻轻地放到簧片端部的下面将风口堵住，试着发"T"的音同时往里面吹气，用这种方法吹奏出来的音符就是吐音，也叫断音。

5.保养。每次吹完后，卸下哨片，擦洗干净放乐器箱内。不定期地检查螺丝是否松动，给螺丝上点乐器用油，保持润滑灵巧。萨克斯属高精密乐器，忌碰、摔，保持乐器清洁，时刻保持最佳状态。

手风琴：乐从风中来

在音乐的殿堂里，手风琴并不显赫，它不像钢琴那样堂皇华贵、音色优美，也不像小提琴那样外形优雅、线条流畅。用其他乐器演奏出色的人可以成名成家，取得较高的社会地位，但拉手风琴的人却永远不会在音乐的殿堂里被世人瞩目。但手风琴的音色是独特的，它表现出来的味道和情调是其他乐器无法代替的，手风琴和其他乐器在音乐意义上是平等的，在音乐的表现层面上各有长短。

手风琴是一种既能够独奏，又能伴奏的簧片乐器，不仅能够演奏单声部的旋律，还可以演奏多声部的乐曲，更可以如钢琴一样双手演奏丰富的和声。手风琴声音宏大，音色变化丰富，手指与风箱的巧妙结合能够演奏出多种不同风格的乐曲，这是许多乐器无法比拟的；除了独立演奏外，也可参加重奏、合奏，因此，有人说一架手风琴就是一个小型乐队。加之音高固定，易学易懂，体积小，携带方便，因此，手风琴很适合不同年龄的演奏者自娱自乐。

一、手风琴的类型

手风琴有不同的类型，20 世纪 60 年代开始出现了键盘式手风琴，从此手风琴便又有了键钮式、键盘式之分。键盘式手风琴左手部分的结构与键钮式手风琴完全一样，保留了原来的键钮，只是将右手部分的键钮改为了键盘。可能是由于钢琴在全世界较为普及的原因，这一改进使手风琴在全世界流行起来。在我国，使用最普遍的是五排样式的键钮手风琴。键钮式手风琴最大的优点在于十二平均律中的半音阶上下行。一般来说手风琴分为以下四种：

1. 键钮式手风琴。键钮式手风琴（或称巴扬）：左右手都为键钮的手风琴。分为 B 系统和 C 系统，B 系统琴右边第一排的第一个白键钮音是 B 音，C 系统琴右边第一排的第一个白键音为 C 音。B 系统在俄罗斯较为广泛流行，C 系统在欧洲比较多，而我国这两种系统的琴都比较流行。

2. 键盘式手风琴。键盘式手风琴：右手是以十二平均律结构的钢琴键盘形式，左手是键钮的手风琴。

键钮和键盘式手风琴都分为传统贝司低音琴及双系统可变换自由低音琴。传统贝司低音琴是指它的左手贝司只有一组低音，相同的音只是重复这个音，所有低音只在一个八度内。双系统可变换自由低琴是左手贝司既有传统低音琴的结构又有自由低音结构，它是通过一个转换按钮来变换的。左手贝司转换成自由低音结构后，可以演奏多个八度的音，提高了手风琴的表现能力。右手键盘有十三种音色。

3. 电子手风琴。电子手风琴（或称 MIDI 手风琴）采用了数字技术，可以实现各种音效及特效的手风琴，通常有 MIDI 接口可以连接至各种外部设备。有些电子手风琴带有力度感应键盘，不仅可以通过风箱控制力度，还可以用触键力度来控制强弱。

4. 班东尼手风琴。班东尼手风琴（或称班多钮手风琴）由德国六角手风琴演变而来，在南美十分流行，主要用于演奏探戈音乐。

二、手风琴的演奏技巧

1. 指法。按照西洋十二平均律的调式原理，在大调体系中，有十二个不同调式音阶。在小调体系中，有十二个不同调式音阶（一般泛指和声小调）。这就是手风琴教学中经常提到的二十四个大小调音阶。在音阶演奏的训练过程中，因各调中音阶的音位在手风琴键钮和键盘部分的位置各不相同，故演奏中的指法也随着调式音阶的不一而各有差异。为此，指法的正确安排和使用，就是音阶演奏中的一个首要前提。音阶演奏中指法安排的原则：（1）除特殊情况外，右手键盘部分要以一指和五指不在黑键上触键为前提。同时，触键手指还要遵循依次排列顺序来进行的原则。（2）左手键钮的指法安排通常是采用一种指法来演奏各种大调音阶，而在各种小调音阶（和声小调）的演奏中，也同样使用统一的一种指法来进行演奏。

2. 贴键。在演奏中，触键的准确性和可靠性是通过人体的两种触感来提供：第一是视觉触感，二是手指触感。众所周知，其他键盘乐器的键盘平面方向都是向上的，而手风琴的键盘和键钮平面是背对演奏者而向外的。手风琴演奏中一般要求演奏者不看键，所以无法通过视觉来看到相应各键的位置，因此，演奏时的准确性和可靠性只能靠一种触感来提供，即手指触感。这种有限的准确性和可靠性，就要求演奏者在演奏中要贴键，这样才能改善手风琴演奏中人体所提供的触感的不足。手风琴的贴键演奏，实际上增强了手指尖的灵敏度。

我们在其他键盘乐器上触键时，手指的作用力正好与地面的引力方向相同，地面引力不会对手指产生偏向影响。在手风琴上触键时，手指作用力与地面引力是相互垂直的，所以地面引力对手指会产生偏向影响。当然。克服这种偏向影响，主要是靠手臂力量的自我调节。但如果贴键演奏，手指与键盘之间的摩擦力，也能起到一定的抵消地面引力偏向影响的作用，提高手风琴触键的准确性和可靠性。

3. 减小动作幅度。手风琴的构造决定了它的音量强弱不是靠右手触键的力度来控制的，而是靠左手的风箱。所以任何靠大幅度的手指动作，对音量的控制来说都是毫无意义的。而且，手风琴键盘的硬度与其他键盘乐器的硬度相比相对较低，用不着大力度来按键。而且手风琴演奏的风格，应该是轻盈华丽的，不应带有笨重感。在演奏时，手指与键盘距离近，只要以微小的动作就可按下键盘。这样才能去掉使准确性和可靠性受到影响的多余动作，而容易使手风琴的声音效果具有轻捷、华丽之感了。

三、演奏手风琴的注意事项

演奏手风琴可站可坐，但手风琴的重量至少是十几斤，有的重达三十几斤，建议老警官采用坐弹的演奏方式。在演奏手风琴时应注意以下几点：（1）保持后背挺直。（2）坐下时，所挑的椅子是您的脚可以接触地面的。否则，您将无法完全控制手风琴。（3）您的右肘应保持在能使您的手有良好姿势的位置。（4）手指应弯曲在键盘上方，以保证您是用您的指尖弹奏。

四、拉手风琴的各种益处

1. 丰富生活。通过学习手风琴，老警官不但可以欣赏到优美的音乐，也能够结交同好，扩大交友圈，为老警官的退休生活增添趣味。

2. 增强音乐感知力。如果一个人能够理解音乐是如何产生，那么，他就会比较容易地感受音乐、欣赏音乐。

3. 提高记忆力。经常练习手风琴，通过看曲谱、找键位，可以慢慢地提高练习者的记忆力。在演奏过程中，注意力提高了，其记忆力也会随之提高。

4. 增强协调能力。手风琴演奏需要双手同时参与，而且在练琴时，手指尖不停地与键盘和键钮进行不同速度、不同时间的接触，这样便增加了神经末梢与大脑信息的传递机会，手指肌肉的控制能力也相应提高。久而久之，左脑与右脑的信息处理能力将会大大加强，反应能力提高，手指更加灵活。经常练习将会提高双手以及身体的协调能力。

5. 发挥创造力。手风琴是一种可作出多种变通的乐器。手指与风箱的巧妙结合，能够演奏出多种不同风格的乐曲，您不但可以演奏多数的音乐体裁，还可以进行极为精彩的即兴创作。

此外，当琴发出声音时，耳朵将听到的声音信号传递给大脑，大脑需要对声音是否正确、音量是否合适、音符的长度是否符合乐谱的要求等迅速作出判断，使得眼睛、大脑、手指以及上肢肌肉同步反应能力逐渐变快，思维速度也随之加快。随着程度的加深，人的表现力、想象力也会相应地丰富起来。

五、手风琴的保养

手风琴的修理费用不是一笔小数目，平时若注意保养，琴的使用寿命将大大延长。要有经常擦拭手风琴的习惯，保持琴体的洁净、光泽。手风琴最好置放在干燥温暖处，切勿在汽车里过夜，或是放在暖气边上。

高温会导致手风琴簧片的损伤。从琴箱里取琴时，小心不要碰到琴键。一段时间不使用时，手风琴要及时放入琴箱，琴箱置放在离地面最近的地方。如果手风琴从高处掉下来（即使是几寸的高度）也可能导致簧片损伤或活塞的堵塞。手风琴也不要置放在轻易被人碰触的地方。因为，造成手风琴损伤的大都不是琴主，而常常是他人不经意的碰撞。

交谊舞：舞动世界，焕发青春

交谊舞起源于欧洲古老的民间舞蹈,经过发展演变,到十六七世纪,风靡了整个欧洲的社交场合,故而有"世界语言"之称。到 20 世纪 20 年代，交谊舞得到进一步的发展，在世界各地风行起来，所以又有"国际舞"之称。国标舞对舞姿、舞步的要求非常严格,因此,又出现了标准要求相对低一些的大众化的交谊舞。交谊舞保持了国标舞各种舞种和风格，跳起来却比较随意。尽管如此,交谊舞依然有着一套系统完整的规范和及严谨的舞步。交谊舞也颇在意舞者的绅士风度和淑女气质。

交谊舞在 1924 年间传入中国，当时，流行的范围仅限大城市和通商口岸的西方洋人和极少数华人上流社会。进入 20 世纪 80 年代，交谊舞才为广大人民群众所接受。不过，交谊舞的水准与当时的国标水平还相去甚远。作为大众娱乐健身的重要方式，交谊舞已经发展成为一项融体育与艺术、健身与娱乐于一体的，具有推广性的：体育运动项目。在优美的音乐旋律里，人们精神焕发地翩翩起舞，忘记了忧愁与疲惫。

交谊舞分为两个大类：第一大类是摩登舞，也称现代舞，或称体育舞蹈。现代舞有以下舞种：华尔兹（俗称慢三步）、维也纳华尔兹（俗称快三步）、布鲁斯（俗称慢四步）、狐步（俗称中四步）、快步（俗称快四步）、探戈、吉特巴（俗称水兵舞）。第二大类是拉丁舞，有以下舞种：伦巴舞、恰恰舞、牛仔舞、桑巴舞、探戈舞。在众多的健身运动中，跳交谊舞特别适合老年人，其好处也非常多：

1. 有利于身体健康。跳舞是一项有氧运动，小病能跳好，大病能预防，只要跳的合理身体越跳越健康。

2. 愉悦身心，缓解精神压力，避免老年抑郁症和老年痴呆症。舞场上的音乐会让人放松紧张情绪，舞场上的分为会让人快乐，忘掉一切烦恼。

3. 减缓衰老速度。常言说，人老腿先老，跳舞是一种很好的腿部锻炼，使人走路特别轻盈，因此，跳舞的人不容易衰老。

4. 跳舞的人越跳越漂亮。经常跳舞的人身体不会胖，只要领会了要领，可以重新塑造形体。跳舞的人好打扮，舞场上穿多么漂亮的衣裳，化多么艳丽妆面，都不会被人笑话。时间长了，习惯就会带到日常生活中去，使人显得年轻漂亮。

5. 跳舞可以改掉很多坏毛病，如喝酒、抽烟、打牌、睡懒觉等。

6. 跳舞可以使老年人心态平和、与世无争，找到自己的位置和体现自身的价值，克服失落感。

7. 跳舞可以广交朋友，特别异性朋友和忘年之交。异性朋友多了，情绪会稳定；忘年之交多了，人会年轻，避免患上老年孤独症。

8. 跳舞可以建立良好的新的人际关系，是退休后的老年人尽快走进新境界的捷径。舞场上没有职场的上下级关系，没有身份上的高低贵贱，也没有代沟，有的就是舞场上的人人平等。

9. 跳舞可以树立文明礼貌的好习惯，舞场上没有性别歧视，举止得体，对话彬彬有礼，男女之间可以感受心灵的安慰。

10. 跳舞可以为社区精神的文明建设作贡献，充分发挥自身价值。

交谊舞融"俏、跳、放、笑、唠"于一体，是治病疗伤的良药，有利于延年益寿。与其他锻炼项目相比，跳交谊舞姿态好看，音乐好听，活动适度，环境幽雅，身心自由，氛围热烈。但任何事情都要一分为二，老年人跳舞也要注意以下 10 个问题：

1. 需要征得老伴同意，最好和老伴一起学跳舞，免得引起家庭纠纷；

2. 跳舞不要掺杂私心杂念；

3. 在医生指导下进行；

4. 注意舞场文明礼貌，着装整洁，举止得体；

5. 不要固定舞伴，在提高阶段或参加比赛舞伴除外；

6. 最好找内行老师学好基本功，不急于学花样；

7. 不学那些危险大难度高的花样；

8. 要量力而行，合理安排时间，不要过分沉迷；

9. 讲究气质和风度，自觉规范自己的行为；

10. 多浏览舞蹈影像资料，多与比赛经验多的高手跳，多掌握点儿舞蹈知识和技巧。

广场健身舞：简单易学，老少皆宜

中国有 56 个民族，每一个民族都有自己独特的广场舞蹈形式，广场舞蹈几乎遍布了祖国每一个角落。所以广场舞蹈在中国乃至世界上都是一个非常重要的艺术形式。

随着社会的不断进步和发展，广场文化作为一种社会文化现象，越来越受到人们的关注。如今的广场舞蹈活跃在祖国大地的各个角落，成为城市生活的亮点和风景线。广场舞因陋就简、主题欢快，具有很强的自娱性、参与性和集体性。由于广场舞蹈艺术的特殊性，在娱乐中能起到意想不到的健身作用，使广场舞成为娱乐健身为一体的城市舞蹈，成为城市文化生活中不可或缺的重要形式和内容。与此同时，广场舞在沿着继承、创新、发展的健康轨道向前迈进的同时，又以崭新的姿态为 21 世纪人们的美好生活而发挥着其他艺术形式所无法替代的积极作用。

广场舞蹈历史悠久，内容丰富多彩。但从现有的广场舞蹈表现形式来讲，可分为三个类别。第一，原生态广场舞蹈；第二，加工整理的广场民间舞蹈；第三，创作的新广场舞蹈。

原生态广场舞蹈在广场舞中占主体，数量最多，主要分布在乡村，包括汉民族和少数民族舞蹈。这种表演形式一般都在正月十五闹花灯时出现，群众自发表演为主体，这只是指汉民族舞蹈。少数民族舞蹈会体现在生活的方方面面。但汉民族广场舞蹈形式广泛，种类众多是我国广场舞的主体。

加工整理的广场舞蹈是在原生态舞蹈的基础上加以整理有所创新的广场舞蹈。这种广场舞历史不长，从延安新秧歌运动算起，有六七十年的历史。但这种广场舞蹈既保留了原生态最精华的成分，又赋予了舞蹈新的时代感，能与当代文化同步，成为使人民群众容易接受的艺术品。这也是广场舞蹈中最难做好的广场舞，虽然旧和新不好融合，创作难度大，但出现的精品较多。

创作的新广场舞蹈内容丰富，形式很多。当然在创作中决不能离开广场舞蹈的特征。创作广场舞可以利用各种舞蹈种类。比如，可以利用民间舞素材创作一个全新的广场舞。创作新广场舞比较容易些，因为它不受传统的条条框框所限制，可以创作全新的音乐、全新的舞蹈，编导可以自由发挥。创作新的广场舞蹈对传统民间广场舞蹈有着很好的推动作用。

踏歌是最近几年兴起的一种中老年人喜爱的流行广场舞蹈。随着音乐高低音节奏而踏出有序的舞步。踏歌的舞蹈形式一般有：快三、中三、慢三、快四、中四、慢四。

广场舞对老年人有着健心、健脑、健身、健美的积极作用。从心理学的角度来分析，人的注意力是心理活动对一定对象的指向和集中，也就是说注意是受指向制约的。在翩翩起舞的过程中，其注意力必然都集中在欣赏优雅的舞曲音乐上，并沿着节奏将内心情感抒发在舞姿上，由于注意的转移，就能使身体其他部分的机能得到调整和充分休息，所以参加排舞这项运动能消除紧张情绪和缓解压力。练习者在动听的音乐、美妙的舞姿中，消除疲劳、陶冶心灵，感受到愉快的情绪，从而达到最佳的心理状态。记忆是过去的经验在人脑中的反映，包括识记、保持、再现和回忆四个基本过程，形式有形象记忆、概念记忆、逻辑记忆、情绪记忆、运动记忆等。在排舞的练习过程中不仅要运用形象记忆、概念记忆，而且还要运用情绪记忆和运动记忆，而随着年龄的不断增长，记忆力会以很慢的速度减退，这是自然规律，也是正常现象。通过排舞练习以及对大脑神经的不断刺激，来减缓记忆力减退的生理现象，达到良好的健脑效果。广场舞具有体育锻炼的价值，经常进行排舞练习，心血管和呼吸系统都能得到良好的锻炼，改善心肺功能，加速新陈代谢过程，促进消化，消除大脑疲劳和精神紧张，从而达到增强体质、增进健康、延缓衰退、提高人体的活动能力等良好的健身作用。广场舞的练习是在优美动听的音乐旋律中，用心灵共舞，把细腻的情感注入舞姿中，并以高超的舞蹈技艺形神一致地表现出各种动与静的姿态，塑造出各种美妙的意境组合，体现出美的姿态、美的造型，创设出体育与艺术、健与力高度结合的意境，给人们艺术熏陶和美的享受。因此，广场舞练习对形态、姿态、健康等方面都有较高的要求，经常参加排舞练习是一项很好的形体训练，可提高人体的协调能力，增强身体的各个部位的肌肉群，以及增加骨骼的密度，具有十分积极的健美作用。广场舞的练习方法通常包括：

1. 分节练习法，即每节动作分别练习，常在新学一套动作、成套动作不熟练及动作变化较复杂的情况下采用。

2. 分段练习法，将全套动作分成几段，每次专门练习一段的各节动作，最后将各段连接起来练习为成套动作，常为分段熟记和提高动作质量时采用。每段练习又可采用分节和连续练习方法。

3. 累积练习法，即从第一节开始，先本节单独练习一次，接着与前面的节数连起来练一次,依次练完全套动作,常为提高全套动作连接和熟记动作时采用。在返练前面节数时,又可采用分节和连续练习方法。

4. 连续练习法,即全套动作从开始至最后一节不停地连续完成。常在动作较熟练和加大身体负荷时采用。

5. 断连练习法,即在全套动作连续完成过程中,其中某一两节动作暂停采用分节练习,常在全套动作基本熟悉、个别节的动作掌握不好时采用,以强化某节练习。

6. 重复练习法,即每节动作先练二八拍后进行纠正,接着再重复练习二八拍,常在学习新动作或较复杂动作时采用。

7. 对称练习法,即一节动作中,按左右路或前后排,在动作方向、部位、方法等方面相对称地练习,常在动作熟练时,为提高练习难度、兴趣及配合能力而采用。对称方法可采用面对、侧对、背对、起伏、转动、移动等来做。

最后,向老年朋友推荐几个适合跳广场舞的曲目,包括《南泥湾》、《十送红军》、《荷塘月色》、《套马杆》、《最炫民族风》、《我要去西藏》、《自由飞翔》、《山歌好比春江水》、《敖包相会》和《九九艳阳天》。

运动 健身

乒乓球：小小乒乓球，健身作用大

乒乓球是我国的国球，也是一种世界流行的球类体育项目。它的英语官方名称是"Table tennis"，意即"桌上网球"。乒乓球一名起源自 1900 年，因其打击时发出"Ping Pong"的声音而得名。目前，乒乓球比赛以 11 分为一局（2001 年之前曾经长期实行 21 分制），比赛分团体、单项（男单、女单，男双、女双、混双），团体比赛采用五局三胜或单项比赛采用七局四胜制。

19 世纪末，欧洲盛行网球运动，但由于受到场地和天气的限制，英国有些大学生便把网球移到室内，以餐桌为球台，书做球网，用羊皮纸做球拍，在餐桌上打来打去。后来，一位美国制造商以乒乓球撞击时所发出的声音创造出 Ping-pong 这个新词，Ping-pong 后来成了 Table tennis 的另一个正式名称。1904 年，上海四马路一家文具店的老板王道平从日本购回 10 套乒乓球器材，并在店内作表演，于是买乒乓球、打乒乓球的人逐渐增多，各大城市也先后推广了这项活动。1926 年，在德国柏林举行了国际乒乓球邀请赛，后被追认为第一届世界乒乓球锦标赛，同时成立了国际乒乓球联合会。在名目繁多的乒乓球比赛中，最负盛名的是世界乒乓球锦标赛，起初每年举行一次，1957 年后改为两年举行一次。

一、乒乓球的握拍和击球

乒乓球的握拍方法有两种，即直拍握拍法和横拍握拍法。直拍握拍法有两种：一是快攻型握拍法。食指第二指节和拇指第一节在拍的前面呈钳型，两指间距离 1cm~2cm，拍柄贴住虎口，另外三指自然弯曲贴于球拍后的 1/3 上端。二是弧圈型握拍法。弧圈型握拍法与快攻型握拍法基本相同，其区别是：拇指和食指形成一个小环状，其他三指在拍背面自然重叠，由中指的第一指关节顶于拍柄的延长线上。

横拍握拍法如同握手一样。中指、无名指、小指自然弯曲握住拍柄，大拇指在球拍正面靠近中指，食指自然伸直，斜放于球拍背面。正手攻球时，食指稍向上移动；反手攻球时，拇指稍向上移动。

乒乓球的击球方法主要包括四方面，即击球部位、击球时间、击球路线和击球点。击球部位是指击球时球拍触球的具体位置，它基本上与拍形角度相吻合，有上部、上中部、中上部、中部、中下部、下中部、下部7种击球部位。击球时间是指来球在本方台面弹起后至回落的那段时间，可分为：上升前期，球从台面弹起刚上升的阶段；上升后期，球弹起接近最高点的阶段；最高点期，球弹起达到最高点的阶段；下降前期，球从最高点开始下降的最初阶段；下降后期，球下降到接近台面之前的阶段。击球路线是指从击球点到落台点之间形成的线。五条基本线路（以击球者为基准）为：正手斜线、正手直线、侧身斜线、侧身直线、中路直线。中路直线球在实际比赛中是随时以站位而定的，即追身球，也称中路追身球。

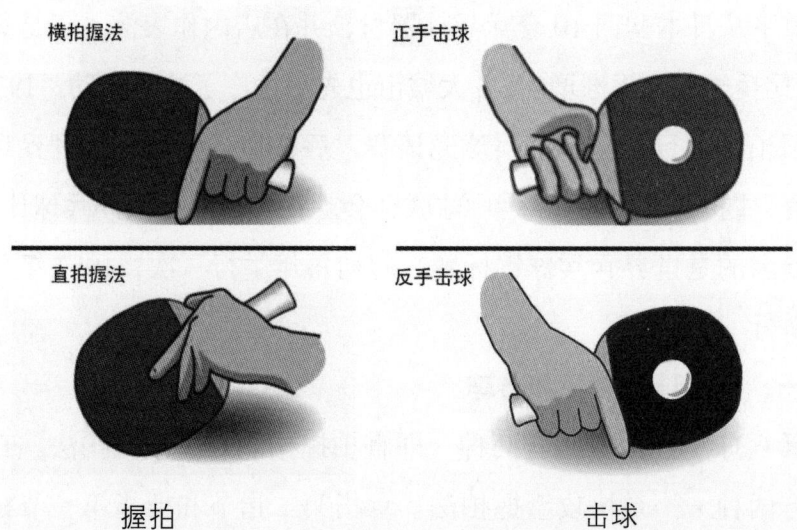

握拍　　　　　　　　击球

击球点是指击球时，球拍与球接触瞬间的那一点所属空间的位置，这是对击球者所处的相对位置而言的，包含以下三个因素：球处于身体的前后位置，球与身体的远近距离，球的高、低位置。

二、乒乓球技术的基本要素

乒乓球技术五个基本因素是：弧线、力量、速度、旋转和落点。

弧线是乒乓球在空中飞行的轨迹。力量作用于球，是通过球的前进速度和旋转强度表现出来的。如果你在进攻当中猛力扣杀，使对方接不好，那么你就要打得有力量。如果你是在加强旋转的强度，无论是制造上旋还是下旋,你一定要用力摩擦球。为了尽量减少对方的准备时间，你必须抓紧时间，争取在最短的时间内最快地把球回击到对方的台面上，使对方措手不及，这就是速度。为了增加对方还击的难度，还可以制造各种旋转球，迫使对方回球失误后"出机会"球，这就是旋转。乒乓球不大，要使自己打过去的球更具威力，必须要调动对方前后、左右移动或奔跑，因此要讲究落点。所以说，弧线、力量、速度、旋转、落点是乒乓球技术的基本要素。

三、打乒乓球的好处

据统计，在一场激烈的乒乓球比赛中，运动员挥拍达1000次以上，脚步移动达1000~3000米左右。乒乓球爱好者都有这样的体会，在紧张的工作和学习之余，挥拍打一阵乒乓球后出一身大汗，有一种特有的惬意感，随之而来的是振奋的精神和旺盛的精力，第二天工作起来有一种身轻脑清的感觉。因此，乒乓球这一特点更适合白领阶层，以及整天待在办公室，需要精神高度集中的中老年脑力劳动者。

1.强身。由于乒乓球是隔网对抗，所以它比足球、篮球等有身体接触的体育项目更有安全性，适合于喜欢健身的儿童、少年、青年、中老年人爱好者。乒乓球运动能全面锻炼人的身体，使人体的呼吸系统、消化系统及运动系统等得到全面锻炼。乒乓球运动不但要求眼要快，手更要疾，而且脚步也需迅速移动作出配合。长期锻炼可使上下肢的关节更灵活，腰背部的肌肉也更健壮，整个人的身体机能被充分调动，协调性和灵活性都得到提高，更加充满活力。

2.益智。乒乓球运动在发展人体的速度、灵敏、力量、耐力、协调等身体素质的同时，也能锻炼和培养人们的勇敢、顽强、机智、果断等良好的心理品质。打乒乓球是脑力体力结合的运动，要想在乒乓球竞争中取得主动，不仅要基本技术好，打球还要不断地观察分析，观察对方的站位，分析对手的球路，特长和漏洞。乒乓球只有2.7克重，但要控制好确实是需要技巧的。同样是为了把乒乓球击打过网，就有诸如抽、拉、冲、挂、撕、带、划、撇、劈、拧、挑、弹、砸、扣等多种技能、技巧。

3. 协作。乒乓球运动使人的反应更快，思维更敏锐，动作更协调，其中乒乓球比赛中的双打还可以加强团队合作的精神，培养两人的默契感。乒乓球的协调性要求对人锻炼很大，经常看见一些老人走路和小孩子学走路一样一歪一倒，更多的人年龄大了就离不开一根拐杖，其实这是平衡协调能力出了问题，经常锻炼可以保持正常的平衡协调能力。打乒乓球可以建立感情。乒乓球是一种竞技运动，总是有对手，但是，这些对手一样全都是朋友，往往越是关系好、对垒多的越是好朋友。

4. 舒心。打乒乓球还能调节人的情绪，使人心情愉快，性格开朗大方；能开发人体大脑智力，提高思维能力，促进智力发展。现代生活中，无论学习还是工作，每天或多或少都有点压抑，打球能使大脑的兴奋与抑制过程合理交替，避免神经系统过度紧张。具有一定竞技性的运动才能激发人们运动的兴趣，特别是实力相当的对手对垒，双方全神贯注，你来我往，不相上下，物我两忘，其乐融融。

5. 养神。乒乓球是一种有趣的运动，能调动人的情绪。有时遇到什么烦心事，打一会儿乒乓球后出一身大汗，那种特有的惬意能让人精神面貌焕然一新。另外，"以球会友"也是件乐事，跟球友场上切磋、场下谈心，可令人心情舒畅、神清气爽。

6. 健脑。在所有球类运动项目中，乒乓球的速度是比较快的。由于球体小而轻，攻防转换迅速，它要求运动员必须在最短的时间内调动视觉、听觉等感觉器官，对变化着的来球作出准确的判断和反应，迅速移动脚步，或搓或削，或打或拉，挥拍将球打过去。这种讲技术、讲战术、动脑筋的特点能很好地锻炼老年人的反应能力，锻炼人脑对周围事物的灵敏性。所以，打乒乓球可以预防老年人脑痴呆，延缓老年人的脑动脉硬化，保持良好的思维记忆力。

四、打乒乓球的注意事项

进入秋冬季节，很多喜欢室外活动的老年人活动范围受限。乒乓球是个不错的室内休闲活动。但是需要注意以下四个方面：

1. 以锻炼为目的，不要太好胜。乒乓球专业运动员比赛是为了拿奖牌，但对业余爱好者，特别是老年人来说，打乒乓球主要是为了锻炼身体、促进健康。因此，要以平和之心来练球、打球，不要太计较输赢；要注重切磋球艺，在球的往来中寻找乐趣；要重过程而轻结果，做到胜之淡然，失之坦然。

2. 老人体弱者少扣杀、多防守。在打法上，如果是年轻力壮，体力充沛的年轻人，以锻炼力量、毅力为目的，可选择多奔跑、多起拍扣杀或拉弧圈球的进攻型打法。但老年人或体质较虚弱者应多以增强体质为目的，可选择少移步、少扣杀的防守型打法。如果是患有慢性胃肠病、经常出现胃部不适、容易拉肚子的人，建议练拉弧圈球打法，因为此打法拉球时引拍自后下向前上，上肢连同胸廓往上提升，全身包括内脏也随动作而上提，尤适合有胃下垂、慢性结肠炎等疾患者练习。

3. 开打前要充分活动肢体，做好热身准备，防止受伤。乒乓球与其他体育项目一样是把双刃剑，控制、练习得好有益健康；反之也可影响甚至损伤身体，因此在练习时必须趋利避害，把损伤程度降至最低。比如，打球的场地不能太滑，衣服要宽松，鞋要轻软，最好准备一双专业的球鞋，预防滑倒。另外，冬天打球不宜一开始就穿得太少，夏天在有空调设备的场地打球，冷气不宜开得太低。

4. 不要连续长时间打，打半小时休息一下，最好每天不要超过 2 小时，包括中间的休息时间。有一位乒乓球爱好者由于打球上瘾连续运动 4 小时，加之受凉腰受了伤，结果治疗休息三个月，得不偿失，教训深刻。此外，运动后要注意保暖，小心感冒；注意适当补充一些液体，但不要过量。

打乒乓球成功降"三高"

62岁的沈伯退休前是个经常需要到处"陪吃"应酬的大忙人，常年烟、酒加上大鱼大肉，令他在不到50岁时就加入"三高"的行列。退休才两三个月，有一天，沈伯站在全身镜前突然被自己的"老态"吓了一跳：只见自己不但体态臃肿、大腹便便，动起来肚皮上的肉还一晃一晃的，年轻时的潇洒已荡然无存，只剩下一副"老残"的样子。这一照"吓醒"了沈伯，也吓出了他"拯救自己形象"的决心。反正退休了也不忙，他决定选择年少时比较擅长的乒乓球运动，每天练习两三个小时。一年多来，不服老的他通过打乒乓球不但成功"拯救了自己的形象"，变得身体结实、神采奕奕，甚至连多年来一直跟着他的"三高"也意外地被"打走"了。专家解释说，这是因为打乒乓球消耗能量多，长期坚持减肥效果明显，并能间接使身体各项超高的指标下降。

羽毛球：柔美与力量的化身

羽毛球运动可以全面增强人的体质。老年人打羽毛球可以锻炼身体的灵活性、协调性，可以提高老年人上下肢及躯干的活动能力，改善呼吸系统和心血管系统的功能，提高有氧供能和无氧供能，调节神经系统并提高其抗乳酸的能力，而且能起到增进健康、抗病防衰、调节精神的作用。同时，还可以培养意志，产生愉悦、趣味的锻炼价值。当然，打羽毛球还可以陶冶老年人的心理。羽毛球活动包括对对方战术意图的揣摩，对各种战机的把握，对自己运用什么战术的选择等智力因素，因此经常从事该项运动可以使人思维敏捷。同时，由于比赛的紧张、竞争的激烈，使练习者的心理素质得到很好的锻炼，在竞争中，强化进取精神，使人的智、勇、技在竞争与对抗中得到升华。经此磨炼，能够做到临危不乱、泰然处之，既增长了智慧又陶冶了情操，不仅能在羽毛球活动中应付自如，而且能以良好的心态，正确的人生观去面对事业、家庭、荣辱等。

一、打羽毛球的优点

1. 娱乐性。自娱性，羽毛球作为一种娱乐活动，参与者在球的对击过程中，通过不停地奔跑和身体的变化，努力地去把球击到对方的场地。每当击球者在击出一个好球或赢得一个球时都能使自己兴奋并达到一种成功的喜悦。同时，球的飞翔又有快慢、轻重、高低、远近、狠巧、飘转等变化，使这种运动本身充满了丰富的乐趣。

2. 观赏性。由于羽毛球技术的千变万化，使羽毛球运动有很高的可观赏性。如猛虎下山的上网技术，蛟龙出水一样的跳起击球，身如满弓的扣杀，犀牛望月似的抢扑救球，进攻时似高屋建瓴、势如破竹，防守时的绵绵细雨、固若金汤。这一切都在展示着羽毛球运动的力与美，使观赏者像吟读一首动人的诗，如浏览一幅悦目的画，令人心旷神怡，流连忘返。

3. 锻炼性。高强度羽毛球运动者的心率可达到每分钟160～180次，中强度心率可达到每分钟140～150次，低强度运动心率也可达到每分钟100～130次。长期进行羽毛球锻炼,可使心跳强而有力,肺活量加大,耐久力提高。此外，羽毛球运动要求练习者在短时间内对瞬息万变的球路作出判断，果断地进行反击，因此，它能提高人体神经系统的灵敏性和协调性，既是技巧性很强的运动，也是一种普及性很好的运动，老少皆宜。

二、羽毛球的打法

羽毛球运动的起源众说纷纭，但现代羽毛球运动起源于英国却无可争议。羽毛球是英国贵族所玩的游戏，所以人们又称羽毛球运动为贵族运动。随着羽毛球运动流行于世，从欧洲流传到美洲、大洋洲、亚洲和非洲。它不仅成为人们所熟悉和喜爱的羽毛球运动，更是于1992年在巴塞罗那奥运会上成为正式比赛项目。

1. 单打的打法类型。单打的打法是根据比赛者的个人技术特点、身体素质、心理素质等条件而形成的技术打法，常见的大致有以下五种打法：

（1）控制后场，高球压底。从发球开始就运用高远球或进攻性的平高球压对方后场底线，迫使对方后退，当对方回球不够后时，以扣杀球制胜；或当对方疏于前场防守时，就可以以轻吊、搓球等技术在网前吊球轻取。轻吊必须在若干次高远球大力压住后场，对方又不能及时回到前场的基础上进行。这种打法主要是力量和后场的高、吊、杀技术的较量，对于初学者，这是一种必须首先学习的基础打法。

（2）打四角球，高短结合在后场，以高远球、平高球和吊球，在前场则以放网前球、推球和挑球准确地攻击对方场区前后左右四个角落，调动对方前后左右奔跑、顾此失彼，待对方来不及回中心位置或回球质量差时，向其空当部位发动进攻制胜。这种打法要求进攻队员具有较强的控制球落点的能力和灵活快速的步法，有速度，否则难占上风。

（3）下压为主，控制网前。主要通过后场的高远球、扣杀、劈杀、吊球等技术，先发制人，然后快速上网以搓、推、扑、钩等技术，高点控制网前，导致对方直接失误，或被动击球过网，被进攻队员一举击败的一种打法，通常也称"杀上网"的打法。这种打法是进攻型的打法，能够快速上网高点控制网前，速度耐力和力量耐力也要求较高。这种打法，体力消耗较大，如果碰上防守技术好的对手，体力强弱就往往成为成败的关键因素。

（4）快拉快吊，前后结合。以平高球快压对方后场两底角，配合快吊网前两角（或运用劈杀）引对方上网。当对方被动回击网前球时，即迅速上网控制网前，以网前搓、钩球结合推后场底线两角，迫使对方疲于应付，为前场扑杀和中、后场大力扣杀创造机会。这也是一种积极主动、快速进攻的打法。这种打法要求运动员身体素质好，特别是速度耐力要好，技术全面熟练，而且还要具备突击进攻的特长技术。

（5）守中反攻，攻守兼备。以平高球和快吊球击向对方前后左右四个角落，以调动对方。让对方先进攻，针对进攻方打的高远球、四方球、吊球等，加强防守，以快速灵活的步法、多变的球路和刁钻准确的落点，诱使对方在进攻中匆忙移动，勉强扣杀，造成击球失误，或当对方回球质量较差时，抓住有利战机，突击进攻。这种打法要求队员具有攻中有守、守中有攻的控球和反控球能力，不仅应具备优良的速度耐力、灵活的步法、准确快速的反应和判断应变能力，更应具有顽强的拼搏精神和心理素质，这样才能在逆境和被动中保持沉着冷静，并奋起反击。

2. 双打的打法类型。双打打法是根据双方的技术水平、身体素质和心理素质以及伙伴的配合特点，经过长期训练而形成的。常见的打法大致有以下三种：

（1）前后站位打法。此打法基本上是本方处于发球时所采用。发球的队员站位较靠前。当发球员发球后立即举拍封堵前场区，另一名球员则负责中场或后场的各种来球。前后站位法可充分运用快攻压网前搓、吊、推、扑技术，寻找空隙，一举打乱对方站位；或通过后攻前扑，后场连续大力扣杀，前场积极封堵，当回球在网附近时，一举给对手以致命打击。

（2）左右站位打法。本打法基本上为本方处于接发球状态和受到下压进攻时所采用。对方发球或打来的平高球处于后场，接球方可从原来的前后站位立刻转换为左右站位，两人各负责左右半场区的防守，以平抽、平打压住对方后场底线两角，在对方扣杀球时也能以平抽反击或挑高远球至两底角，造成对方回球无力，一举扣杀或吊球成功。

（3）轮转站位打法。在比赛中，攻守双方总是根据比赛的情况而不断地在前后站位和左右站位间相互变换。对于站位的变换通常具有以下特点：一是发球或接发球时前后站位。当对方回击高球至后场偏一侧进攻时，位于前面的队员要直线后退，后方的队员看情况向侧移动，改换成左右站位。二是发球或接发球时处于左右平行站位。在发球后或在对击球过程中，一旦有机会进行下压进攻时，一名球员便快速上网封堵，另一人则快速移动到后场进行大力扣、吊、杀球，导致对方处于被动地位。

门球：三门一柱设战场，红白二队争雌雄

门球是在平地或草坪上，用木槌击打球穿过铁门的一种室外球类游戏，又称槌球。门球起源于法国，13世纪传入英国，17世纪传入意大利，20世纪30年代传入中国。门球运动占地少、花费省、很安全，且技术简单、比赛时间短、运动量也不大，适于中老年人进行体育锻炼。

门球是高尔夫球与撞球的混血儿，不但规则简单、轻松有趣，而且可以激发脑力、促进身心，是目前时下最经济实惠、老少咸宜的新运动。三五好友，带着简单的球具，便可以玩一个下午，既达到四肢运动的目的，又有联络感情与娱乐的效果。

一、门球项目的规则

门球运动是一项两队10名队员进行比赛、每名队员各有自球、独立击球又相互合作的体育运动。门球规则规定，应依次使球通过球门，撞击终点柱，完成比赛。比赛时，两队各5个球，一方红球、一方白球，从1号到10号交替击红、白球。队员每人1球，称为"自球"，球号和队员号一致，也就是击球员在开球区首次击球过一门时的序号，其余的球为他球。如果击球员成功将球击过一门，称为通过第一门，该球员可再次击球，过二门、三门同样如此。此外，如果球成功通过第三门后撞柱，与该球号对应的队员结束比赛。

在击球时，如果自球触及他球，称为撞击。如果自球和被撞他球停在比赛线内，击球员需用脚踩住自球，并将他球与自球贴靠，然后，用球槌击打自球，利用冲击力把他球震出，称为闪击。无论是成功击球过门还是闪击，击球员都得到一次续击权。

每球按顺序每通过一个球门获得1分，撞柱获得2分，完成一场比赛该号队员共得5分。以比赛结束时每队队员所得分值相加来判定胜负，总得分多者为胜。

二、门球的场地

1. 门球场地为矩形，是由限制线圈定，无任何障碍物。

2. 比赛线长20～25米，宽15～20米。

3. 限制线在比赛线外1米处。

4. 原则上，比赛线宽5厘米，限制线及其他线要易于识别。场地的尺寸以线的外沿为准。

5. 线的颜色与场地地面要易于识别。

6. 比赛线构成4个外角，自发球区开始，依逆时针顺序，依次为第1角、第2角、第3角、第4角。

7. 第1角和第2角之间的线为第1线；第2角和第3角之间的线为第2线；第3角和第4角之间的线为第3线；第4角和第1角之间的线为第4线。

8. 发球区是一个矩形，其边线由第4线及其外线，以及从第1角向第4角方向的1米和3米距离的垂直线组成。

9. 场地尺寸、线的宽度和颜色等由比赛组委会确定。

三、打门球的技巧

门球运动是"动"与"静"相结合的活动；动中求静，静中寓动。因此，要想打好门球，参与者必须心平气顺，做到"求乐、心明、位正、气顺、塞听、解套"。

1. 求乐。老年人玩门球要意在陶冶情操，锻炼身体，老有所乐。

乐在探求其深刻的文化内涵，学懂其中深层次的道理；乐在活跃思想，更新知识，摸索新方法，玩得更精彩。因此，老年人玩门球重在交流技术，切磋球艺，乐在其中。

2. 心明。打门球旨在提高智慧。门球比赛乃对阵双方"智"与"勇"的较量。这一方面是临场指挥员的运筹帷幄，如何在轮回击球、协同配合的集体活动中发挥出每名队员的个人技艺，它包括技术、战术、战略的修养，攻防意识、应变能力、心理素质等的较量；另一方面又是球员自身的智力、体能（包括心理）等潜在能量的充分发挥，如何在有张有弛的运动中活跃思维、调整心态，做到心明眼亮，是玩好门球的重要一环。

3. 位正。无论是练习还是比赛，全体球员都需要明确各自的职责，扮演好各自的"角色"，做到不错位。临场指挥以纵观全局、发布指令为主责，指令应明晰简短、及时果断，指明击球去向和目的，对个别队员给予提示，必要时身到、手势到。击球队员以击球为主责，且同样需要审时度势，通观各球动态和落位，特别关注与己方球有攻防牵连的上、下号球的动态，依指令击好球。其他队员则不要在场外做多头指挥。

4. 气顺。门球能否打好，现场发挥和临门一杆是关键。场地上的球瞬息万变，30分钟内，球基本处于运动之中，人要随球走，依击球、捡球、闪球等反复走动；但击球时既不能浮躁图快，又不能超时犯规。因此，动中求静是关键，其要领是：培养"快中求静"的习惯，快速走动接近球体（含本球、待捡拾的他球）；忙而不乱地完成"一看、二站、三瞄准"的基本动作；起杆击球瞬间要沉住气，气落丹田不憋气，眼观本球后部击球点，提杆正摆、轻拉慢打，控制腕力稳中动。争取做到气顺心静，心静手稳。

5. 塞听。球场如战场。比赛时，竞技争先、群情激昂；一声指令发出，一杆球击出，得失成败众说纷纭、褒贬不一。这时，球场上各方的心情必然受到影响。除了观众不要高声议论,指挥员能够自我约束和稳定、安抚击球队员的情绪外,队员个人也要做到心胸豁达、处之泰然。在击球过程中,以"闹市看书意不移"的心态,聚精会神地击好球,这样击球成功率就会高。

6. 解套。竞技场上参赛队员求胜心切是必然的,而不尽如人意的指挥或击球也在所难免。此时心态失衡的主要原因是潜意识中苛求完美的心理在作怪。赛场上当处于逆境及球队或个人击球失误时,则会表现得非常不平静,呵叱指责、埋怨不满、沮丧。如果这些思想桎梏不能及时解脱,队员精神上都有"紧箍咒",不仅影响击球队员的击球效果,也会使全队的气氛低沉、士气不振,直接影响比赛的质量。因此,不论是平时训练或是参加比赛,每个队员都需要树立相互信任的意识,具备包容的心态轻装上阵,就能够发挥出个人、全队的最好水平。

四、打门球的好处

1. 能使身体得到全面锻炼。门球的基本活动是瞄准、击球、拾球和到位。在活动中伴随着快步走或慢跑,可以使全身的运动器官,特别是手、臂、腰、腿、脚,以及视力、听力、内脏和神经系统都得到锻炼。

2. 可以进行充分的日光浴和空气浴。门球活动是一项户外运动,又因其活动量较小,能持续活动几个小时,可以进行充分的日光浴和空气浴,这是门球户外运动"得天独厚"的优点。经常进行日光浴和空气浴有增强体质和防病治病的作用。太阳的光辐射还可以使人心情舒畅,并改善人体组织的新陈代谢;人体皮肤与空气接触,可产生相应的生理效应,提高身体对气温的适应能力。

3. 增强脑细胞的活力、锻炼思维和记忆能力。门球活动中的技战术的运用和整体配合,以及打球所处的位置,都需要用脑力,这样日复一日地进行脑运动,就会增强脑细胞的活力,锻炼思维和记忆能力。打门球可以说是体脑并用的运动项目,而体脑运动的有机结合,正是门球运动的独具之长，所以这项运动更有益于老年人健康长寿。

4. 具有显著的心理保健作用。门球是运动和娱乐兼而有之的项目，它不仅对肢体健康有益，而且能愉悦参加者的情绪。打起门球来，妙趣横生，心醉神达，忘却生活中的种种烦忧，老年人的孤独感、失落感也消失了，同时还增多了朋友之间的交往和友谊，对老年人心理保健起到了重要作用。

五、打门球的注意事项

1. 参加门球活动前应把臂、腿、腰以及相应的关节充分活动开。

2. 打门球时最好穿带齿而不滑的鞋。尤其对老年人来说，如绊倒或滑倒很容易出现摔伤事故，冬季冰冻天参加户外门球活动更应小心。

3. 门球活动的体力消耗并不大，但是一旦着迷，容易兴奋，此时老年人应注意控制自己。不应超过自己适合的步伐或跨度活动的幅度，以免万一扭伤筋骨，从未打过门球的人也可以先自己练或与友人、家人同练。

4. 老年人有充裕的时间打门球，而门球运动能使参加者长时间活动，因此，老年人应把打门球安排在作息制度中，使生活、锻炼有节奏。

5. 老年人经常从事门球活动应有自我监督和预防意外的方法。

6. 老年人参加门球活动，以安全适度、确保实效，能得到快乐感和满足感为健身原则。

我是怎样爱上打门球的

初次来到门球场，我就受到了老同志们的欢迎和关爱。老领导问长问短、老朋友亲切交谈、老教练传授球技，仿佛置身在热情的场面上、和谐的氛围里、健康的人群中，让我初尝到门球大家庭的温暖。我练了一段时间后，觉得无论是起棒还是击球，都比较顺手，有时还能打出几棒好球，并立即得到球友们的赞扬，从而使我深受鼓舞和鞭策，这更增强了我打门球的兴趣。

喜欢上打门球，仅仅是起步，球友们告诫我，后面还有很长的路要走，还有许多东西需要去学习、去探讨、去锤炼。于是，我回到家里，就认真翻阅门球的有关资料和书籍，从站位、瞄准、挥杆、击球以及门击等基本技巧上反复琢磨，掌握要领；然后到球场上反复实践，不断摸索，把书本知识化为自己的真本领。经过一年多的刻苦磨炼，自我感觉还算不错，特别是在几次比赛中，经受住了多种考验，发挥得还相当不错，得到老球友们的肯定，都说我打门球进步挺快。在这种情况下，我更加坚定了打好门球的信心和决心，从此我与门球结下了不解之缘。

通过学打门球，感触最深的有这么几点：一是打门球可以广交朋友，加深友谊。人生在世多交朋友，多接触些老领导、老同事、老朋友，我认为也是一辈子难得的机遇和乐趣。门球作为我退休后休闲健身的平台，充实和丰富了我的退休生活，为我又增添了一个休闲健身工程。二是打门球虽然不是什么剧烈运动，但也是一个手脑并用、协调联动的全身运动。有时用力要恰到好处，有时用脑要巧夺天工，有时稍有疏忽将影响全局。所以，我觉得打门球有时像打高尔夫球，有时像打桌球，有时又像在下象棋，既能寓球于乐，又能强身健脑。三是初学打门球，首先要培养兴趣，做到"出手好、上手快"；其次要认真学理论、反复练技巧，切记"功夫不负有心人"这句话；再次，打门球要常怀一颗平常心。因为击球点是一个很小的位置，一个不均匀的呼吸都会影响到准确度，所以无论在顺利时还是遇到困难时，心态都要平和，做到胜不骄、败不馁。总之，要做好任何一件事，只要热心，才会诚心；只有真心，才会细心；只有虚心，才会进步。

太极：太极生两仪，两仪生四象

中华武术有着几千年的悠久历史，在其漫长的发展过程中，形成了众多流派，其中太极拳以其特有的健身和技击作用，备受国内外众多人士的喜爱。太极拳作为一种强调平衡协调、内外兼修的健体防身体育运动发展至今，形式越发多种多样。除太极拳外，最受老人欢迎的还有太极剑和太极扇等。

一、太极拳

太极拳以"掤、捋、挤、按、采、挒、肘、靠、进、退、顾、盼、定"等为基本方法。在运动中，要求静心用意，以意识引导动作，动作与呼吸紧密配合，呼吸要平稳自然，动作要中正安舒，柔和缓慢，身体保持松弛自然、不偏不倚，动作绵绵不断、轻柔自然，动作弧形、圆活不滞，以腰为轴、上下相随，周身一体。动作连贯协调，虚实分明，动作之间衔接和顺，处处分清虚实，重心保持稳定。动作不浮不僵，刚柔相济，发劲完整。在推手中，要求以静制动，以柔克刚，避实击虚，借力发力，尤其讲究"听劲"，通过身体触觉，来判断对方力量的大小、方向、部位，并及时作出反应，动急则急应，动缓则缓随，随机应变。学习太极拳要循序渐进，具体的学习注意事项包括：

1.在学架子、正架子阶段，每天坚持练10遍，两个月即可将套路练熟；三四个月后，随着练拳质量的提高，已有内气活动的感觉。当自己的身体稍微有些松筋拔骨时，就可以得到一点点的健康了，也能够治愈一些常见的小毛病。然而此时，总体上对自己的身体状况还是难以彻底改观，原因在于动作还不够放松、柔和，全身的僵劲拙力也没有去掉。所以，在做动作时，会犯立身不正、横气填胸、挑肩架肘、弯腰撅臀等毛病，因此就时常会对自己的健康有不满意的感觉。再者，"陈氏太极拳"是以传统的太极文化为根本，融入了易经阴阳学、导引吐纳学、中医经络学等，通过拳术的方式在巧妙地表现中华民族悠久的太极文化，并可以让习练者逐步达到内外双修、身心并练、武中寓文的人生至高境界。可是，相对于庞大的太极文化体系而言，太极拳也只包含了武、医、艺、哲等部分，然而，医的部分却又分出了养生、康复等科目。所以说，健身的作用相对于太极拳的整体功效和古老悠久的太极文化来说只是其中的一部分而已。因此，若想达到理想的身体健康，让动作做到自然大方一点，还必须完成捏架子、顺架子。

2. 在经过了学架子、正架子、捏架子、顺架子之后，身体就可以达到非同一般的健康了。而此时的遗憾是，对太极拳的动作还处于"知其然而不知其所以然"的阶段，拳架也具有断劲不圆的缺点。于是，就想去了解每个动作的意图，也想明白每个拳势的攻防含义和它在不同情况下的变化，还想知道每个用法的破解。这个时候，只有通过学习拆架子、定架子，包括要进行太极推手和太极散手的训练，这样才能使自己对太极拳有一个更深一层的了解，也才能从技击角度去分析太极拳的实用价值，从而就可以明了太极拳的真正内涵，当然还能够练就一身太极功夫。

3. 学架子、正架子、捏架子、顺架子、拆架子、定架子，这其中任何一个阶段的脱节，就有可能误入歧途，最终很有可能会导致文不成、武不就。套路的规范是为了达到动作、呼吸和意念的协调配合，老师为了便于我们有个深刻的记忆，每天也只是规范一个动作，可哪怕是如此，大多数人还是会忽略一些精要的地方。如果每天规范的动作超过了两个的话，可能就有不少人真的是在囫囵吞枣了。当一个套路规范结束后，自己要去细心地揣摩体会两三个月，接下来，就需要再请老师来一次示范，也只有如此反复地精益求精，才能练成真功夫。如果独自练习的时间超过了半年，不正确的动作很有可能会过早地定型，那么，就会给以后的纠正规范带来困难。所以，这六个阶段的训练一旦脱节的话，是根本不可能达到最佳的健身效果，也根本无法了解太极拳的真谛，更无法达到天人合一的佳境。

4.如果用还没有完全掌握的技术去教学授徒,那无疑就等于误人子弟。据说孔子的弟子有三千多人,而得到孔子亲口传授的弟子,却只有七十多人,正是这七十多人,才是真正地在弘扬孔子的学说。所以说,自己哪怕是独自练习了大半辈子,若没有接受严格的言传身授和师徒传承的关系,还是没有资格去指导初学者的。

当自己都不能正确判断孰对孰错与好坏优劣时,又怎能去伪存真、辨别选择众家之长呢?若是在这种基础上,去博采众长的话,往往会像挑东西挑花了眼一样,也许人生就在这种徘徊彷徨中,被慢慢地消耗掉了;到头来,很可能在太极的岔道上越走越远,而至终难觅太极奥妙的踪迹。张东武老师常常说道,学习所有的东西都是"知道容易做到难",更不要说做得好,做得精了。而将"心知、身知、神知"结合到太极拳,那就是"心明、体明、神明"。其实,学习太极拳是一项终身运动,是需要爱好者不断地去交流、学习、提高的,而少走弯路和不出偏差,只有一个捷径和办法,那就是请老师指导、指导、再指导。

二、太极剑

太极剑是太极拳运动的一个重要内容,它兼有太极拳和剑术两种风格特点,一方面它像太极拳一样,表现出轻灵柔和、绵绵不断、重意不重力,同时还表现出优美潇洒、剑法清楚、形神兼备的剑术演练风格。太极剑是属于太极拳门派中的剑术,具有太极拳和剑术两者的风格特点。太极剑作为太极拳系列的组成部分,在古代剑术的基础上,改造发展而成。"四十二式"太极剑具有独特的风格特点,动作柔和、舒缓,美观大方,体静神舒,内外合一。太极剑与一般剑不同,动作既细腻又舒展大方,既潇洒、飘逸、优美又不失沉稳,既有技击、健身的价值又有欣赏价值,如何练好太极剑呢?总的来说,一句话,就是在演练太极剑的过程中,要重视每个动作的手、眼、身、法、步的要求,具体在演练中要分初级阶段和提高阶段。在学习太极剑的初级阶段,要注意做到两点:一是剑法清楚动作正确。演练太极剑,首先要明白各种剑法的特点、要求和动作要领，以及剑法之间的区别。初练时，最好要根据动作名称来练习。二是动作基本连贯。要做到动作基本连贯，就需要掌握每次剑法之间的衔接动作。

三、太极扇

太极扇是属于太极拳中器械的一种，太极扇的创编目的主要是为了锻炼身体。太极扇是一种风格独特的武术健身项目，它融合了太极拳与其他武术、舞蹈的动作，太极与扇的挥舞动作结合之下，刚柔并济、可攻可守，充满了飘逸潇洒的美感与武术的阳刚威仪，是同时具有观赏性及艺术性的健身运动。太极扇具有以意导扇、扇人合一、扇走美势等运动特点，更具有强身健体、畅经活血、陶情冶志等独特的养生健身功效。健身太极扇共36式，分为4段，每段9式；每段都可以作为一个独立的小套路单独练习，也可与另外三段一起完整练习。健身太极扇整个套路内容丰富，扇技细腻缠绵，编排严密紧凑，演练起来阴阳开合、左右交替、动静相间、长短互补、刚柔并济、高潮迭起、引人入胜。

五禽戏：外动内静，蓄力其中

五禽戏又称"五禽操"、"五禽气功"、"百步汗戏"等，是通过模仿虎、鹿、熊、猿、鸟（鹤）五种动物的动作，以保健强身的一种气功功法。据说，其由东汉医学家华佗创制，健身效果被历代养生家称赞，据传华佗的徒弟吴普因长年习练此法而达到百岁高龄。练习五禽戏时，可以单练一禽之戏，也可选练一两个动作；单练一两个动作时，应增加锻炼的次数。

五禽戏是一种外动内静动中求静、动静具备、有刚有柔、刚柔相济、内外兼练的养生功法，与中国的太极拳、日本的柔道相似。锻炼时要注意全身放松、意守丹田、呼吸均匀，做到外形和神气都要像五禽，达到外动内静、动中求静、有刚有柔、刚柔并济、练内练外、内外兼备的效果。在学习五禽戏的时候应当注意以下要点：

1. 练功时全身放松，不仅肌肉要放松，神经精神也要放松。要求松中有紧，柔中有刚，切不可用僵劲。只有五禽戏放松使出来的劲才会柔中有刚，才使动作柔和连贯，不致僵硬。

2. 意守丹田，即排除杂念，用意想着脐下小腹部，有助于形成腹式呼吸，做到上虚下实，即胸虚腹实，使呼吸加深，增强内脏器官功能，使血液循环旺盛。身体下部充实，有助于克服中老年人常易发生的头重脚轻和上盛下虚的病象。此外，要做到上虚下实，动作才能达到轻巧灵便、行动自如。

3. 呼吸均匀练功前，先做几次深呼吸，调匀呼吸。练功当中，呼吸要自然平稳，最好用鼻呼吸，也可口鼻并用。但不可张口喘粗气，而要悠悠吸气，轻轻呼气，做起动作来会自然形成腹式呼吸，使运动幅度加大，腹肌收缩有力，对内脏器官都有好处。

4. 动作象形，练五禽戏要做到动作外形神气都要像五禽。如练虎戏时，要表现出威猛的神态、目光炯炯、摇头摆尾、扑按搏斗等，虎戏有助于强壮体力。练鹿戏时，要仿效鹿那样心静体松，姿势舒展，要把鹿的探身、仰脖、缩颈、奔跑、回首等神态表现出来，鹿戏有助于舒展筋骨。练熊戏时，要像熊那样浑厚沉稳，表现出撼运、抗靠、步行时的神态。熊外似笨重，走路软塌塌，实际上在沉稳之中又富有轻灵。练猿戏时，要仿效猿猴那样敏捷好动，要表现出纵山跳涧、攀树登技、摘桃献果的神态，猿戏有助于发展灵活性。练鸟戏要表现出亮翅、轻翔、落雁、独立等动作神态，鸟戏有助于增强肺呼吸功能，疏通经络。

现代医学研究也证明，作为一种医疗体操，五禽戏不仅使人体的肌肉和关节得以舒展，而且有益于提高肺与心脏功能，改善心肌供氧量，提高心肌排血力，促进组织器官的正常发育。作为我国最早的具有完整功法的仿生医疗健身体操，五禽戏对后世的导引、八段锦，乃至气功、武术有一定影响，不仅得以流传和发展，而且成为历代宫廷重视的体育运动之一。

五禽戏的传说

广陵郡的吴普拜华佗为师学医，得到了华佗的教诲。他不但医术高明，高寿百岁且耳不聋、眼不花，发不白、齿不落。他为什么能活那么高的年龄呢？据说，吴普原来是个官宦之家的子弟，过着富裕的生活，是位肩不能担、手不能提的阔少爷。有一次，华佗带着他出外采药，回到家就病倒了，华佗就去给他看病，到那儿一摸脉，六脉和平，一点病没有。华佗心中有底了，说："人要想身强体壮，减少疾病，延年益寿，最有效的办法是劳动锻炼。"吴普听了这番话，他心中暗想，我说师父身体怎么这么强健，原来他有长寿的"秘诀"，想到这里兴趣来了，忙问："老师，能教给我吗？"华佗说："当然可以，我教你的是五禽戏。

这五禽戏实际上就是五种动物的活动方式：一是虎，按虎的动作练其四肢；二是鹿，按鹿的动作练其颈部；三是熊，按熊的动作练其腰椎；四是猴，按猴的动作练其关节；五是鸟，按鸟的动作练其胸腔。按这五种动物的动作，每天练上几次，就感到周身轻松，腹内欲食。如果有点不舒服，做上一番五禽戏，把身体活动出汗，马上就会觉得好些。"随后，华佗拿出一本《五禽戏法》交给吴普，又走到院内，伸曲跳跃、展合扑跌，做了一遍五禽戏。吴普得到了华佗的传授，于是天天练了起来，练呀，练呀，把身体锻炼得由弱变强，活到百岁，他把此法又传给了许多人，凡学会了五禽戏的，大多成了百岁老人。

抖空竹：抖一抖转一转，开心每一天

抖空竹在我国有着悠久的历史，早在三国时期，曹植写过一首诗《空竹赋》；明代刘侗、于奕正在《帝京景物略》卷二中记述了空钟（空竹）的制作方法及玩法。清代坐观老人在《清代野记》中写道："京师儿童玩具，有所谓空钟者，即外省之地铃。两头以竹筒为之，中贯以柱，以绳拉之作声。唯京师之空钟，其形圆而扁，加一轴，贯两车轮，其音较外省所制，清越而长。"在清代，抖空竹已发展成为受人欢迎的杂技节目。杂技艺人们在原有花样的基础上，又创作出许多新的花样和高难技巧。

抖空竹的动作，看上去似乎是很简单的上肢运动，其实不然，它是全身的运动，靠四肢的巧妙配合完成的。一般玩的空竹为200~300克，一个小小的上下飞舞的空竹，玩者用上肢做提、拉、抖、盘、抛、接，下肢做走、跳、绕、骗、落、蹬，随眼做瞄，追腰做扭，随头做俯、仰、转等动作，要在最有利的一刹那间来控制它，在空中完成各种动作，过早过晚都要失败，这就需要做到反应快、时间准和动作灵敏、协调。而跳跃时，则不但要跳，腰部动作也很重要，上肢随同摆动，有时颈部也要运动。

一、抖空竹的入门技巧

1. 空竹很重要，刚入门时，最好选用塑料的双轮空竹，比单轮空竹容易操作。线绳是用一般的棉线，无论买还是自己搓都要注意线绳拧的方向，右手抖空竹线绳向右拧，左手抖空竹线绳向左拧，反了则在抖空竹的过程中线绳会自动缠开，这一点务必注意。线绳长度是杆长加3/4臂长为宜。

2. 空竹的启动也很重要。双轮空竹的启动，可按以下两种方法练习：一是直接启动法。将空竹置于地上，使其轴垂直于身体，将线绳从空竹下放入承线槽内，并交叉半个扣。一般左线外右线内，左线长右线短，双手握杆将线拉直。右手向右拉动，使空竹向右沿地滚动，随着滚动加快将空竹提起。右手用力向上提拉，左手紧随而线不松，反复抖拉则空竹转速加快，"嗡嗡"作响。二是捻转启动法。左手握双杆，右手将空竹放在线绳上并顺时针翻转，右手捏住空竹轮片顺时针捻动旋转后，及时将右杆接回，右手用力向上提拉，左手紧随而线不松，反复进行。随着转速加快，空竹"嗡嗡"作响。刚开始练习时，要注重节奏，等到熟练掌握各种最基本的动作后（如加速抖，小上抛等），就可以尝试一些有点难度的花样动作，如对抛、蚂蚁上树、抢高、过桥等。

二、抖空竹的健身作用

1. 调整大脑中枢神经功能。空竹与其他健身项目的区别在于其动作要求严格，准确性强。习练中要全神贯注，手、眼、身、步要协调联动，缺一不可，这些必须靠大脑指挥完成。经常练习抖空竹的人，其身体的灵活性和协调性都大大超过其他同龄人，关键就是大脑中枢神经功能的增强。

2. 对各关节的锻炼效果显著。抖空竹对各关节的锻炼可以说是独有的，也是全面的。它的大幅度运动，转体下蹲、上仰下俯，可以使肩关节、肘关节、腕关节、膝关节、踝关节以及腰椎和颈椎得到锻炼。经常练抖空竹的人，关节都比较灵活，患关节疾病的很少。此外，抖空竹对不少疾病具有一定的辅助治疗作用，有的人多年的肩周炎，通过抖空竹治好了；有的人患有颈椎和腰椎病，通过抖空竹，症状明显好转。

3. 对消化系统的好处。古代医学认为："人身常动摇则谷气消，血脉通，病不生，人犹户枢不朽是也。"这就是说，神经系统的活动能力提高，可以改善其他系统的机能活动。抖空竹运动对胃肠道消化系统起着机械性的刺激作用，改善消化道的血液循环，促进消化能力，预防便秘，对于消化系统功能减退的老年人具有重要的意义。

4. 抖空竹也是一项全身性的活动，需要全身骨骼肌的整体协调作用，对于中老年人，尤其是体质较弱的老年人是一种强度适中的有氧运动，可以较好地锻炼中老年人的心肺功能，增加肺活量和心排出量，但锻炼时必须根据自身的条件制订合适的运动强度和时间。空竹运动活动的场所不拘大小，对身体有很大的帮助，特别是对颈椎病、肩周炎、腰颈椎病患者有很好的治疗作用。空竹运动能活动全身各个关节，锻炼身体协调性，通过不十分激烈的动作进行练习，坚持下去大有好处。抖空竹有利于提高人们的反应、灵敏和动作协调的能力，抖空竹使上下肢的关节、肌肉、韧带都得到了很大的锻炼。

5. 空竹运动还能改善不良情绪。由于有氧运动能提高中枢神经系统的功能水平，从而也提高了机体对外部环境的适应能力，故减少了患神经衰弱症的可能性，还可以减缓和消除紧张、激动、易怒、神经质等坏情绪。

总之，经常参加这项运动的老年人，不仅可使上下肢肌肉、韧带富有弹性，关节灵活，而且可使循环与呼吸系统得到全面锻炼，起到增进身体健康的良好作用，对身心健康极为有益。

游泳：智者乐水，乐在其中

游泳是夏季里消暑最好的运动之一，游泳可以帮助身体散热，使人觉得凉快、舒服，是一项非常具有娱乐性的活动。不过，游泳必须注意安全及卫生，不然就容易发生伤病事故。在游泳池时，除了要防止抽筋、溺水等意外事故外，专家提醒，由于泳池里人数较多，水质可能受到影响，因此游泳还须注意保护眼、耳、鼻、口等五官，以免进水而造成感染。

一、游泳前的准备工作

不论是刚学游泳的人还是经常参加游泳的活动者，都要准备一些必需的用具，这样才能使游泳活动称心如意地进行。

1. 合身的游泳衣裤。游泳衣裤如果太大，在游泳时容易兜水，以致加大身体负重和阻力，影响游泳动作。因此游泳衣裤要以穿在身上感到舒适为宜。至于质量，中老年人应选择纯毛或棉毛制品，以深色为宜；年轻人可选择海滩式的尼龙游泳衣裤，以颜色鲜艳的为好，这样可增添美感。

2. 合适的游泳帽。游泳时应戴游泳帽，特别是女性，可以防止头发散乱；水质不好时还可以防止头发变黄。游泳帽应选带有松紧的尼龙制品或橡胶制品，不能太大，否则容易脱落。

3. 游泳眼镜。如果水质不干净，游泳时细菌很容易进入眼内，以致产生红眼病等。为了预防眼病，需要戴游泳眼镜进行游泳，对于初学游泳的人来说，戴游泳眼镜还有助于在水中睁开眼睛。

4. 耳塞。在游泳时水流入耳朵是难以避免的。耳朵进水后很不舒服，有时会引起疼痛以致影响听力，为了防止水进入耳朵，应备有耳塞。

5. 浮体物品。初学游泳者，最好自备一些浮体物品，如救生圈、泡沫塑料、浮标、打水板等。但自备这些物品时，要时时检查这些物品有无漏气，以防发生事故。

6. 浴巾和拖鞋。浴巾和拖鞋是游泳者必备的用品。在游泳的间歇或游完后上岸，用毛巾擦干身体、披上浴巾、穿上拖鞋，既可以保暖、防止感冒，又比较卫生。尤其在冬泳时，二者更是不可缺少。

7. 鼻夹。游泳时，由于水波常会把水冲入鼻孔，产生呛水、咳嗽，尤其是初学游泳者，为了防止水进入鼻孔，最好准备一个鼻夹，它可强制用嘴吸气，而不用鼻吸气，可以避免呛水。

因为在游泳的时候，人所消耗的体力比平时要多上八倍，所以患心脏病、活动性肺结核、肝病、肾病的人，不宜参加游泳。患红眼病、传染性皮肤病的人，也不要游泳，以免互相传染。下水前要先在岸上做好准备活动，否则突然进行较剧烈的活动，容易使肌肉受伤或发生其他意外。

二、游泳后的疲劳恢复

1. 补充运动饮料。游泳后，适量饮用含盐的运动型饮料。其饮用方法是：把少许食盐和优质口服液与蒸馏水或矿泉水相溶，盛于磁化杯中。游泳之后，饮用磁化矿泉水，可补充身体所需水分，使血液浓度降低，加速新陈代谢，促进血液循环，提高酸碱平衡度、代谢水平、生物磁场效应、大脑功能等。

2. 心理学的恢复手段。心理学的恢复手段包括放松训练、调试呼吸、催眠暗示、心理调节等。放松训练采用仰卧姿势，两腿舒展伸直，两臂自然伸直，两臂自然放于体侧，从头到脚逐渐完全放松，每次放松约10分钟，每天坚持一次。自然呼吸，注意身体爽快感觉，身体会放松一分钟。另外，催眠暗示和催眠休息也是恢复运动员运动能力的重要方法。它可使有机体在短时间内消除疲劳或过度紧张，得到充分的休息。

3. 按摩恢复法。按摩是消除疲劳的有效方法，通过按摩能促进代谢产物的加速消除、使疲劳消失得更快。在按摩肌体的时候，应按照先按摩大肌肉群，后按摩小肌肉群的顺序按摩。据研究证明，按摩下肢，先按摩大腿肌肉，腿同侧小腿肌肉和对侧大腿肌肉可产生良好的影响。如果先按摩小腿则没有这种效果。

三、游泳的锻炼价值

1. 增强心肌功能。人在水中运动时，各器官都参与其中，耗能多，血液循环也随之加快，以供给运动器官更多的营养物质。血液循环速度的加快，会增加心脏的负荷，使其跳动频率加快，收缩强而有力。经常游泳的人，心脏功能极好。长期游泳会有明显的心脏运动性增大，收缩有力，血管壁厚度增加弹性加大，每搏输出血量增加。所以，游泳可以锻炼出一颗强而有力的心脏。

2. 增强抵抗力。在水中浸泡散热快，耗能大。为尽快补充身体散发的热量，神经系统便快速作出反应，使人体新陈代谢加快，增强人体对外界的适应能力，抵御寒冷。经常参加冬泳的人，由于体温调节功能改善，就不容易伤风感冒，还能提高人体内分泌功能，使脑垂体功能增加，从而提高对疾病的抵抗力和免疫力。

3. 减肥。游泳时身体直接浸泡在水中，水不仅阻力大，而且导热性能也非常好，散热速度快，因而消耗热量多。就好比一个刚煮熟的鸡蛋，在空气中的冷却速度，远远不如在冷水中快。在水中运动，会使许多想减肥的人，取得事半功倍的效果，所以游泳是保持身材最有效的运动之一。

4. 健美形体。人在游泳时，通常会利用水的浮力俯卧或仰卧于水中，全身松弛而舒展，使身体得到全面、匀称、协调的发展，使肌肉线条流畅。在水中运动由于减少了地面运动时对骨骼的冲击性，降低了骨骼的劳损几率，使骨关节不易变形。水的阻力可增加人的运动强度，但这种强度，又有别于陆地上的器械训练，是很柔和的，训练的强度又很容易控制在有氧域之内，不会长出很生硬的肌肉块，可以使全身的线条流畅、优美。

5. 加强肺部功能。呼吸主要靠肺，肺功能的强弱由呼吸肌功能的强弱来决定，运动是改善和提高肺活量的有效手段之一。据测定，游泳时人的胸部要受到10多公斤的压力，加上冷水刺激肌肉紧缩，呼吸感到困难，迫使人用力呼吸，加大呼吸深度，这样吸入的氧气量才能满足肌体的需求。游泳促使人呼吸肌发达、胸围增大、肺活量增加，而且吸气时肺泡开放更多，换气顺畅，对健康极为有利。

6. 人在游泳时，水对肌肤、汗腺、脂肪腺的冲刷，起到了很好的按摩作用，促进了血液循环，使皮肤光滑有弹性。此外，在水中运动时，大大减少了汗液中盐分对皮肤的刺激。

众所周知，我们生活在一个四分之三充满水域的球体，因此在生活中就难免要和水打交道。这就是游泳不但是一项体育项目，更重要的它还是生活中不可多得的工具与技能。它渗入我们生活中的很多领域：如水上资源开发、科学考察、防洪抢险、救护打捞等都必须有熟练的游泳技术作为后盾，才能有生命的保障。

四、游泳的注意事项

炎热的夏天游泳是最热门的活动，除了室内室外游泳池，还有迷人的海滨、河流和小溪。但是欢乐享受之余，也请特别注意其中所潜藏的危机，事前多一分准备和考量，就可以避免一些不必要的遗憾。夏天游泳注意事项很多，应从多方面来考量，在此简单介绍：饭后、饮酒不宜游泳；有开放性伤口、皮肤病、眼疾不宜游泳；感冒、生病、身体不适或虚弱不宜游泳；雷雨的天气不宜游泳；水温太低、太凉不宜游泳；游泳时禁止与同伴过分地开玩笑；不要随兴下水，特别是野外；风浪太大、照明不佳不要游泳；不明水域不要游泳、跳水；水浅、人多不可跳水；要在有救生员及合格场所游泳；下水前先做暖身运动；下水的装备要带全，一定要戴泳镜；水中切忌慌、乱，如遇抽筋，请保持冷静，改用仰漂。此外，还须注意以下事项：

1. 中老年人游泳时，一定要有人陪伴或保护，患有慢性病采用游泳进行治疗的中老年人，一定要遵照医嘱和有人指导，要有节制。

2. 游泳前，一定要在陆地上做几节操，使身体各部器官有所准备，特别是四肢和各关节要活动好，使身体感到微有暖意即可。准备活动也可以结合下水后要练习的动作做些模仿练习，更有利于提高水中动作效果。

3. 有条件者下水前要淋浴，一方面可以保持游泳池水的清洁，更重要的是从身体方面有所准备。不要一到池边、水边就猛然下水，要先了解池水的深浅，以及自然水域下有无障碍物。身上有汗，不要立即下水，应擦干后再下水游泳。

4. 在水中游泳时，一定要量力而行。初学的中老年人，开始时不要在水中停留时间过长，一般以15~20分钟为宜，学会后再增加时间。

登山：登高望远，一览众山小

登山运动可分为登山探险（也称高山探险）、竞技攀登（包括攀岩、攀冰等）和健身性登山。经常进行登山活动对人体有很大的好处，从医学角度来说，它对人的视力、心肺功能、四肢协调能力、体内多余脂肪的消耗、延缓人体衰老等方面有直接的益处。登山运动是科学、经济、有效的健身方式，如今已成为一种时尚的运动。

一、登山运动的好处

1. 治疗近视有一个最简捷的办法，就是极力眺望远处，放松眼部肌肉。然而城市中由于工业污染及热岛效应等因素，空气中颗粒悬浮物较多，能见度较差。山野之中，尤其是在山巅之上，可以使目光放至无限远，解除眼部肌肉的疲劳。

2. 山中原始森林和草地的面积是远非城市中的绿地花草所能比拟的。因此在山间行走，对于改善肺通气量、增加肺活量、提高肺的功能很有益处，同时还能增强心脏的收缩能力。

3. 山间道路坎坷不平，穿行此间有益于改善人体的平衡功能，增强四肢的协调能力，尤其是行走在没有经过人为修饰的非台阶路段，可使人体肌纤维增粗、肌肉发达，增强肢体灵活度。

4. 人们日常体内的糖代谢属于有氧代谢，登山活动尤其是登高山，由于空气稀薄，人体内大部分转为无氧代谢，加之登山野营活动的运动量较大，山中野餐往往难以满足体内热量需求，因此，它能大量消耗人体内聚集的脂肪组织，尤其是腰腹部的脂肪组织。

5. 登山可以放松人的心理压力，调节人体紧张情绪的作用，能改善生理和心理状态，恢复体力和精力，使人精力充沛地投入学习、工作。登山锻炼可以陶冶情操，保持健康的心态，充分发挥个体的积极性、创造性和主动性，从而提高自信心和价值观，使个性在融洽的氛围中获得健康、和谐的发展。

二、登山的膳食

登山食物要含三大营养素（糖类、脂肪、蛋白质）及矿物质、维生素；易于保存、携带，易于炊煮的食物可节省燃料；较不易保存及量重者先食；应多带两天份预备粮；减轻食物包装之重量；加配具有酸味之食物，可增加食欲。早餐：补充一日所需大部分的热量，营养成分要高。午餐：通常于途中食用，最好是不需炊煮，将午餐放在顶袋或背包的最上层，利用此时补充水分。晚餐：补充未摄取的养分及大量水分，如维生素、矿物质、纤维素；可先喝点汤以增加食欲。消夜：重点在于补充水分、电解质。行动粮：可随时取用的补充粮，以蛋白质及糖类食品尤佳，如糖果、饼干、巧克力、小糕饼、奶酪、牛奶、火腿、肉干、花生等。每次食用分量不需太多，但应经常食用，最好是单片包装，以防止潮湿。预备粮：因恶劣气候，行进错误，受伤或其他原因造成行程延误时的紧急储备粮食。应不须炊煮，质轻、易消化吸收，可长时间储存，如肉干、干果、糖果、谷类混合制成的饼、快餐面等。另外，如汤包、茶包、饮品等也可在有水源及热源时使用。紧急粮：一般可用泡面、姜母茶（老姜加红糖）等，能在紧急扎营时，迅速补充热量，或去寒气，治感冒。紧急口粮以保持体温为重点，因此以糖类为主，如巧克力、蜂蜜、果酱、奶油夹心饼干、糖果等。

三、登山注意事项

登山对人的身心健康大有好处，但也潜伏着一定危险。为了保证安全，登山时应注意以下事项：

1.登山的地点应该慎重选择。要向附近居民了解清楚当地的地理环境和天气变化的情况，选择一条安全的登山路线，并做好标记，防止迷路。

2.备好运动鞋、绳索、干粮和水。在夏季，一定要带足水，因为登山会出汗，如果不补充足够的水分，容易发生虚脱、中暑。最好随身携带急救药品，如云南白药、止血绷带等，以便在发生摔伤、碰伤、扭伤时派上用场。

3.登山时间最好放在早晨或上午，午后应该下山返回驻地，不要擅自改变登山路线和时间。掌握运动量要控制好爬山速度，以不大喘气为好，不追求时间、速度，只求能顺利登到山顶，精神满足即可。

4.千万不要在危险的崖边照相，以防发生意外。背包不要手提，要背在双肩上，以便于双手抓攀；还可以用结实的长棍作手杖，帮助攀登。

登山时千万不要总是想着山有多高，爬上去还需多少时间之类的事情。不慌不忙，走走停停才能体会到爬山的乐趣，不会错过美丽的风景。在疲惫时，可以多观赏一下周围的景色，也可唱唱歌，转移注意力，倦意会有所消减。下山时一定要控制住自己的脚步，切不可冲得太快，这样很容易受伤。同时，注意放松膝盖部位的肌肉，绷得太紧会对腿部关节产生较大的压力，使肌肉疲劳。

钓鱼：悠然自得，垂钓山水间

钓鱼童叟皆爱，春夏秋冬均可。"春钓岸，夏钓滩，秋钓浪，冬钓潭"，钓鱼于江河湖海，空气清新、阳光充足、噪音小，是养身保健的良好环境。江河湖海边的空气中氧气充足，经常呼吸新鲜空气，可引起人体各种相应的良好的生理反应；日光可使人获得健美的皮肤，红润健康的面容。人体经日光中紫外线照射后，可以增强皮肤和内脏器官的血液循环，促进体内的新陈代谢；城市噪音已构成环境的严重污染，经常到空旷恬静的水域钓鱼，幽静的环境能消除两耳的疲劳，有助于保持良好的听觉功能。三五友人或骑车来回，或步行往返，或远或近，时间或长或短；水边垂钓，时立时蹲、时俯时仰，变换出各种不同的姿势；紧张与松弛、惊呼与惋叹、屏息凝神与爽朗大笑交织更迭。可见，钓鱼是一项非常有益身心的爱好。

一、钓具

喜欢钓鱼的钓友都应该了解钓具,这里具体介绍一下钓具的各个组成部分。它通常由鱼竿、鱼线、鱼钩、鱼坠、鱼漂、钓饵、钓线等物组成,有些还装上浮子、沉子、钓竿或其他附属用具。

1. 鱼竿,如玻璃钢竿、碳素竿及玻璃纤维与碳素纤维混合制造的鱼竿等。这些鱼竿的特点是重量轻、弹性好、韧性大、耐弯曲、抗水性强,不怕虫蛀、操作灵便、外形玲珑美观。另外,还有可调式鱼竿架等,深受钓者喜爱。鱼竿有手竿、海竿、手海两用竿三种。6米以上的为长竿;2.5米以下的为短竿;介于二者之间的为中长竿。长竿可远投,有利于放长线钓大鱼,适合身强力壮者选用。短竿操作灵活、携带轻便,是钓近水或养鱼塘的适用渔具,尤其适合老年钓友选用。中长竿兼有长、短竿的特点,施钓范围广,老中青年钓友都适用。

2. 鱼线的粗细、拉力的大小、透明程度以及染色的好坏,都会直接影响上钩率。目前市售鱼线,多是单丝尼龙线。按照垂钓需要,主要分为两种:一是尼龙线,包括单丝尼龙线、多股锦纶线。锦纶线质地柔软,耐压抗碰、耐磨抗冷。但线径较粗、不透明、隐蔽性差、抗拉力低,除少数钓者用其冬钓外,通常用它制缆绳、养鱼网箱,编抄网和渔护等。二是天然纤维鱼线,包括蚕丝线和棉线,柔软、耐低温,是冬钓的适用线。

3. 鱼钩是结缚在钓线上起钩刺作用的部分,分为有倒刺结构和无倒刺结构两类。有倒刺结构和钩尖内向的钓钩,钩比较可靠,能减少钓饵剥落和鱼类逃脱的机会;而无倒刺结构和钩尖外向的钓钩,则因装饵、脱钩方便,适于渔获物较多,需要频繁起钓的场合。

4. 鱼坠主要是凭借钓者的投掷力量带动饵钩远投,并将其固定在欲钓水域的某个水深层次。主要品种有海竿坠、手竿坠和抛砣法重坠。

5. 鱼漂是钓者的耳目。不同鱼种咬钩,鱼漂就有不同的动态反应,从而为钓者采取相应措施提供了信息。同时,借漂的浮力,可探明水深、水底地貌概况，又是选择钓位的助手，主要品种有直漂、圆漂、蜈蚣漂和荧光漂等。可根据自己视力强弱、鱼竿长度等加以选择鱼漂。

二、钓鱼的方法

1. 钓滩。滩指浅水区域，若在河塘、水库垂钓，就要尽可能把钓位选在河塘、水库的尾部。因为春天，虽然水的温度还较低，但浅水区的水温，要略高于深水区域。此时，鱼儿喜"暖"怕"冷"，会从深水区成群结队洄游至浅水区。

2. 钓湾。钓湾即指沟汊（江河湖海以及水库等支流和断汊），那儿僻静、阳光照射强、水温回暖快，是鱼儿栖息和产卵繁殖的天然场所。

3. 钓风。水随风而动，氧气充足，风还会把水中的微生物、藻类以及漂浮在水面上的昆虫、谷糠、花粉、杂草吹到下风口，鱼儿会游至下风口摄食。

4. 钓雨。春天雨水多，通常是蒙蒙细雨。雨后的水温，不会急剧下降。下雨后，水质更加清新，溶于水中的氧气，会大大增加。此时此刻，鱼儿便会感到舒适、新奇。下雨后，也把地面上的草籽、树叶以及昆虫、藻类冲洗流入水中，成为鱼儿求之不得的美食。

5. 钓雾。春天多雾气，一般都发生在早晨，此时的鱼儿，一般不吃不动。等到八九点钟时，雾气开始散去，水温随气温逐渐升高，这时的鱼儿，由"静"变"动"，显得特别活跃。

三、钓鱼的好处

1. 提高反应能力。钓鱼的关键就在于观察鱼漂和及时提竿。初学钓鱼的朋友，要经过较长时间的练习才能得心应手，这可以锻炼人的反应能力，同时也提高了脑细胞的灵活性。

2. 保护和恢复视力。眼科医生经常会说，常看远方，常看绿色，视力就不易减退。一般读书看报的时候，多数情况下是在40cm左右的近距离用眼，再加上看电视对目力的损害，还有人需要经常对着电脑，日复一日，年复一年，视力很容易下降。而钓鱼主要就是看几米或者几十米之处绿水中的浮漂,经常钓鱼,既看远处,又看绿水,对视力具有保护和恢复作用。

3. 整理钓具使人心灵手巧。钓鱼前,买来的鱼竿、鱼线、鱼钩、鱼漂以及手轮等,必须自己动手组成钓具。由于要钓的鱼类鱼种的不同,天气、场地和季节的差异,这些钓具组合起来的方式也就有很大的不同,甚至千变万化。组合钓具是很难请别人代劳的,既要开动脑筋,还需要有一双巧手,长一点、短一点、粗一点、细一点、轻一点、重一点,如果调配不当,就必然影响鱼儿的上钩率。

4. 使人心态平和。现代都市,生活节奏加快,工作压力也比较大,身心有时很难放松下来。当进入"你与池水一线牵"的境界时,什么荣辱、悲欢、得失、功过等挂心的事情,都会被面前这池清水过滤得干干净净。参加钓鱼活动有助于提高生活情趣,活跃各种生理功能,是保持心理健康卫生,防止抑郁症、精神沮丧及焦急、暴躁等不良情绪的好方法。人们走进垂钓场地,尤其是通过装饵、抛竿、静守到鱼儿咬钩,使垂钓者的大脑皮层逐渐形成"兴奋灶",即希望钓上大鱼来。假若此时鱼漂动了,或鱼铃"叮叮"作响,一条活蹦乱跳的鱼被你提上岸,那股乐劲简直达到了峰巅。

5. 强身健体,远离污染。垂钓地点,一般远离闹市,听不到各种噪音,闻不到汽车废气。特别是在春秋两季这两个垂钓的黄金季节,绿水青山,日光浴、空气浴任君选择,清新空气大量免费供应。"要使身体好,常往湖边跑",这是人们通过长期垂钓实践总结出来的一句名言。其原因是,在这清新的环境中,空气里含有大量带负电荷的负离子。这种负离子,能同体内的血红蛋白及钾、钠、镁等正离子结合,使血液中的氧增多,携带的营养物质增多,人们就会倍感舒服、精力充沛。从表面上看,钓鱼是"消磨"了时间,可实际上是养精蓄锐。当你回到工作岗位上工作,会取得事半功倍的效果。

6. 钓鱼能防治某些疾病。据一些钓友的实践,经过垂钓活动,有利于促进下列疾病的治愈或好转：肩周炎、颈椎病、支气管炎、肺气肿、消化性胃溃疡、慢性胃炎、消化不良、胃神经官能症、习惯性便秘、慢性肝炎、高血压病、冠状动脉供血不足等。其中，有些疾病，如肩周炎等，是通过抛竿、甩钩等活动把粘连的腱膜拉开或拉松而获愈的；慢性支气管炎、一氧化碳（煤气）中毒、脑动脉血管硬化等，则是前边提到的在负离子作用下得到治疗的。

善钓鱼的人，始终不急不躁、稳如泰山，即使一两个小时鱼不来咬钩，仍能握竿静静地等待再等待，牢牢坚守住自己的阵地，他们相信自己的判断，充满着信心和耐心。他们从不相信游击战术能够奏效，因为，鱼很少光顾急功近利和打一枪换一个地方的垂钓者。钓鱼，不但提供了一种积极休息的好方式，还开辟了一个锻炼娱乐、身心皆益的好去处。"坐观垂钓者，徒有羡鱼情。"春暖花开，让我们走向大自然，到湖滨河畔、溪流塘边、绿茵之下、菱荷之侧垂钓去吧！

风筝：鸢飞蝶舞，心牵一线

相传墨翟以木头制成木鸟，研制三年而成，是人类最早的风筝起源，后来鲁班用竹子，改进墨翟的风筝材质，更而演进成为今日多线风筝。相传《红楼梦》作者曹雪芹也是一位风筝制作大师。到南北朝，风筝开始成为传递信息的工具；从隋唐开始，由于造纸业的发达，民间开始用纸来裱糊风筝；到了宋代，放风筝成为人们喜爱的户外活动。宋人周密的《武林旧事》写道："清明时节，人们到郊外放风鸢，日暮方归。"北宋张择端的《清明上河图》里就有放风筝的生动景象。

山东潍坊是中国著名风筝产地，明代就已在民间出现扎制风筝的艺人，潍坊被各国推崇为"世界风筝之都"。风筝是世界上最早的重于空气的飞行器，从本质上说风筝的飞行原理和现代的飞机很相似，绳子的拉力，使其获得向上的升力。据史料记载，中国的风筝大约在14

世纪传入欧洲，这对后来的滑翔机和飞机的发明有着重要的作用。在一些国家的博物馆中至今还展有中国的风筝，如美国国家博物馆中一块牌子醒目地写着："世界上最早的飞行器是中国的风筝和火箭。"英国博物馆也把中国的风筝称之为"中国的第五大发明"。

一、放风筝的方法

众所周知，风筝上天有两个必要的条件：风筝要在有风的天气下，才能放飞；风筝都得有提线的牵引，"断线的风筝"在短暂的飘远之后必定会掉下来。风筝在空中受风，空气会分成上下流层。通过风筝下层的空气受风筝面的阻塞流速降低，气压升高；上层的空气流通舒畅、流速增强，致使气压减低；扬力即是由这种气压之差而产生的。这正是风筝能够上升的原因。在风力、牵引力和由此产生的扬力三个力的作用下，风筝在空中基本上是达到受力平衡的。

几次练习后，放风筝者会很快掌握控制风筝的技巧:放风筝的时候，一般是一抽一放。抽的时候，因为风筝提线一般放在风筝面靠上的位置，加大牵引力可以控制风筝角度变小，上扬力增加，风筝稳步上升；放的时候，即平衡的风筝牵引力变小，在风力和扬力的合力作用下，风筝会飞高飞远，但是必须很快又抽，以再次保持风筝的角度稳定。风力正盛的时候可以多放线，当风力稍有下降，就收一些线。

放风筝前，要先知道风的方向和速度强弱，如果附近有旗帜或炊烟，看它飘浮的方向就能知道，或者拾起枯草或一些小纸片向空中抛去，也可以测出风的正确方向。在风力适当的时候，放风筝可以不必请人帮忙，自己拿风筝的提线，逆风向前边跑边看，还要注意风筝飞升的状况，直到感觉风劲够，风筝向上爬升时，可停下来，慢慢放线。当风力不继时，快速向后收线，给予人工的加风；如感觉风筝线有拉力时，就要把握时机放线；若风筝有下降的趋势，有时尚须迅速收回一部分风筝线，直到风筝能在天空挺住不坠。

如果风筝飞翔稳定时，可把风筝系在树干或物体上，任其飘浮，而在风向及风力不稳定的情况下,则必须随手操纵。当风力突然转强,风筝摇摆而倾斜度过大时,将有翻转栽落的危险,这时有两种控制方法:一是迅速放线;二是迅速往风筝方向,向前奔跑数步,均可缓和其势。有时风力停顿,风筝向下坠落将风筝轻抖数下或迅速向后奔跑;如果后退无路,则可用迅速收线的方法处理。如遇两只风筝线纠结在一起时,施放者不要惊慌,立刻与纠缠者靠近,互相交换调整,使线松开即可。

二、放风筝的好处

1. 祛病强身。宋代李石在《续博物志》中说,放风筝"张口而视,可泄内热";清代富察敦崇在《燕京岁时记》中说:"放之(风筝)空中,最能清目。"的确,放风筝时,极目碧空,看风筝随风飘逸,在蓝天白云间摇曳翻腾,可调节视力,消除眼肌疲劳,预防近视,治疗颈椎疾病。放风筝时要动用手、腕、肘、臂、腰、腿、足等人体各个部位,使全身得到锻炼。当风筝上升、倾斜时,就需要奔跑、拉线、左右摆动……这些动作,都是各部位肌体的运动,可以促进人体的细胞代谢,改善血液循环状态,消除体内积热,起到祛病强身的效果。

2. 健脑益智。处理好放风筝和风向风速的关系,会让放飞者大动一番脑筋。现代人放风筝已发展到高低变换、声光俱全的高超技艺阶段,需要动脑筋的地方就更多了。如放飞蜈蚣、巨龙风筝要蜿蜒变化,才趣味盎然;放飞蜻蜓、金鱼风筝,其眼珠要活灵活现,方显生动;"百鸟朝凤"能发出和谐悦耳鸣叫,才动人心弦。放风筝牵一线而动全身,手脑协调配合、动静有致、张弛相间,对健脑益智大有裨益。

3. 怡情养性。清朝人高鼎作的一首诗可撩拨起对春光秀丽的美好童年的回忆:"草长莺飞二月天,拂堤杨柳醉春烟。儿童散学归来早,忙趁东风放纸鸢。"散学后,孩子们手拉线绳,将风筝送入晴空,那飘飘的风筝扶摇直上,宛如轻盈的彩蝶、活泼的飞鸟,时而飘摇回旋,时而直上蓝天,娱乐健身,别有一番情趣。放飞风筝,在运动中呼吸清新的空气,还会令人精神振奋、心旷神怡,烦闷、怅惘都一股脑儿随着风筝带入云际，消散于万里晴空，使人在心理上得到愉悦的调节。

4. 亲近自然。当阳春万物复苏之时，一家人到郊外放风筝，登高望远，尽情呼吸新鲜空气，舒展筋骨，既可增进一家人的亲情，又能够亲切大自然，享受大自然带给人们的快乐。

三、放风筝的注意事项

放风筝给人们带来了无穷无尽的乐趣，但是在参与这一运动过程中也有许多特别需要注意的事情，热爱风筝运动的人特别要注意以下事项：

1. 在放风筝的地点选择上要选择宽敞的非交通道路，注意周围地面情况，路面要平整，没有沟沟坎坎，事先观察好运动范围内的建筑物情况，因为在放风筝的过程中人总是在倒行，所以要特别注意防止摔伤。

2. 注意观察周围是否有电线，防止因风筝与电线接触发生触电事件，要尽量保持风筝的干爽。如果挂在电线上不要贸然去取，防止触电和摔伤。留意气候变化，如有台风、雷击现象，应马上停止施放并远离空旷处。

3. 由于放风筝运动的特性，需要长时间仰头，同一个姿势要保持较长时间，因此提醒老年人和脊椎动脉供血不足者在参与此项运动时尽量避免突然转头，以防脑血管的突然收缩，同时根据自己的身体状况调节参与运动的时间长短。对于患有呼吸系统疾病和心血管疾病的运动者，尽量避免在喧闹的活动场地长时间地进行放风筝运动。

4. 要根据天气变化做好对皮肤和身体各器官的保护。放风筝过程中要注意风向与太阳的关系，要防止太阳光的反射对眼睛造成的伤害。在天气比较暖和时要注意防晒，避免日光性皮炎以及过度紫外线可能造成的皮肤癌以及烈日下的脱水等。在天气不太温和的时候，老年人和末梢神经不好的人，尤其要注意气候变化和运动量的适当，因为长时间站立会导致手脚的冻伤。

修心 养性

小説 木村

收藏：警察收藏，别具特色

提起收藏，大多数人都熟悉。从广义上讲每个人都是收藏者。《现代汉语词典》定义"收藏"就是"收集保藏"。比如，书、首饰、工艺品、奖章、证书、小摆件等，每家都有。应该说，凡是自己喜欢、有兴趣、个人爱好，有观赏价值，有纪念意义的物品，均在收藏之列。随着兴趣的变化、品位的提高、存放空间有限，也会对藏品进行筛选淘汰，因此收藏过程又是一个动态的过程。有些朋友喜欢奇石，有客人来，会展示一些从各地捡回来的石头、瓦片，或从各类奇石展销店堂、摊位淘来或朋友赠送的、交换的"宝贝"。有的朋友喜欢书画，或自己擅长此道，遇到同好，会津津乐道这些因各种机缘收藏的书画作品的来历、价值及有关书画方面的信息。这些年喜欢玉器的人不少，有的是到各地出差、旅游当纪念品买回来的，有的是遇到展销会因价位合适也会购回一些。接触多了，发现其中奥妙不少。玉石确实很美，它天然丽质、晶莹剔透、色泽温润，加上玉器成品精细的做工，无论首饰、佩件、摆件，挺招人喜欢。加上这几年玉石价位攀升，具有了保值增值功能，更增加了人们的兴趣。还有的同志喜欢逛旧货市场，遇上节假日把它作为一种休闲活动。有时候是带着购买某种物品的目的，但多数时候是闲逛。遇上心仪的物件，合适的价位，也会买下，时间一长也积累不少藏品。

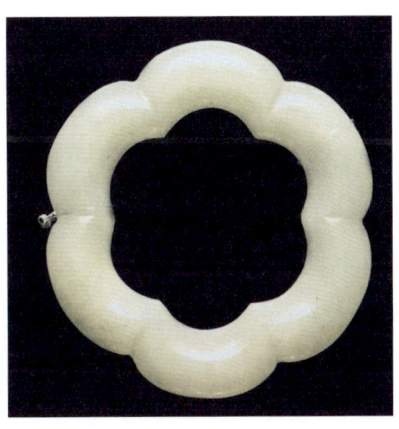

这些年"鉴定"一类收藏电视节目，甚是热闹，有的节目当场砸碎赝品，可谓惊心动魄。有的把价格炒得神乎其神，很刺激。有的因观点不同或专家良莠不齐，点评也颇受争议。有的为吸引眼球，向娱乐化方面倾斜。总之，参与的人激动，看的人高兴，皆大欢喜。以上这些情况说明收藏是一件很普遍，很有乐趣，能增长知识，陶冶心智，有所收获的休闲娱乐的有益活动。老同志退下来了，有时间又有一定经济能力，参与一些自己感兴趣的收藏活动，确实很好，很有意义，也很好玩。

目前，社会上的"收藏热"，多集中在与经济挂钩的项目，因为有价值人们的兴趣、劲头更大，比如古玩、珠宝、玉器、家具、书画、陶瓷、青铜器、古籍善本等。这也是各拍卖公司运作的主要项目。拍卖公司根据货源易于操作等原因，也会推出一些不属于以上各大项的藏品，俗称杂项。如钟表、照相机、邮品、钱币、印章等以满足对这些藏品感兴趣的买主。各类藏品，无论大项、小项都有着非常丰富的内容。比如书画，就分古代、现代，名家、名作，不同风格流派，艺术水平，流传情况，存世数量、价位、鉴定等；又比如陶瓷，是官窑或是民窑，生产年代，哪个窑口，品种、器型、釉色、图案、款识，同样也有艺术水准、存世量、鉴定等问题。至于珠宝、玉器更是道道儿很多，诸如品种、产地、质地、做工、老玉、新玉等，复杂得很。在玉石行有赌石一说。一块原石，未经切割，就像河滩上一块普通卵石，看起来很不起眼，很难判定里面的成色，因此选择购买充满刺激、冒险。

有些个性化收藏也很有意思。人民公安报社有位同志，热心集报刊。特别是"创刊号"、"号外"等稀有品种。他经常逛旧货市场、旧书摊，特别是出差，常抽空到不起眼的旧书摊淘自己稀缺的藏品，并和本地、外在藏友、摊主有联系，互通有无。一旦收到自己心仪已久的藏品，欣喜之情难以言表。还常写一些收藏方面的文章在报刊发表，真是其乐融融。

在公安系统中，有部分同志因工作关系如在国际刑警组织工作，或参加中外警务工作会议，或出访或接待外警，或各种机缘，收集到不少国家警察、警务方面有关的物品。如警徽、臂章、胸牌、旗帜、小型佩件、工具、制服等。特别是苏联解体后，一大批警察方面的物品流入收藏市场。上面说的这些物品大都设计精巧、制作优良，既实用又美观。从一个侧面反映了各国不同的政治理念、民族特色、地域风情及设计、工业制造、经济水平。

像这种个性化收藏例子还很多。比如酒具，除大都收藏中外各地名酒外，有专门收藏酒瓶子的，有收藏开启酒瓶工具的，有收藏酒的铭牌、标贴的。更有甚者，收藏酒，不是为了喝，而是欣赏酒瓶造型、包装，有的一面墙摆满了各种酒，成了一种室内装饰。又比如石头，有的不在乎形状、石质、大小、名贵与否，而是专门收集带像汉字纹样的石头，笔画简单的容易碰到，笔画多、复杂的非常难；字体多为行草书，楷体几乎未见过；一个"毛"字、"虎"字有若干块，真令人称奇。有人专捡小石子，外人不得其意。原来他这些小石子来历不凡，有的是从名人、伟人故居捡来，有的是从国外旅游胜地捡来，有的从特殊地理、地貌、地质地区，如戈壁滩、极地、火山口、江河源头等处捡来，也很有意思。

以上列举了收藏方面的许多趣事、故事。不少老同志都经历过，或许能受到一些启发。老同志退下来后有时间，孩子们大都各自独立，手头多少宽裕一点，正符合搞收藏的两个条件，"有闲、有钱"。当然有钱是相对的，不能和大藏家比。原来对收藏就有兴趣并有一定基础的老同志，继续搞，可向提高层次，"专"的方向发展。原来不太注意的，有兴趣也不妨一试。初入门，面对众多藏品如何着手？我们建议，从兴趣出发，选定一两个项目，先从小件低价位开始，先练手慢慢积累经验，从初级到中级再到高级，总的思路是少而精。比如说收藏书画，如果原先没有这方面基础，可从两方面进行：对普通书画家（价位相对较低）选最好的，对名家选小尺寸（价位相对也较能承受），当然也要自己看着好，喜欢，从多方面接触，选性价比最合适的。初期多请教内行，或懂行的朋友带一带，慢慢摸索，不断提高鉴赏水平，真正买到好的、性价比合适的书画作品。收藏是一门学问其中有许多窍门和机缘。笔者的一位朋友，就曾在一著名收藏家专场拍卖会上，以较低价位购得两件徐悲鸿的书法作品。该专场有众多大师级拍品，其中徐悲鸿就30余件。众多买家都把目光投向大件或重点拍品上，小件或非重点拍品被人们忽视，朋友以底价购得，价位远低于目前一线书法家。而徐悲鸿是已有定评的大师，故去近60年，真迹越来越难现身，远非目前在世著名画家能比。这就是机缘，这种机缘并不经常出现。

又比如，想收藏石头。在北京有不少"奇石馆"、礼品店、各类商场礼品专柜、古玩店、旧货市场，均有各类奇石、赏石销售。先从这些地方走马观花似的看，看到有自己喜欢的，小件、价位又不高不妨买点回来摆着看。这是一个基础。以后有机会出游，除继续留心各种赏石、奇石展销外，对有河流的地方或山涧，注意各种鹅卵石，细心寻找捡拾形态别致、纹路、颜色漂亮、图案奇特的，如似人形、字形，似山水、日月等，不定什么时候就碰上了。有些名石，如"雨花石"、"菊花石"、"灵璧石"，做印章材料的"寿山石"、"青田石"、"巴林石"、"昌化石"，大都石质温润，颜色、纹理美观，或外形奇特，

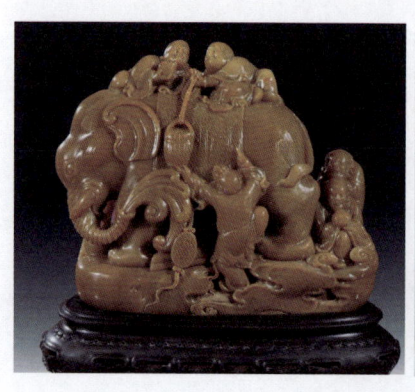

都很有观赏价值。至于玉石、玛瑙、部分结晶石、名贵矿石更是收藏赏石、奇石的好品种。普及型的，大面上的石头有了，就可根据自己的财力、摆放空间，选择一些相对名贵、尺寸大一点，外形特别奇特好看的。在挑选时应注意，同品种、同等质量的比价位、比大小、比造型及底座的材质和加工。材质差、加工粗糙的底座不可取，好的底座一般用硬木甚至"红木"。雕工大都细致精美，本身就是一件艺术品。以上各种比项最终目的就是保证购买的是性价比最高的藏品。

收藏石头，易学易懂，无须太高深的学问，是各类收藏中最受群众欢迎，比较普及的项目。奇石的品种繁多、选择余地很大，价位探讨的空间也很大。笔者一位朋友购得几方大尺寸三峡石，其色泽沉稳、深邃，造型古朴内敛，不显轮角，浑然天成。上浅色纹路似水纹、月亮、远山、木纹。只有经千万年河水冲刷加上深埋泥沙中才得如此造化，令观者无不惊喜、艳羡。一问价格更让人感叹，几方奇石价格均低于市价许多。朋友于展销会结束当天购得，卖主称已收回成本并有盈余，剩下少量的不准备带回南方，才有可能这个价。这也是机缘。所以有时候逛展销会，不必太急，也不必刻意购买某一品种，性价比很重要。

机缘靠碰，收藏学问靠不断学习。而对收藏市场的一些现象也要了解和分析。目前，新疆和田玉炒得很高，一块拇指大小、品相不错的原石均在万元以上，经过加工雕琢价格会翻若干倍。这实际不正常，价格超过实际价值。和田玉开采已有4000年以上历史，主要产地除新疆和田县玉龙喀什河流域外一直延伸到昆仑山和喀喇昆仑山广大地区，历代都有开采。一直到现在都在开采，矿脉并没有断，由此可以想象它的存世量。北京2008奥运会的"中国印"，采用了和田玉使影响日盛，加上这几年古玩、艺术品升值使和田玉炒到了天价。明清瓷器现在炒得也很高，其中最大的风险是赝品，现在高仿真明清瓷器真假难辨，即使有碳14检测也难断定（内读差在300～500年）。而且由于专家良莠不齐，走眼或故意以假当真也不罕见。反观中国古代铜镜，特别是汉唐铜镜，艺术价值、文物历史价值很高，目前市场价位远没达到它的实际价值。在拍卖会、古玩店、旧货市场，见到合适的可以收购，它保值、升值空间是可以预期的。当然你必须认识它、熟悉它，有一定鉴别能力，方能下手。因此就引出一个鉴定问题。在收藏诸多活动中，提高鉴赏、鉴别能力是第一位的，也是最难的。虽然难，还是有方法可循：一是增长知识不断提高理论水平，就是我们说的务虚；二是多实践，即接触实物，特别是真假两方面的实物，经过对比、研究，逐步摸索积累经验。往往文博专家敌不过古玩店有经验的老板和民间收藏家，原因就是文博专家接触真品多，接触赝品少。而后两种人接触真假实物多、实践机会多、经验多，鉴别能力反而更高一筹。增长知识和理论水平，可购买部分收藏方面的书籍。这方面书籍很多，书店、古玩店、旧货市场均有出售。可选自己喜欢的品种购买，有的写得很详细并有图片对照，看后一定会有收益。另外，观看电视中收藏类节目及听有关讲座，请专家或有经验朋友鉴定自家藏品，效果也不错。接触实物最方便的办法就是经常去博物馆看真品，看得多了自然印象深刻。要想看赝品多跑旧货市场、古玩店，拍卖会，这些地方赝品相对要多一些，或真假难辨的藏品多一些。这些地方正是学习、研究不断提高眼力的好去处，同时调出从博物馆看真品

得到的印象两相对照自然会有心得。在学习提高鉴定水平的过程中，有些工具也是有用的，比如高倍放大镜、强聚光手电筒、滤色镜等，这类工具在旧货市场、一些商场都有销售。当然科学检测方法和知识也要了解一些，有关书籍和杂志会读到这方面知识，总之通过不断学习、研究、实践，提高鉴定水平这道难题还是可以破解的。

在参与收藏活动中还有两点须注意。一是不要轻信，不要被忽悠，防止上当受骗。不管购买何种藏品，没有十分把握，不轻易出手。笔者十余年前在潘家园旧货市场就上过当，当时真品比现在多一些，只要细心还是能买到真东西的。到市场一般先看一圈，比较有意思的物件，记住摊位重新返回。通过不动声色看摊主与买主之间的交流，察言观色判定物件的真伪和合适的价位再决定取舍。有一次，发现一河南来收铜镜的，几圈下来买了七八面。当时觉得此人眼力了得，买的差不多都是真品，价位也很好，于是断定他是真买主不是"托"，也跟着买了两面。回来后仔细看，又请比我高明的朋友看，遗憾的是两面都是赝品。当然，自己眼力不济是主因，但这位"托"的耐心，摊主的精明老练令人"佩服"。参加拍卖会同样要慎之又慎，千万不要头脑发热，盲目跟进，拍卖会的"托"就更厉害了。

二是淡定一些。在收藏过程中，有闪失、有损失是难免的，不必过于计较。按照流行说法，就当交"学费"了。有些事情，只有亲身经历才印象深刻，才记得住，这叫"吃一堑长一智"。大画家、大收藏家黄胄对搞收藏的朋友说过，"能有一半真品就很不错了。"这话值得玩味。一般来说，按目前市场的趋势，只要是真品，含金量较高的，可以肯定具备了保值、增值空间。随着收藏经验、水平不断提高，购买真品的几率越来越高，收藏所带来的收益、快乐足以抵消过往的损失。

现在收藏大环境有了很大变化。十多年"收藏热"，历练出许多"业余收藏家"。下乡或到偏远地区收购古玩、"老物件"，越来越困难，有些地区被人反复收集。有藏品的人家逐渐"懂行"，出价已很高了，打压了升值空间，而且惜售现象严重。再有，这十多年练出一批造假高手，书画、瓷器、青铜器等高仿真作品不断出现在古玩市场或拍卖会，使收藏充满变数和陷阱。据内行人讲，现在想捡漏几乎不可能，这种情况也要心里有数。

总之，收藏充满刺激、乐趣、冒险，老同志不妨远观看热闹，近观找乐子，不经意中小有收获。不是赌一把，而是玩一把，玩得高兴，玩得快乐。

集邮：方寸世界，包罗万象

邮票是国家（地区）邮政主管部门发行，供寄递邮件贴用的邮资凭证，是寄件人为邮政服务付费的证明。寄件人将邮票贴在邮件上，邮局盖戳销值，用于证明在邮件被寄出前，寄件人已支付费用。邮票的发行是国家主权的象征。邮票的方寸间，常体现一个国家或地区的历史、科技、经济、文化、风土人情、自然风貌等特色，这让邮票除了作为邮资凭证的票面价值之外还有收藏价值。

1840年，英国发行了世界上第一种邮票，以维多利亚女王肖像为图案，面值1便士，黑色，后人称为黑便士。次年，一位伦敦女子突发灵感，在《泰晤士报》上登广告，征集用过的邮票来装饰闺房，因

此被称为世界集邮第一人。1878年7月24日,清政府发行中国第一套邮票,即大龙邮票,共三枚,面值分别为1分银、3分银和5分银。19世纪50年代之后,随着发行邮票的国家和地区的增多,更由于邮政业务的使用从官府、富人向平民阶层普及,邮票广泛进入商业和日常生活中,逐渐成为爱好者的收藏品,形成了邮票收集大众化的基础。经过各国邮票爱好者的交流,特别是邮票展览会的举办和展览规则的建立完善,一步步形成了以收集、鉴赏、展示和研究邮票为主,包括同邮政业务有关的实寄封、首日封、首航封、邮资封、明信片、邮戳、邮政史、集邮文献等内容的群众性文化活动。

集邮是一种有趣味的收藏活动,无论是对心仪之物的渴望,还是收归囊中的满足,无论是欣赏他人的宝贝,还是展示自己的珍品,抑或是以邮会友……无不给您的生活增添无尽的情趣。集邮是获取知识的途径,方寸之间展示着博大精深的世界,从一个侧面反映了历史的进程。集邮是一门综合性的学问,一枚邮票,从图案的内容、意义和审美到它的设计及历史背景、印刷过程和制版技术等方面,无不体现着人类智慧的结晶。邮市的存在,又使集邮成为一项投资活动。例如,1968年"全国山河一片红"(撤销发行,少量售出)面值8分,市场价曾达50万元一枚,2009年"爱由心生"明信片(错版),原价1.80元一枚,市场价曾达40元一枚。

一、集邮的方法

集邮的方法主要有三种：（1）传统集邮。收集某一个国家或地区在一定时期发行的邮票，研究其印刷发行及使用情况的集邮类别。传统集邮注重收集得全面与完整，以收集和研究邮票本身的各种特征如发行历史、版别、齿孔、纸质、加盖等为主要内容。传统集邮是集邮活动中出现最早、历史最悠久的一种集邮方式。传统集邮往往仅选取某一国家或地区的某一历史阶段、某类邮票或某种专门性的邮票进行收集和研究。按传统集邮的内容、特点、方式研究编组的邮集称为传统邮集。（2）专题集邮。收集与所选专题密切相关的集邮品、注重研究邮票的图案内容和发行目的的集邮类别。初期被称为建设性集邮。近半个多世纪以来，随着各国、各地区邮票品种和类别的不断丰富，产生了以邮票的内容和图案为分类的专题集邮方式。这种以邮票的图案、内容及发行目的为研究对象、按既定的主题进行邮品选择分类，以表现对该专题的认识而编组的邮集为专题邮集。专题邮集根据组集构思和邮品选择可分为两类：一是同类主题图案或同一发行目的的邮品集合；二是在上述专题邮集基础上深化而成，以叙述一个有情节的故事或一段历史为基础，并围绕这一情节选择相关的、切题的邮品编组。选用邮品的原则是只要与主题开拓有关的邮品均可组编入集。（3）小品集邮。又称趣味集邮或自选集邮，由集邮者按个人兴趣和意愿确定内容和表达形式的集邮类别。小品集邮要选择与某一主题相关或图案相关，互有联系的票、封、片、戳、简等，配以诗词、成语、幽默风趣的文字或非邮品来收集。例如，邮票配诗、邮票漫画、极限邮照，以照片和相关的邮票制作的旅游纪念封、手绘封、签名封、趣味邮戳、一页邮集、信销票邮集等。趣味集邮一般以1框（16个贴片）规模为宜。

二、集邮的工具

"工欲善其事，必先利其器。"作为一名集邮爱好者，专门工具是必不可少的。集邮的工具主要包括：（1）镊子。镊子一般为不锈钢制作，其弹性适中，前端薄而扁平，边缘光滑。集邮者一定要养成用镊子夹取邮票的良好习惯，避免用手直接接触邮票，因为人体汗液会侵蚀邮票，在邮票上留下指纹，导致邮票的交换价值降低。（2）量齿尺。量齿尺一般用来鉴别邮票边上的齿孔的度数。（3）放大镜。放大镜一般以三五倍为宜，放大镜是帮助集邮爱好者在肉眼看不清邮票图案微观结构的情况下使用的，也是鉴别、欣赏、研究邮票的工具。（3）护邮袋。护邮袋是保存邮票的透明塑料袋，可以有效防止邮品因空气中的氧、硫、水蒸气及霉菌的侵害，具有美观、挺括、规范的特点。（4）紫外线灯。在紫外线光照射下，邮票涂有发光物质的部分便会显现出来，这是鉴别邮票真伪的重要手段。

三、邮集的制作

当收集了一定数量的邮票以后，就可以尝试着制作邮集参加比赛交流了。邮集是集邮者将收集到的邮品进行分类、整理，并经设计、编排组成的用以表达一定内容的专辑，是集邮者收集、研究和进行创作的成果，能够反映出集邮者的收集和研究的水平及其兴趣爱好。一般可以分为供自我欣赏或研究用的收藏性邮集和按特定邮展规则组编的参展邮集。按照国际集邮联合会集邮展览总规则的规定，包括传统、邮政历史、邮政用品、航空、航天、专题、极限、税票、青少年和集邮文献10大类别。

四、集邮组织及其邮展

参观集邮组织的邮展，阅读集邮报刊，对集邮爱好者丰富集邮知识、明确集邮目的和开阔组集思路是大有益处的。

1.中华全国集邮联合会是由各省、自治区、直辖市集邮协会和全国行业性集邮组织联合组成的全国性群众文化团体。1982年1月30日成立，1983年加入国际集邮联合会和亚洲集邮联合会。大致每两年举办一次全国邮展，多次组团参加国际邮展，在亚洲集邮联合会和国际集邮联合会的赞助或同意下，自1996~2011年，在中国举办了3次亚洲邮展和2次国际邮展。主办的出版物有《中国集邮大辞典》、《中国集邮史》、《中国集邮报》、《集邮》杂志。办公地点为北京市海淀区知春路1号学院国际大厦北区2层中华全国集邮联合会（邮政编码100191）。

2.亚洲集邮联合会是由亚洲、大洋洲各国和地区集邮组织组成的国际集邮组织。1974年成立，总部设在新加坡，主办的出版物有中英文对照的《亚洲集邮联新闻》（FIAP NEWS）。

3.国际集邮联合会成立于1926年，主办的出版物有《快讯》（FLASH）。

另外，还有一个观赏邮票的好去处，那就是坐落在北京市建国门内贡院西街6号的中国邮政邮票博物馆。该博物馆拥有5500平方米的展览大厅和3000平方米的文物库房，馆内藏有丰富的邮政文物和清代以来中国各历史时期邮政主管部门发行的邮资票品以及世界200多个国家和地区发行的邮票共30多万种，逾亿枚。

五、丰富多彩的警察邮票

大部分国家的邮政部门都发行过警察邮票，展示了风采各异的警察形象，旨在国内外树立本国执法部门形象，促进警民合作，是社会各界警察发烧友和警察集邮爱好者收集的重点。贵州省公安厅政治部原副主任张国文同志，在收集世界警察邮票方面成就斐然。张国文同志1960年入伍后不久即开始集邮，1985年转入公安部门后经过十几年的努力，收集了70多个国家和地区的警察邮票。1995年10月4日至10日，国际刑警组织第64届全体大会在北京召开，张国文同志通过朋友请大会执委会主席艾克逊和大会秘书长肯德尔在纪念明信片上签名，极其珍贵。他还是发行新中国第一套人民警察邮票积极的推动者，现任全国公安集邮协会副主席。

新中国第一套人民警察邮票，展示了各专业警种为人民服务的形象。作为一名集邮爱好者，如果想制作高水平的邮集参赛，或者提高

新中国第一套人民警察邮票,展示了各专业警种为人民服务的形象。

美国警察　　　　　英国警察　　　　　土耳其警察

对邮品的鉴识水平,获得集邮社团的帮助,与集邮爱好者交流是重要的途径。全国公安集邮协会成立于2008年12月30日,在中华全国集邮联合会的指导下开展活动,拥有资深集邮家和国际邮展评审员,面向全国在职、退休民警,聘请名家举办讲座答疑解惑,对集邮爱好者的外国邮票提供考证翻译帮助,组织指导民警制作邮集参加国内国际邮展。其办公地点为北京市西城区木樨地南里1号中国人民公安大学北门西配楼二层,邮政编码为100038。

修心　养性

六、对老年集邮者的建议

（1）怡情交友为主，不贪大求全。老年朋友们大多已经退出职业领域，空闲时间较多，集邮作为一种爱好，重在欣赏、交流，不要刻意去搞大而全的收集，避免造成经济负担。（2）多听多看，慎重投资。多参观集邮展览，多看集邮类的书籍，多和集邮界的朋友交流，积累集邮知识，对投资类邮品采取慎重态度，避免资金被套。邮品的投资，如同股市一样，需要对集邮市场持续关注分析，需要对邮品的市场潜力有足够的眼力，还要有足够的资金储备，经得起邮市潮起潮落的考验。这些都不是一般的集邮爱好者能够做到的。（3）到邮局购买邮品，规避赝品风险。对于鉴定知识不足的朋友来说，到邮局购买邮品，是一个稳妥的选择。（4）对"珍邮"持慎重态度。邮票造假的历史几乎和邮票的历史一样悠久，中国、外国都有。由于历史久远和发行量少的邮票存世稀缺，造成价格畸高，一枚珍稀邮票从几千元到几百万元人民币，在集邮爱好者和投资者的追捧下，造假者乘虚而入，牟取暴利。当有人向您推销所谓"珍邮"，无论是当面还是电视广告，建议您持慎重态度。当今造假技术，足以乱真，即使专家，也要借助真品样本对比和仪器的帮助才能辨真伪。

七、集邮与生活

用邮票记录您的生活。当您的亲友游览祖国大好河山和世界各地的奇异风光时，或者出国经商留学时，可以请他们无论是在偏僻的乡村邮政所还是繁华的大都市邮局，每到一地给您寄一枚有当地特色的明信片，或者写一封信描述旅途所见所闻；在逢年过节的时候，邮友之间在明信片上写几句祝福的话，选一张漂亮的邮票贴上去，充满友情和文化信息；在相关明信片和纪念封上请各界名家签名等，如在军事题材、警察题材的封片上分别请军界、警界名家和功勋人物签名留念。这都是非常好的作品，也是人生的珍贵纪念，经过一段时间的积累，也能组集参展。笔者曾到同学家帮助主人和美国客人交流，认识一位来自密歇根州的大学女孩。她寒暑假到过南美洲、欧洲、亚洲的多个国家。每到一地，第一件事就是给父母寄一枚明信片，几年下来，从地球不同地方寄回了100多枚明信片。这么多贴着不同国度邮票、闪耀着异国风光的明信片，既是游子报平安的信物，又是制作邮集的好材料，风采各异、文字多样的邮票、邮戳，真实记录了一个年轻人的成长轨迹，这是电子邮件和手机短信无法取代的。

用封片装饰您的家。集邮作品的家居装饰功能长期被忽略，而这恰恰是集邮的本源，一如当年那位伦敦女子的初衷。当我们走进中国邮政邮票博物馆的展厅后，那些错落有致地挂在墙上的邮票和封片，简直可以和画廊媲美。这也是我们自己也可以做到的。一枚单独的名家签名封片可以装框放在书桌上，几枚关联的封片可以装框挂在客厅里（要采取避免粘连的措施），与字画的功能类似，提升家居生活的文化品位。

布艺：扮靓生活，增添情趣

布艺是指以布为原料，集民间剪纸、刺绣、制作工艺于一体的综合艺术，是中国民间工艺中的一朵瑰丽的奇葩。中国古代的民间布艺主要用于服装、鞋帽、床帐、挂包、背包和其他小件的装饰（如头巾、香袋、荷包、手帕）等。这些生活日常用品不仅美观大方，而且增强了布料的强度和耐磨能力。如今，布艺有了另一种含义，指以布为主料，经过艺术加工，达到一定的艺术效果，满足人们的生活需求的制品。当然，传统布艺手工和现代布艺家具之间没有严格的界限，传统布艺也可以自然地融入现代装饰中。在布艺风格上，可以很明显地感觉到各个品牌的特色，但是却无法简单地用欧式、中式，抑或是其他风格来概括，各种风格之间互相借鉴、融合，赋予了布艺不羁的性格。

一、布艺的分类

1.餐厅类。用于餐厅的系列产品,包括桌布、餐垫、餐巾、餐巾杯、杯垫、餐椅套、餐椅坐垫、桌椅脚套、餐巾纸盒套、咖啡帘等。

2.厨房类。用于厨房的系列产品,包括围裙、袖套、厨帽、隔热手套、隔热垫、隔热手柄套、微波炉套、饭煲套、冰箱套、厨用窗帘、便当袋、保鲜纸袋、擦手巾、茶巾等。

3.卫生间类。用于卫生间的系列产品,包括卫生(马桶)坐垫、卫生(马桶)盖套、卫生(马桶)地垫、卫生卷纸套、毛巾挂、毛巾、小方巾、浴巾、地巾、浴袍、浴帘、浴用挂袋等。

4.装饰与陈设类。壁挂式有信插、鞋插、门帘和装饰类壁挂等,平面陈列式有各种工艺篮、布艺相框、灯罩、杂志架、各种筒套等布艺挂件。

5.垫子类。用于客厅和起居室以及其他休闲区域的各类坐垫,其配套的形式和设计手法不胜枚举。

6.包装类。可用于制作各种花式箱包、手提包、购物包等,凸显现在这个个性的时代,也可以用于装饰窗户,对整个空间起到画龙点睛,设计手法非常之多。

二、布艺装饰的选择搭配

现代布艺家具在现代家庭中越来越受到人们的青睐,它柔化了室内空间生硬的线条,赋予居室一种或清新自然,或典雅华丽,或情调浪漫的格调。挑选布艺要先定基调,主要体现在色彩、质地、图案的选择上。在色彩选择时,要结合家具的色彩先确定一个主色调,使整个居室在色彩上协调一致。另外,悬挂布艺尺寸要准确,对于像窗帘、帷幔、壁挂等悬挂的布艺饰品,其面积的大小、长短尺寸等要与居室的空间、悬挂的立面的尺寸相匹配。而在色彩图案、款式等方面,也要注意与居室整体风格的搭配,在视觉上首先达到平衡,给人留下一个好的整体印象。

进行色彩的选择时，要结合家具的色彩确定一个主色调，使居室整体的色彩、美感协调一致。恰到好处的布艺装饰能为家居增色，胡乱堆砌则会适得其反。

　　在面料质地的选择上，也要与布饰品的功能相统一。比如，装饰客厅可以选择华丽优美的面料，装饰卧室就要选择流畅、柔和的面料，装饰厨房可以选择结实易洗的面料。对于像窗帘、帷幔、壁挂等悬挂的布饰，其面积的大小、纵横尺寸、色彩、图案、款式等，要与居室的空间、立面尺度相匹配，在视觉上也要取得平衡感。例如，较大的窗户，应以宽出窗洞、长度接近地面或落地的窗帘来装饰；在小空间内，要配以图案细小的布料，只有大空间才能选择大型图案的布饰，这样才不会有失平衡。

　　床上布艺一定要选择纯棉质地的布料，纯棉布料吸汗且柔软，有利于汗腺"呼吸"和体健康，而且触感柔软，十分容易营造出睡眠气氛。此外，色调、花型的选择上也应下工夫，不大的卧室空间宜选用色调自然且极富想象力的条纹布作装饰，会起到延伸卧室空间的效果；浅色调的家具宜选用淡粉、粉绿等雅致的碎花布料；对于深色调的家具，墨绿、深蓝等色彩都是上乘之选。

　　铺陈的布饰如地毯、台布、床罩等，应与室内地面、家具的尺寸相和谐。地面多采用稍深的颜色，台布和床罩应反映出与地面的大小和色彩的对比，应选用低于地面的色彩和明度的花纹，在对比中取得和谐。

　　在居室的整体布置上，布饰也要与其他装饰相呼应和协调，它的色彩、款式、意韵等的表现形式，要与室内装饰格调相统一。色彩浓重、花纹繁复的布饰表现力强，但较难配对，适合具有豪华风格的空间；浅色的、具有鲜艳彩度或简洁图案的布饰，能衬托现代感强的空间。在一个具有中国古典风格的室内，最好用带有中国传统图案的织物来配衬。

三、家居布艺的美好寓意

伴随人们生活水平的提高,单纯的功能性空间已满足不了人们的精神追求,人们用"家居配饰"、"软装饰"等词汇去努力描述家居空间所要营造出的氛围的重要性,更为精确的一词应该叫家居陈设。家居陈设是指在某个空间内将家具陈设、家居配饰、家居软装饰等元素通过完美设计手法将所要表达的空间意境呈现在整个空间内,使得整个空间满足人们的物质追求和精神追求。

"图必有意,意必吉祥。"中国民间布艺多用一些象征性的图形。花卉、虫鸟、植物等表达作者祈盼吉祥、趋吉避凶的美好愿望;老年人的用品多用"福、禄、寿"题材,祝愿老人健康长寿;儿童用品常用老虎、"五毒"(蝎子、蛇、蜈蚣、壁虎、蟾蜍)等图案,以取避邪镇恶,希望小孩子像小老虎一样健壮;新婚夫妇用品喜欢用鸳鸯戏水、莲(连)生贵子、鲤鱼闹莲(象征婚姻和谐)图案,期盼家庭美满,多子多福;姑娘送给情郎定情香包、手帕等,以蝴蝶翩翩起舞之形或并蒂莲花图案含蓄地表达隐藏在姑娘心底的秘密,针针线线都浸染着爱慕之情。

养花:花香袭人,气爽神清

花卉以它绚丽的风采,把大自然装饰得分外美丽,给人以美的享受。养花,可以丰富和调剂人们的文化生活,增添乐趣、陶冶性情、增进健康;还能增加科学知识,提高文化艺术素养。养花,可以绿化、美化祖国大地,保护和改善环境,净化空气,使人们能在优美的环境中工作和学习,生活更加美好。

一、家庭盆花春季养护

一年之计在于春,春季家庭盆栽花卉的管理养护非常重要,应做好以下三方面的工作。

1.繁育好苗。月季、天竺葵、石榴、迎春等可在春季剪取健壮枝条扦插。杜鹃、茉莉性喜酸性土壤，可剪取粗壮新枝5cm~10cm，除去下部叶片，保存顶叶三四片来扦插。扦插可以黑山泥、蛭石或黄沙为介质，扦插的枝条适度喷雾，以保持一定湿度，一般经过1个月左右即可生根。兰花、龙舌兰、吊兰可以在早春分别以分株或匍匐枝来繁殖。用种子播种的春播草本植物，如文竹、五彩辣椒、含羞草、凤仙花、一串红、牵牛花、孔雀草类，可进行撒播或点播。播种方法：先在盆中装上土壤，稍压紧后播上种子，再覆盖细土。播种后的浇水，一般把花盆放入水盆中，让水慢慢从盆底渗入。大多数在播种后1~3周即可发芽，发芽后将盆移至阳光处。小苗长出两三片叶后，即可分苗移栽，移栽时注意不要伤根和断茎。

2.翻盆换土。这是春季盆花补肥的一种方法，一般小盆一年翻一次，大盆3~4年翻一次，植株高大的需换大盆。有些根系生长过密或有枯根、腐根的，需适当修剪。翻盆后一般第一次水要浇透，然后放在阴凉处，以后看到盆土干燥再浇水，一般待长出新根后再进行正常浇水并移至阳光处。

3.整枝修剪。杜鹃、迎春等不宜过分修剪，石榴、月季等可在早春把枯枝、伤枝或生长过密枝尽行剪除，以促使枝繁叶茂。茉莉在换盆时要摘除老叶，促使其萌发更多新枝。藤本攀缘性植物如爬山虎、木香、紫藤、蔷薇等可进行整枝，使叶面尽量被阳光照到而生长旺盛。

注意早春盆花不要过早移到室外，以免遇到冷空气侵袭而受冻。浇水可随气温升高而增多，掌握调匀。

二、家庭盆花夏季养护

1.浇水。夏季花卉枝繁叶茂，消耗水分多，因此夏季每天早、晚要给花卉浇足水。

2. 搭架遮阳。凡是盆栽的花卉，一到夏季就得搭一个架，放上苇帘遮阳，使其安全度过酷暑炎夏。

3. 注意通风。室内花卉，当气温超过30℃时，就要注意通风，把窗户打开，让清新的空气流入室内，防暑降温。

4. 保湿降温。夏季可在盆土上盖一些禾草，使阳光不直接照射盆土，从而降低盆土的温度，也使盆土的水分不会过快蒸发；也可用喷雾器把花卉的叶子喷湿，同时把四周洒湿，降低温度，增加湿度。这样，对一些喜欢冷凉的花卉大有好处。

三、家庭盆花秋季养护

1. 加强水肥管理。立秋以后，天气逐渐转凉，对一些观叶类花卉，如文竹、吊兰、苏铁等，一般每隔半个月施一次稀薄液肥，以保持叶片青翠，提高御寒能力；对一年开花一次的菊花、茶花、杜鹃等，需及时追施磷肥为主的液肥，以保证养分充足，使其开花多而大；对一年开花多次的月季、米兰、茉莉等，应供足液肥，使其不断开花；对于一些观果类花卉，如金橘、佛手、果石榴等，应施一两次以磷肥为主的稀薄液肥。随着气温的逐渐降低，除对秋冬或早春开花的秋播草花继续正常浇水外，对于其他花卉应减少浇水次数，做到盆土不干不浇水，以免水肥过量，造成枝叶徒长，影响花芽分化和受冻。

2. 及时秋播秋插。秋季要及时收获成熟的花木种子，及时播种郁金香、大岩桐、金鱼草等，特别是容易丧失发芽力的种子，更应在秋季及时播种，并结合修剪，扦插花木。

四、家庭盆花冬季养护

不同种类的花卉各有不同的生长习性，应采取不同的管理措施，才能保证其安全越冬。

1. 落叶木本花卉的越冬。落叶木本花卉多数原产温带地区，常见的有石榴、金银花、月季、碧桃、迎春等，它们一般冬季处于休眠状态，因此，室温控制在5℃左右即可。若有阳台或小庭院，可将耐寒较强的盆栽月季、碧桃、石榴、金银花等，集中放置于阳台背风处或庭院的角落里，用塑料膜包扎覆盖好，就可安全越冬。

2.常绿木本花卉的越冬。对于夹竹桃、金橘、桂花等，冬季处于半休眠状态，温度一般控制在0℃以上，即可安全度过严冬。而对米兰、茉莉、扶桑、栀子花等则应放置在有充分阳光照射的地方。室内温度应保持在15℃左右，如温度过低，则会导致花卉死亡。

3.一二年生草本花卉的越冬。对于四季报春、彩叶草、蒲包花等，室温保持在5℃~15℃之间，便能正常生长。对于文竹、凤仙、天竺葵、四季海棠等多年生草本花卉，保持阳光充足、室温10℃~20℃，就能生长良好。对于君子兰、文心兰等冬季处于休眠状态的草本花卉，维持5℃左右的室温，给予适量光照即可，每天光照不超过8~10小时，同时加强肥水管理，两个月后即可盛开。

五、判断盆花是否缺水的小技巧

1.敲击法。用手指关节部位轻轻敲击花盆上中部盆壁，如发出比较清脆的声音，表示盆土已干，需立即浇水；若发出沉闷的浊音，表示盆土潮湿，可暂不浇水。

2.目测法。用眼睛观察一下盆土表面颜色有无变化，如颜色变浅或呈浅灰白色时，表示盆土已干，需要浇水；若颜色变深或呈深褐色时，表示盆土是湿润的，可暂不浇水。

3.指测法。将手指轻轻插入盆土约2cm深处摸一下土壤，感觉干燥或粗糙而坚硬时，表示盆土已干，需立即浇水；若略感潮湿、细腻松软的，表示盆土湿润，可暂不浇水。

4.捏捻法。用手指捻一下盆土，如土壤成粉末状，表示盆土已干，应立即浇水；若土壤成片状或团粒状，表示盆土潮湿，可暂不浇水。如需准确知道盆土干湿程度，可购买一支土壤湿度计，将湿度计插入土壤里，即可看到刻度上出现"干燥"或"湿润"等字样，便可确切知道何时该浇水。

六、居室养花"三宜"

1.宜养吸毒能力强的花卉。某些花卉能吸收空气中一定浓度的有毒气体，如二氧化硫、氮氧化物、氟化氢、甲醛、氯化氢等。据研究，蜡梅能吸收汞蒸气；石榴植株能吸收空气中的铅蒸气；金鱼草、美人蕉、牵牛花、唐菖蒲、石竹等能通过叶片将毒性很强的二氧化硫经过氧化作用转化为无毒或低毒性的硫酸盐化合物；水仙、紫茉莉、菊花、虎耳草等能将氮氧化物转化为植物细胞中的蛋白质；吊兰、芦荟、虎尾兰能大量吸收室内的甲醛等污染物质，消除并防止室内空气污染。

2.宜养能分泌杀菌素的花卉。茉莉、丁香、金银花、牵牛花等花卉分泌出来的杀菌素能够杀死空气中的某些细菌，抑制白喉、结核、痢疾病原体和伤寒病菌的发生，保持室内空气清洁卫生。

3.宜养"互补"功能的花卉。大多数花卉白天主要进行光合作用，吸收二氧化碳，释放出氧气。夜间进行呼吸作用，吸收氧气，释放二氧化碳。仙人掌类则恰好相反，白天则释放二氧化碳，夜间则吸收二氧化碳，释放出氧气。将"互补"功能的花卉养于一室，既可使二者互惠互利，又可平衡室内氧气和二氧化碳的含量，保持室内空气清新。

七、居室养花"三忌"

1.忌多养散发浓烈香味和刺激性气味的花卉。兰花、玫瑰、月季、百合花、夜来香等都能散发出浓郁的香气。一盆在室，芳香四溢，但室内如果摆放香型花卉过多，香味过浓，则会引起人的神经产生兴奋，特别是人在卧室内长时间闻之，会引起失眠。圣诞花、万年青散发的气体对人不利；郁金香、洋绣球散发的微粒接触过久，皮肤会过敏、发痒。

2.忌摆放数量过多。夜间大多数花卉会释放二氧化碳，吸收氧气,与人"争气"。而夜间居室大多封闭,空气与外界不够流通,如果室内摆放花卉过多,会减少夜间室内氧气的浓度,影响夜晚睡眠的质量,如胸闷、频发噩梦等。

3.忌室内摆放有毒性的花卉。如夹竹桃,在春、夏、秋三季其茎、叶乃至花朵都有毒,它分泌的乳白色汁液含有一种夹竹桃苷,误食会中毒;水仙花的鳞茎中含有拉丁可毒素,如果小孩误食后会引起呕吐等症状,叶和花的汁液使皮肤红肿,若汁液误入眼中,会使眼睛受害;含羞草接触过多易引起眉毛稀疏、毛发变黄,严重时引起毛发脱落等。

围棋:有约不来过夜半,闲敲棋子落灯花

围棋是中国发明的古老的体育项目。就其博大精深的内容来看,也属于文化,但由于它要分出胜负来,在残酷的胜负世界中运行,故把它看做竞技体育更为合适。围棋选手也需要充沛的精力和健壮的体魄,什么体育项目都可以玩,最后却回到棋盘前手谈,斗的是脑活儿。在这里,年龄是很令人感叹的东西。为什么棋圣聂卫平拿不了冠军了,小将古力在国际大赛上却频频得手?这就如同球王贝利再也不能登上世界杯赛场,郎平跳不起来了只能去做主教练一样,竞技体育是年轻人的天下。

然而,业余围棋爱好者不吃围棋这碗饭,大可不必过于拘泥胜负,采取"胜固可喜,败也欣然"的态度即可。怀平常心下棋,赢面大,越怕输,输得越快。对于离退休老干部而言,下下围棋是锻炼思维、颐养天年的一种优雅且悠闲的方式,不妨晃着脑袋表示"我辈流水不争先"。当然,谁也不是越输越高兴的二皮脸,生活中有一点不起眼的小挫折,或许对生活的其他方面有所激发。

围棋历史在中国,有许多可圈可点的辉煌。从理论层面说,产生

了不少具有普遍真理性质的格言。例如,"入界宜缓",指的是不要过于激进地侵入对方的地盘,这很像军事战略的稳扎稳打,步步为营。又如,"密不可太促,阔不可太疏",讲的是拆边的分寸感。再如,"厚势不成空",是在总结形成地域的量化经验。此外还有诸如"棋从断中生,相思断必成"、"互关兼镇必关"、"棋逢难处小尖尖"、"棋长一尺,无眼自活"之类的话,恐怕不下围棋听不懂。要想知道梨子的滋味,就得亲口尝一尝。从实践层面说,明清时代,一些古谱流传下来。从中可以领略座子制(棋盘上四个星角先由黑白双方分别占据再行棋)的时候,围棋大师们力战搏杀的精彩场面。到了现当代,围棋名家在不同历史阶段蜂起,大有"战国狼烟四处飘,七雄纷争动兵刀"的味道。吴清源的老师顾水如在民国独霸棋坛。新中国成立后,先有南刘(棣怀)北过(惕生)平分天下,再有陈(祖德)吴(淞生)两雄争胜。改革开放时代,聂(卫平)马(晓春)齐头并进,后有刘(小光)曹(大元)钱(宇平)俞(斌)辅佐,开创了围棋大发展的崭新局面。尤以聂卫平在中日围棋擂台赛上战胜日本为标志,证明了中国围棋已达到国际先进水平。聂棋圣在获胜后,亲临八宝山革命公墓谒老一辈无产阶级革命家陈毅副总理,对这位倡导中国围棋的前贤表示缅怀告慰,用陈老总的诗说:"捷报飞来当纸钱。"

现代围棋在日本,更是名家辈出。侨居扶桑的天才棋手吴清源,于昭和年间横扫日本的所有棋手。"剃头刀"坂田荣男、"前五十步天下第一"的藤泽秀行、酷爱实地的"鼹鼠"赵志勋、赢半目足矣的小林光一、"天煞星"加藤正夫、"电子计算机"石田芳夫、"二枚腰"林海峰、"宇宙流"武宫正树,以及"美学的大竹英雄"等,都留下了供业余围棋爱好者学习、享用的精彩棋谱。至于韩国棋界,涌现出以李昌镐、李世石为代表的天才棋手,曾在一段不短的时间内,令中国军团汗颜。

要说如何下围棋,决非笔者这篇小文能说清楚。简言之,必须懂得这门学问的基本概念。一是"空"的概念，日本人称做"目"。围棋的胜负，取决于黑白双方谁围的"空"多。无论日本规则、中国规则还是应氏规则，数的都是"空"，黑棋无论贴多少目，也依然是算"空"。二是"眼"的概念。两眼为活，多了也是活，少了的话，有多少棋子也会被对方扫荡出局。三是"定式"的概念，日本人称做"定石"。即双方在角部接触时最合理的着法。据说定式有一万多个，现在流行的既有保持生命活力的老定式，也有与时俱进的新定式。当然，对定式要选择、活用，任何教条主义的思路都可能导致失败。四是"布局"、"序盘"、"中盘"、"收官"的概念，这是一个看书学棋的过程中才能明白的问题，而且专业棋手和业余棋手对这些概念的明白程度，相差极大。五是"厚薄"的概念，即探讨实地与外势的关系问题。说句不客气的话，就是专业九段高手，也经常在这个问题上跌跟头。至于围棋到底有多少变化，那是个天文数字，再高超的电子计算机也赢不了下围棋的人。

对于下围棋的人来说，围棋丰富的特有词汇，也颇能吸引大家的听觉和视觉。以下出很小一部分词汇，如"金角银边草肚皮"、"双飞燕"、"刀把五"、"金柜角"、"破边方"、"双活"、"大眼杀小眼，有眼杀无眼，气长杀气短"、"胀牯牛"、"四劫连环无胜负"、"镇神头"、"大斜"、"雪崩"、"空降兵"、"转换"、"金鸡独立"、"万年劫"等。离退休老干部面对棋盘探讨、争论这些有趣的围棋学问，桌旁一杯龙井茶或一樽葡萄酒，轻罗小扇，杀到掌灯时分，杀个昏天黑地，其乐也融融。

通常人们都羡慕棋王，然而王者甚少，棋迷则遍地皆是。据笔者体会，一旦学会了围棋，终生不会丢，没有一个人会下围棋而最终后悔的。离退休老干部都知道"陈毅杯"，这是专门为老同志设置的围棋比赛。一些副国家级或省部级干部都曾为这项赛事乐而不疲，如张劲夫、金明、唐克、宋汝棼等。无论是干哪一行的，经历多么丰富，学问多么大，杀一盘时就是过瘾，其他免谈！

我们公安部机关在改革开放后的三十年多中，也举行过一些围棋赛事，参加过国务院机关的围棋团体赛。2012年7月7日，由前卫体协组织，在天津举行了首届全国公安系统围棋比赛，应邀来指导的嘉宾就有聂卫平、王汝南、刘小光等。聂棋圣在开幕式上深刻地谈到福尔摩斯和围棋的关系，亦即侦查破案思维对围棋思维多有借鉴，所谓"他山之石，可以攻玉"。前卫体协常务副主席也强调下围棋与公安文化建设的关系，下围棋与公安宣传的关系，把下围棋提到了构建警民和谐关系的高度。第二届全国公安系统围棋比赛主办方在闭幕式上宣布，全国公安系统棋手明年此时相会在湖南常德桃源。看来围棋运动真的要在200万公安民警中蓬勃开展起来了。

象棋：楚河汉界相隔，万马千军纷争

象棋历史悠久，承载了中国数千年的传统文化，博大精深、千变万化、妙趣横生，深受广大民众的喜爱。历代文人雅士把象棋与书法、古琴、绘画并称为"琴棋书画"，作为文人修身养性的"四艺"。新中国成立后，象棋列入国家体育项目并成立了中国象棋协会，随着亚洲中国象棋联合协会的成立，世界40余个国家和地区都纷纷成立了中国象棋的组织。

一、象棋的棋盘

棋子活动的场所，叫做"棋盘"。在长方形的平面上，绘有九条平行的竖线和十条平行的横线相交组成，共有九十个交叉点。棋子就摆在交叉点上。中间部分，也就是棋盘的第五、第六两横线之间未画竖线的空白地带称为"楚河汉界"。据史料记载，"楚河汉界"在古代的荥阳、成皋一带，该地北临黄河，西依邙山，东连平原，南接嵩山，是历代兵家兴师动众的战场。公元前203年，刘邦出兵攻打楚国，项羽粮缺兵乏，被迫提出了"中分天下，割鸿沟以西为汉，以东为楚"的要求，从此就有了楚河汉界的说法。至今，在荥阳广武山上还保留有两座遥遥相对的古城遗址，西边那座叫汉王城，东边这座叫霸王城，传说就是当年的刘邦、项羽所筑。两城中间，有一条宽约300米的大沟，这就是人们平常所说的鸿沟，也是象棋盘上所标界河的依据。在棋盘两端的中间，也就是两端第四条到第六条竖线之间的正方形部位，以斜交叉线构成"米"字方格的地方，叫做"九宫"（它恰好有九个交叉点），象征着中军帐。

二、象棋棋子

象棋是一种双方对阵的竞技项目。棋子共有三十二个，分为红黑两组，各有十六个，由对弈的双方各执一组。帅与将，仕与士，相与象，兵与卒的作用完全相同，仅仅是为了区别红棋和黑棋而已。棋子的名称、棋子数及可到达的范围见下表。

红方名称	黑方名称	棋子数	可以到达的范围
帅	将	1	己方九宫内
车	车	2	全盘的任何位置
炮	炮	2	全盘的任何位置
马	马	2	全盘的任何位置
相	象	2	己方九宫内（5个非常特殊棋位）
仕	士	2	己方九宫内（5个非常特殊棋位）
兵	卒	5	己方区域只可向前，对方区域可向前左右

三、棋谱的记法

整个棋盘以"楚河汉界"分为相等的两部分，对弈开始之前，红黑双方应该把棋子摆放在规定的位置。为了比赛记录和学习棋谱方便起见，现行规则规定，按九条竖线从右至左用中文数字一至九来表示红方的每条竖线，用阿拉伯数字1至9来表示黑方的每条竖线。己方的棋子始终使用己方的线路编号，无论棋子是否"过河"。棋谱通常采用四字记录。第一字表示需要挪动的棋子。第二字表示移动棋子所在直线的编码（红、黑方均由乙方的底线从右向左数1、2、3……9），红方用汉字,黑方用阿拉伯数字表示。当同一线上有两个相同的棋子,则用前后区别,如后车平四、前马进五。第三字表示棋子移动的方向。横走用"平",向对方底线走用"进",向己方底线走用"退"。第四字分为两类,棋子在直线上进退时表示棋子的进退步数。棋子斜线走时,表示所到达直线的编号。

四、棋子的走法

关于棋子的走法有一口语歌:马走日字,象飞田。车走直路,炮翻山。士走斜路护将边,小卒一去不回还。车走直路马踏斜,相飞田字炮打隔,卒子过河了不得。

1. 帅(将)。帅(将)是棋中的首脑,是双方竭力争夺的目标。它只能在九宫之内活动,可上可下,可左可右,每次走动只能按竖线或横线走动一格。帅与将不能在同一直线上直接对面,否则走方判负。

2. 仕(士)。仕(士)是将(帅)的贴身保镖,它也只能在九宫内走动。它的行棋路径只有九宫内的四条斜线。

3. 相(象)。相(象)的主要作用是防守,保护自己的帅(将)。它的走法是每次循对角线走两格,俗称"象飞田"。相(象)的活动范围限于河界以内的本方阵地,不能过河,且如果它走的田字中央有一个棋子,就不能走,俗称"塞象眼"。

4. 车。车在象棋中威力最大,无论横线、竖线均可行走,只要无子阻拦,步数不受限制。因此,一车可以控制十七个点,故有"一车十子寒"之称。

5. 炮。炮在不吃子的时候,移动与车完全相同。当吃子时,己方和对方的棋子中间必须间隔一个棋子(无论对方或己方棋子)。炮是象棋中唯一可以越子的棋种。

6. 马。马走动的方法是一直一斜,即先横着或直着走一格,然后再斜着走一个对角线,俗称"马走日"。马一次可走的选择点可以达到四周的八个点,故有八面威风之说。如果在要去的方向有别的棋子挡住,马就无法走过去,俗称"绊马腿"。

7. 兵(卒)。兵(卒)在未过河前,只能向前一步步走,过河以后,除不能后退外,允许左右移动,但也只能一次一步。即使这样,兵(卒)的威力也大大增强,故有"过河的卒子顶半个车"之说。

五、象棋的布局

布局又叫开局,是一局棋的开始阶段,是整盘棋的基础。布局按第一步的行棋,可以分为炮、马、兵、象四大体系。其中,炮类分为顺炮、列炮、中炮对屏风马等多种布局。布局的要点包括:

1. 出动大子,大子占据要道(位)。车、炮、马为棋中"大子",作战能力优于将、象、士、兵,宜尽早出动。布局时,大子一般应先占据对方河界线、林线和肋道。

2. 均衡出子。布局是"战斗"的准备阶段,必须各就各位,协同作战,忌一二子连续走动,孤军深入。

3. 马勿轻进,炮勿轻发。马的优点是"马有八方威力",弱点是马的行进前方必须无子阻碍,即无"绊"。布局时盘面上棋子当多,马极易被"绊"而困行。炮可直线远行,但消灭对方棋子,必须中间有一隔子,炮宜在乙方遥控目标,待机而发。

4. 子力联络。布局时须注意子力间的整体协调,各司攻守其职,又互相联系,既要攻防协同作战,又要相互支援保护。

5. 宁失一子,不失一先。树立大局观,得子或失子都要大局出发,依"势"而定,切不可图一子小利,贻误全局,更时刻要警惕,对方弃子争先的"陷阱",世上没有免费的午餐。

【布局实例】

1. 顺炮。顺炮在明代就已经非常流行了,后来在各个不同的时期得以飞速发展,可以说是最早成为体系的布局。此布局的特点是对攻激烈,胜负就在一手间,属于刚性布局。右图为顺炮直车巡河对横车布局。

（1）炮二平五，炮8平5；

（2）马二进三，马8进7；

（3）车一平二，车9进1；

（4）马八进七，车9平4；

（5）车二进四。

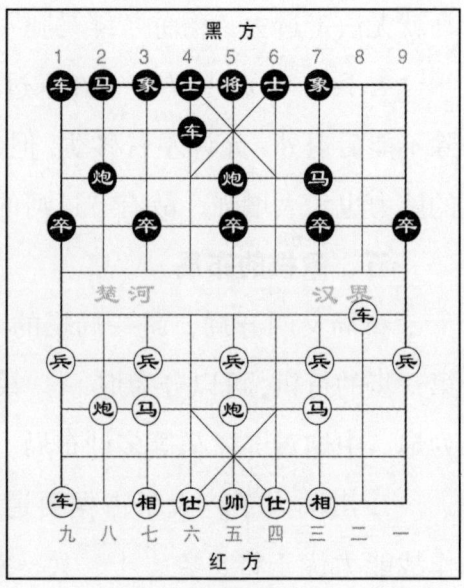

顺炮

2. 列炮。列炮即是黑方针对红方的中炮以反方向的炮架中路所形成的阵形。列炮是比较古老的布局体系，目前随着布局的不断演进、发展、进步，此布局慢慢地显现出它的局限性，棋手们在实战中的运用逐渐减少。但作为布局体系，有必要对其作一定的了解。

列炮可分为大列炮和小列炮。大列炮由于容易下出对称的局势，黑后手方较难应付，所以目前大赛中基本上不大下了。小列炮还有一定的反击能力。

（1）炮二平五，炮2平5；

（2）马二进三，马8进9；

（3）车一平二，车9平8；

（4）马八进九，马2进3；

（5）车九平八，车1平2；

（6）兵九进一，卒9进1。

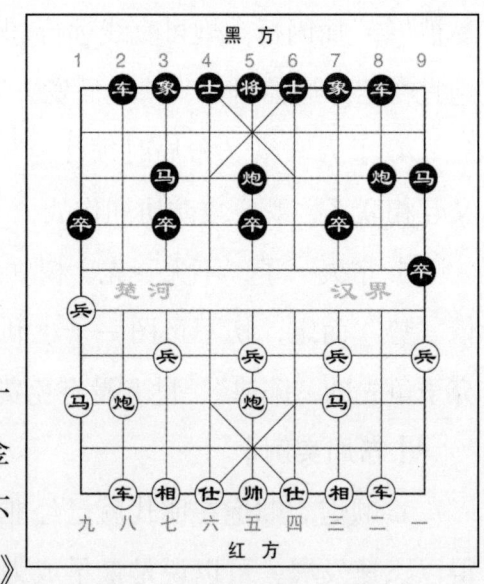

小列炮

3. 中炮对屏风马。屏风马是一种柔性的布局。最早在明代古谱《金鹏十八变》中就已出现，但当时不被重视，直到清代王再越的《梅花谱》中才给予新的活力，开始了屏风马布局的盛行。此布局正马跳起，犹如一道屏风，防守较好，也有很强的反弹力，故此长久不衰，成为目前最大的布局体系。下图为中炮对屏风马布局。

（1）炮二平五，马8进7；
（2）马二进三，车9平8；
（3）车一平二，马2进3；
（4）兵七进一，卒7进1；
（5）车二进六，炮8平9；
（6）车二平三，炮9退1；
（7）兵五进一，士4进5。

红方急进中兵，挑起战火，双方迅速地进行短兵相交的接触，是喜攻好杀选手的首要之选。近几年受棋手们的青睐，在各个大赛常常选用。

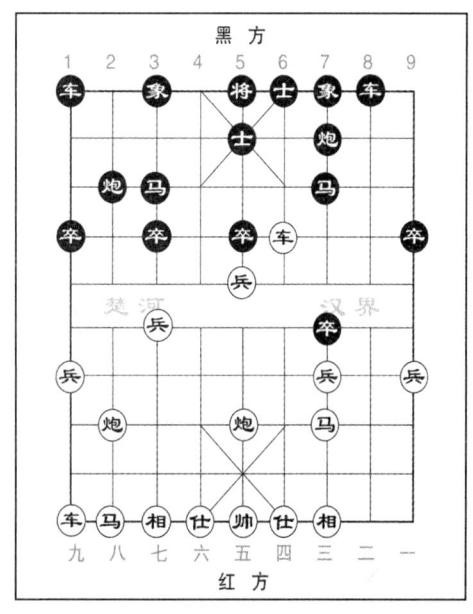

中炮对屏风马

（8）兵五进一，炮9平7；
（9）车三平四，卒7进1。

黑冲卒反击是当今棋坛最流行的变化。

六、象棋的中局

中局介于开局和残局之间，变化复杂，瞬息万变。它不像开局有定式可循，也不像残局有一定规律可借鉴，实战中几乎没有相同的中局，所以中局阶段全凭临场的审视分析，随机应变。残局指一局棋的最后阶段。残局阶段双方子力不多，优劣形势明显，胜、负、和的结果清晰可见，相对复杂多变的中局，残局更容易学习把握。

七、象棋的残局

【残局实例】

1.送佛归殿（红先）。兵（卒）借助其他棋子之力，步步"将军"把对方将（帅）逼回原始位置而取胜的杀法称为"送佛归殿"。

（1）车四进一，将6进1；

（2）炮二平四，车8平6；

（3）兵四进一，将6退1；

（4）兵四进一，将6退1；

（5）兵四进一，红胜。

红方弃车杀士是妙着，它不但能把黑将引高，同时让黑将完全暴露在红方炮、兵的火力之下。此局红方弃车之后，兵借炮力三进兵，送"佛"归殿而取胜。

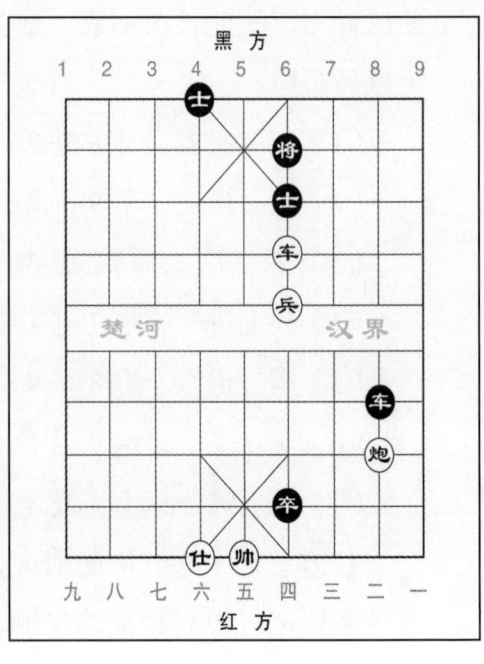

送佛归殿

2. 拔簧马（红先）。一方的马利用将别住自己马腿的己方棋子移开，从而形成叫将的局面。拔簧马的优势在于能够利用叫将的机会，占据主动，实际上像是多走了一步棋，因为在你叫将时，对方必定要应将，从而己方"拔"出来的那颗棋子便可以利用此机会进行双将、抽将、作杀、吃子等攻击手段，可以说虽然不一下子能将死对方，但是却可以使攻击方占据极大的优势。

（1）马一进三，士5退6；

（2）车四进一，将5进1；

（3）车四退四，将5平4；

如走将5进1，红方车四进二，速胜。

（4）车四平六，红胜。

红方车借马力抽将取胜。

八、下象棋的好处

象棋是一门思维的艺术，列宁称之为"智慧的体操"。棋手纹枰对坐，全神贯注，"架炮跃马，挺兵飞象"，或

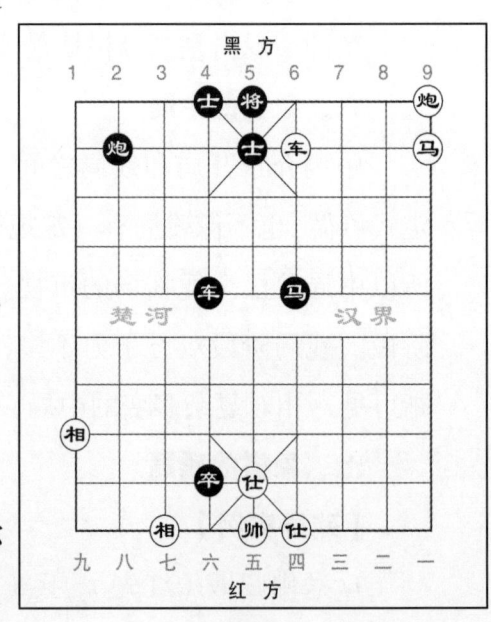

拔簧马

攻或守，或进或退，或弃或取，冥思苦想却乐在其中。

1. 中医论养生，讲究养生宜养心，养心宜养神，养神先养静。象棋是静坐静思的活动，心绪平静，思考冷静，则棋路清净，一个静字贯穿全局的始终。总之，棋与浮躁无缘。象棋蕴涵深刻哲理，经常下棋，必有所悟。下棋必争胜负，正常之极，但略显初级。下棋的真谛在于棋中不可穷尽的变化奥妙。在竞技的活动中，而不计较胜负，是对人生的最深刻的感悟，是一种境界。老年人品茗弈棋，茗以清心，棋以明德，陶冶情操。虽足不出户，犹登高望远，心旷神怡，而益寿延年。

2. 以棋交友，以棋会友，切磋棋艺，增进友情。老友重逢，以棋代酒，别具情趣，实乃君子之交！初见谋面，临枰一二局棋，顿有"将遇良才，棋逢对手"之感，倍觉相见恨晚。遂结棋缘，情同挚友。象棋交友贵在"广"，象棋娱乐，常常当局者二人、观棋者十余，观者不语、心随棋动，一旦棋局结束，立马议论纷纷，各抒己见。更有见义勇为者，学木兰从军，替"负"征战，负者也不计较，欣然让贤。弈者之间、观者之间、观者与弈者之间，因棋而聚，因棋而交，因棋而乐。

3. 培养成熟的性格。优势时输棋，可以学到戒骄戒躁、头脑冷静；劣势时赢棋，可以学到坚韧不拔、不轻易认输；均势时赢棋，可以学到耐心细致、有条不紊；形势逆转、适时和棋，可以学到把握大局、不钻牛角尖，等等。一个棋手在下棋时，不一定局面都会一直领先，但他们会在局势落后的时候，全力寻找每一个可以翻盘的机会。这个时候就需要耐心地调整心态，耐心地去把局面搞乱，然后再给对手致命一击。在生活中，同样也会有不顺心的时候，所以有耐心的人，永远以风平浪静的心态面对人生。

4. 培养做事的周密性。下棋时，棋手时刻在心里默默地做着计划，计算着子力、位置、攻守等。形成了做事缜密的性格后，他同样会把生活和工作安排的井井有条。象棋每走一步所出现的回应千变万化，各种可能性是一个几何级数，这就需要考虑问题时慎之又慎，深之又深，否则一着不慎，全盘皆输。棋手在下棋的时候每时每刻都在预防对手的一个个陷阱，所以在为人处世中，也会形成这种预防性。

九、下象棋的注意事项

1. 不宜恋战。中国传统文化，重视"度"。久坐伤肉，久视伤血，久思伤脾，其意即长时间的坐、视、思考，都伤害身体。老年人下棋娱乐要适度，时间不宜过长，坚持常弈不长弈的原则：经常下棋，而每次下棋的时间又不长。让象棋成为健康的小贴士。

2. 不要激动。兵者诡道也。布棋如用兵，棋盘之上风云变幻，危机四伏，一招不慎，全局覆没。纵然智者千虑，也难免一失，胜败兵家常事，所以下棋应胜者不骄，败者欣然。

3. 落子不悔。做人言必信，行必果。下棋忌悔棋，象棋如做人。"棋虽小道，品德最尊。"陈毅元帅的诗，道出了下棋的至高至雅的境界。

国际象棋：高贵的游戏，智慧的体操

传说在2000年以前，印度有个暴君，行事暴虐专横，听不进别人的意见。一个大臣很忧心，他想向皇帝进言，让他明白即使是君主也要依靠臣民的力量。但他不敢直接向国王进言。他苦思冥想后想出了一个办法，他在木制棋盘上，用骨制的棋子组成两支军队进行战斗，每一方有一个王，另有车、马、象、兵四个兵种，组合成一个整体。王的生死是决定战役胜负的标准，王一死，战斗便结束；但王同时又是很弱的一环，它只能依靠别的更有力的棋子保护。这些棋子必须在整个战斗过程中同心协力来保卫王。棋子里面比王还要弱的，要算是兵了。但如果善于指挥，使兵深入敌垒，走到对方的底格时，兵就可以变成最强的棋子。这种棋最后演变为国际象棋。

一、棋盘和棋子

国际象棋棋盘是个正方形，由横纵各8格、颜色一深一浅交错排列的64个大小相同的小方格组成。深色格称黑格，浅色格称白格，棋子就放在这些格子中移动,右下角是白格。排垂直的格子称为"直线",排水平的格子称为"横线",同色格组成的角角相触的各地称为"斜线",棋子共32个,分为黑白两组,各16个,由对弈双方各执一组,兵种是一样的,分为六种:对局一方有16个浅色棋子("白棋"),另一方有16个深色棋子("黑棋")。分别是:一个白王、一个白后、两个白车、两个白象、两个白马、八个白兵,一个黑王、一个黑后、两个黑车、两个黑象、两个黑马、八个黑兵。棋子的中英文全称、简称及数量见下表。

中文全称	中文简称	英文全称	英文简称	数量
国王	王	King	K	1
王后	后	Queen	Q	1
城堡	车	Rook	R	2
主教	象	Bishop	B	2
骑士	马	Knight	N	2
士兵	兵	Pawn	P	8

1. 王。敌方的王是棋局终极攻击目标。己方的王是重点保护对象,且为短距离兵种。

2. 后。所有棋子中战斗威力最大的棋子,长距离兵种,重子(强子),一般战斗分值(9~9.5分)。

3. 车。战斗威力第二位的棋子,长距离兵种,重子(强子),一般战斗分值(5分)。

4. 象。长距离兵种,轻子(弱子),一般战斗分值(3~3.5分)。

5. 马。短距离兵种,轻子(弱子),没有绊马腿的限制规定!唯一可以跳跃的棋子!一般战斗分值(3~3.5分)。

6. 兵。短距离兵种,小子,个数最多,初始战斗分值(1分),随不断提进,价值将提升,直至底线升变。

每个棋手在分析局势、对比实力以及进行子力兑换时,需要明确各种棋子的价值。目前一般以兵为计算单位。兵为1，马与象为3，车为5，后为9。王不能兑换不给定值。各种不同棋子的实际价值，依其所占空间位置，与其他棋子协同作战的关系以及局面形势，以至对局经历的阶段，而发生实际的差异。比如，兵冲到底线就可升格为后、马、车、象之一，当它接近底线时，价值可能明显升高数倍，相连的兵或并列的骈兵比重叠兵强，孤兵（或悬兵）在不同的发展中可能是弱点，也可能成为攻击的支柱，价值不同。象有好象与坏象之分，在残局中异色格象比同色格象容易和棋，等等。棋子的实际价值是变动价值。对这种种变化所作的估计和判断是制定不同的战略、战术计划的基础。

二、国际象棋棋子的走法

对于初学者，摆棋时记住，王对王，后对后；白后站白格，黑后站黑格。黑王站白格，白王站黑格。白棋第一行由左到右为车、马、象、后、王、象、马、车。黑棋为车、马、象、王、后、象、马、车。第二行全为兵。在比赛时为了便于记忆和记录，布置棋盘时总是让自己的右下角是白色格。下面分别介绍各种棋子的走法。

1. 王。（1）除易位时外，王可走到未被对方棋子攻击的任何相邻格子。（2）易位是由王己方任何一个车一起进行仍被视做王的一着的走法，其进行方式如下：王从原始位置向任何的方向横移两格，然后对手横越过王而置于王刚经过的格子。（3）如果一方在准备易位时触摸了王，或者同时触摸了王和车，然后发现易位不合规则，他可以选择走王或者向另一翼易位，前提是向那一翼易位是合乎规则的，如果王没有合乎规则的走法，该方有权造反走任何规则的着法。（4）不符合规则的易位：王已经移动过，或者用来易位的车已经移动过。（5）下列情况暂不能易位：王的原始格子或者将要越过的格子或者将要占据的格子正受到对方棋子的攻击，或者王和用来易位的车之间尚有别的棋子。

2. 后。可走到它所在的直线，横线或斜线上的任何格子（规则限制者除外）。

3. 车。可走到它所在的直线和横线上任何格子（规则限制者除外）。

4. 象。可走到它所在斜线上的任何格子（规则限制者除外）。

5. 马。走法由两个不同步骤组成，先沿横线或直线走一格，然后沿斜线离原格方向一格，在走第一格时即使该格已有棋子占据也仍可行走。

6. 兵。（1）兵只能朝前走。（2）除吃子以外，兵可从原始位置起沿所在直线和向前走一格或两格（所占据格子必须是空格）。以后每次只能沿直线向前走一格。吃子时，只能吃它斜前方一格的棋子。（3）当兵处于攻击对方兵从原始格子一次走两格所经过的格子时，可以把后者走两格当做走一格而吃掉它，这种吃法只能在对方以该方式走兵后立即进行，称为"吃过路兵"。（4）兵一旦到达底线，必须立即变换为与它相同颜色的后、车、马、象，这种变换仍被视作同一着。变换何种棋子由棋手选择，不必考虑棋盘上是否还有同类的其他棋子，这种由兵变换为别的棋子的走法称为"升变"，升变的棋子立即生效。（5）在比赛中，因升变所需补充的新棋子如不能立即获得，棋手可按停棋向裁判求助，该棋手务必严格按照规定方式完成该着。

三、国际象棋的其他规则

1. 着棋的完成。（1）一个棋子被移到一个空格，行棋方的手已离开该棋子。（2）吃子时，被吃的棋子已从棋盘上拿走，行棋方已将自己的棋子放于新的格子，并且已经离手。（3）易位时，行棋方已把车放在王经过的格子上，并且已经离手，王离手时尽管这着棋尚未完成，但该方除在那一翼易位以外已无权走他着，如果此易位是合乎规则的。（4）在确定是否走满规定时限内的规定着数时，棋手是后棋必须在按了钟后才能视做完成。除特殊规定情形之外，本规定适用于其他所有情况。

2. 摸子无悔。在对局中，用手触摸了自己方面的某个棋子，就必须走动它。如果所触摸的棋子根本无法走动，才可以另走别的棋子。如果要摆正棋子，必须先向对手或裁判员口头声明，我摆正棋子，才可摸子。如果用手触摸了对方的棋子，就必须吃掉它。只有当自己任何一个棋子都无法吃它时，才允许走别的着法。

3. 将军。（1）当王所占的格子受到对方一个或两个棋子的攻击时，王就被照将，攻击王的棋子被称做对王"将军"。行棋方的着法不能使己方的王处于任何对方棋子攻击的格子。（2）被将军的一方，必须立即走一着棋应将，如果无法应将，王即被称为"将死"。（3）将军不必声明。

4. 对局结束。（1）将死对方王的一方为胜方。至此，对局即告结束。（2）一方认输，对方即为胜方，至此，对局结束。（3）行棋方的王虽未受到将军，但却没有任何合乎规则的着法，对局结果作和，处于这种情况的该方被称为"无子可动"。至此，对局即告结束。（4）下残局形势之一，对局结果作和：单王对单王；单王对王单象或王单马；王单象对王单象，且双方的象是同一格象。只剩单王的一方不能作胜方。如果剩单王一方的对方超时，或封棋着法不合规则，则应判为和棋。双方一致同意和棋，对局结果作和，至此，对局即告结束。

后 记

参加本书编写的作者有全国公安文联孙崇大，公安部退休干部徐雅雅、刘辉煌、刘海宽，中国人民公安大学曹大良、孔繁燕，北京市公安局李通达，中国人民公安出版社退休干部孟向荣、郝大勇等。本书在编写过程中，先后组织了两次由公安部离退休干部局领导和公安部离退休干部代表、中国人民公安大学离退休干部处和公安部第一研究所离退休干部处负责人，以及有关专家、学者参加的研讨会，反复论证写作大纲，确立作者分工，成稿后又广泛征求离退休老警官的意见。

本书选用的一些图片因无法与著作权人取得联系，恳请著作权人见书后与出版社联系，领取稿酬。

编者
2013年1月